嬗变的课堂

Shanbian De Ketang
Yuwen Jiaoxue Lunji

——语文教学论集

厉　敏／著

文匯出版社

图书在版编目(CIP)数据

嬗变的课堂 / 厉敏著. —上海:文汇出版社，2017.12

ISBN 978-7-5496-2438-6

Ⅰ.①嬗… Ⅱ.①厉… Ⅲ.①中学语文课-教学研究-文集 Ⅳ.①G633.302-53

中国版本图书馆 CIP 数据核字(2018)第 008949 号

嬗变的课堂

著　　者 / 厉　敏

责任编辑 / 熊　勇

出版策划 / 力扬文化

出版发行　**文匯**出版社

　　　　　上海市威海路 755 号

　　　　　(邮政编码 200041)

印刷装订　成都勤德印务有限公司

版　　次 / 2017 年 12 月第 1 版

印　　次 / 2017 年 12 月第 1 次印刷

开　　本 / 880×1230　1/32

字　　数 / 260 千

印　　张 / 10

ISBN 978-7-5496-2438-6

定　　价 / 38.00 元

工作照

舟中老校区留影

任课教师与省高考理科状元蒲兴华合影

诗歌讲座

国家级课题研讨会

青年论坛研讨会

公开课

美国游学留影

文学作品集

嬗变的课堂：我的语文教学"三化"观
（代序）

近几年，随着教育生态环境的改变和新课程的逐步推进，语文教学也面临着前所未有的挑战。那些对名作自认为经典的分析讲解受到了质疑，那些满腹经纶的教师手舞足蹈的个人才艺表演让学生产生了审美疲劳，那些像台词一样背得滚瓜烂熟的标准式的公开课被人看作太作假，那些远离时代句法生硬的早期现代文，让学生觉得味同嚼蜡、如坠云中……在新的时期，语文教学期待理念的更新，让语文课堂真正适应具有现代思想情趣和多元学习环境的学生。

一、人文化

语文教学首先要做到以学生为本。语文教学的目的是为了提高学生的文化素质、语文素养和语文能力，为学生的终身学习和个性发展奠定基础。所以，语文教学要一切从学生的实际出发，紧紧围绕如何提高学生的学习兴趣和挖掘学生的学习潜能上来做文章。这就要求语文教学必须从人文化入手，来进行教学设计和课堂教学。而实施人文化教学的有效途径，我认为，首先要激发学生的选择性潜能。语文，作为人文学科，是与识别、认识、分析、判断、鉴赏等思维活动密切相关的，也就是说，语文学习有较强的选择性。更多地给学生创造一些选择的条件和途径，让学生自觉地、主动地参与语文学习，就能极大提高学生的学习积极性；同时，因长期参与选择性的活动，学生的自主意识明显提高，认识能力、分析判断能力和鉴赏能力等也会逐步增强。比如，对于教材，我们完全可以让学生参与选择，哪些内容是学生感兴趣的，我们就多学；哪些篇目是学生不喜欢，我们就少学甚至不学。有些经典篇目，教师认为一定要学的，可以向学生说明理由而保留。在课文学习中，教师应给学生更多选择的机会，对于课文的重难点，教师可以预设问题供学生讨论，允许学生发表不同的意见；学生也可以对课文的疑难点大胆质疑或提出问题；对于大家争论的问题，不设标准答案，允许学生畅所欲言，大胆陈述己见，然后选择几种比较集中的意见，经学生酝酿讨论，最后达成一种共识。课堂研讨的形式可多种多样，有对话辨析、小组讨论、代表发言等。这里，重要的是在众多意见中，学生一定要自主表达自己的见解。当然，在各种思想的碰撞中，学生不断选择吸纳别人比较合理的意见，使自己的观点不断得到修正。在这样那样的选择中，学生既表现了自我，增强了学习的自觉性，又提升了语文的知识和能力。

其次，人文化教学还要积极营造民主、平等、和谐的课堂气氛。教师要转变教学观念和角色意识，从原来在课堂中以"教师为中心"，转变为"以学生为中心"，充分尊重、理解和爱护学生的学习积极性，积极引导、鼓励学生参与课堂学习活动，让学生意识到自己是学习的主人，要充分发挥自己在学习中的作用，从依赖别人转变为依靠自己。教师与学生应处于平等地位，教师是文本和学生之间的中介，是学生学习活动的组织者、促进者和参与者，他可以起向导的作用，但不能取代学生在学习中的主体地位。只有这样，学生的潜能才能得到真正释放。

二、常态化

传统教学中，强调的主要是教师的"教"，而比较忽视学生的"学"。比如阅读课文，教师总是把教参的分析，自己的理解有条不紊地教给学生，或想尽办法设置圈套，所谓"启发""诱导"，总之，教学的最终目的就是，把教师掌握的内容，变成学生掌握的内容。学生掌握得越充分、越周全，学习成绩也就越好。当然，有些合理的、巧妙的教学设计，可能对学生的思维和学习方法有一定的启迪作用，但对学生学习的自觉性和主动性，对学生自主学习的能力的提高，却没有起到实质性的作用。因此，在新课程学习中，我们要探索让学生自主学习、主动参与学习的方法。这里，我比较赞成"原生态阅读"的方法。所谓"原生态"阅读，就是在学生学习课文时，教师不介绍任何资料和背景，不作任何的讲解和启发，让学生原汁原味地去感知课文的内容，然后让他们谈论各自"品尝"的味道。这就好像让顾客品尝美味，让他们用自己的舌头和口腔，咀嚼到食物的真实滋味。如果你在顾客品尝之前，把自己或其他人尝到的味道，一股脑地介绍给他，那么，这个顾客的味觉一定会受到你的干扰。所以，我们要回归"自然"，即让学生成为一个真正体现自我的"哈姆雷特"，而不是一个模子里出来的"产品"。这才是真正意义上的阅读。当然，在学生阅读之后，要让他们把自己的感觉和体会陈述出来，引起讨论。我们不赞成在赏析和审美的过程中，没有共同的标准的说法。我们不能在学生阅读之后，笼统地说，赏析没有答案，你们的说法都对。有些问题，我们还是要寻求一种趋同的意见；有些问题，可以因各自的理由充分而共存；当然也有些问题，可以有多种多样的说法或设想，允许保留分歧。在这个陈述、质疑、讨论的过程中，教师可以适时地介绍一些背景材料，学生也可查阅一些参考资料，以此帮助学生开阔眼界，提高认识。我认为，原生态阅读，就是一种个性化阅读，是发掘学生个性潜能，提高学生自主学习能力的一种重要途径，同时通过参与讨论，表达己见，听取意见，可以激发学生的学习兴趣，提高学生的认识和赏析能力。

教学的常态化，包括教师的教学形式要符合生活的常态。有些教师一上公开课，马上就让人有一种演戏的感觉。开头入题像朗诵，上课问答像对台词，教学的工具和资料准备像开新闻发布会，教师的表情像说相声一样夸张，让人感到不真实，不自然，这不应该是我们生活中所常见的样子，新时期的学生像喜欢流行歌曲一样，喜欢自然状态的东西。所以，我们的教学也应该恢复自然的常态，平时怎么教就怎么教，不要那么矫揉造作；就像我们平时的谈话、茶馆式的聊天一样朴实、轻松、随意。而且，这种平等对话的形式，也拉近了教师与学生的距离，让学生感到自然、亲切、和谐，有话语权，而且有话要说也说得出话；不像上公开课那样，教师高高在上，咄咄逼人，时时让学生惊恐，说对说错心中没底。总之，教学要返璞归真，在常态的教学中真正发挥实效。

三、生活化

教学的生活化，就是要求我们的教学不要脱离生活实际。一是要了解学生的实际，了解他们的生活环境、家庭背景、兴趣爱好、知识能力，这样在教学中，就能做到有的放矢，教材的取舍、事例的引述、课文的讲解、方法的选用都能从学生的实际出发；二是在教学中，要经常联系生活实际，并应用于实际。我们的教学说到底，是为现实服务的，是为生活服务的。不管是文言文也好，还是外国文学也好，它们所表达的内容和思想感情，如果要为现代的中学生接受，必须与我们的现实生活相联系，才能产生沟通，产生共鸣；

否则，学生的阅读容易造成隔膜或误读，也不易引起学生的阅读兴趣。易中天、于丹之所以在中央电视台的"百家讲坛"栏目讲"三国"讲"论语"，引起社会轰动，受到读者追捧，就在于他们用现代人的眼光来解读古代的经典，或用现代人的口吻、见识来诠释古代的故事，那么，使远离古代的现代人从生活化的经典解读中，找到了对应，产生了启迪，引起了共鸣。这应该给我们的语文教学带来很好的启示。同时，我们也明白，我们学习任何一篇课文，其目的都是为了联系实际，联系自我，并从中得到启示，从而充实自我，提升自我。因此，教学的生活化是必须的，是教好、教活课文的重要手段和途径。另外，从作文教学来看，以前我们为追求作文的"诗意"和"品位"，提倡写"文化味""人文性"的作文，其结果脱离了学生的实际，产生了一些假大空的"套话作文"。现在，人们意识到了这一点，作文命题开始回归本源，即要求学生写真情实感的作文。而要写出真情实感的作文，必须关注现实，关注生活，学会观察，真情体验，开阔眼界，加强积累。我认为，这才是作文的真正出路，也是作文的真正目的。在这种思想的指导下，现在一种原汁原味反映现实真实生活、注重生活细节被称为"生活化作文"的写作样式，受到了师生的关注和好评。

教学的生活化，我认为，也指教学形式的生活化。我们可以借鉴、利用生活中的一些艺术、科技的形式和手段移用到教学中，使教学更加生动、形象，充满生活的趣味。比如，我们在学习、理解课文的基础上，将课文编成课本剧，让学生饰演；我们可以利用方言，让学生分角色来表演人物的对话语言；我们可以在诗歌教学单元开设诗歌朗诵会，在议论文单元开展辩论活动；在作文教学中，我们可以利用图片、音乐来启发学生想象，开拓他们的思维；我们利用多媒体让学生观看影视作品，并组织学生评论；我们可以带领学生用数码相机到古镇、古街进行拍摄，然后撰写图片说明；我们可以带录音设备到退休教师家进行采访，然后写出退休教师生活状况的小报告……生活无处不在，我们的语文也大有用武之地。语文一旦与生活结合，其实效性、趣味性、多样性会展露无遗；而我们的语文也只有和生活结合，才能走出一条光明大道。

高考教学研究

附：

选择教学：语文创新教学的选择

一、语文选择教学的意义

人应该有选择的权利。作为人文学科的语文教学能不能给学生以选择权？这是我在新课标实施的背景下所产生的思考。传统的语文教学学生是没有选择权的，教材是部编或省编的，教法是教师定的，考试是依据大纲的，作文是按照一定模式的。一切都安排得严密周到，学生只要坐到桌边就餐就可以了，吃什么，怎样吃，用不着你来操心。教师从来没有想过让学生主动参与选择教学的内容和形式，学生也从不奢望由自己来选择食物和吃法。于是，胃口好的学生吃不饱，胃口差的学生吃不了的现象普遍存在；而且"千人一吃"的教学，难以顾及学生的不同"食性"，很难形成一种主动的、积极竞争的学习氛围，学生内在的"食欲"受到抑制，因此，语文教学的效率如何，就可想而知了。

选择教学无疑给以人为本的语文创新教学提供了实践的舞台和创造的机会。传统的教学模式束缚了人的选择的天性。作为有情感有智慧的人类，有着与生俱来的选择的需要，无论是衣、食、住、行，还是学习、工作、求偶、交友，甚至购一本书、搞一次娱乐活动、回答一个问题，都包含了选择的因素。因此，选择既是人类的天性，也是人类生存、生活、精神的需要，人类每时每刻都面临选择。选择因人的个性差异，学养、能力、喜好、感情等的不同，而表现出千差万别。正因为如此，人才显示出各自的个性，生活才变得丰富多彩。选择为人类提供了展示的机会，也给人类带来了竞争和挑战，所以，我们不妨这样大胆地假说，选择也是人类和社会发展的动力。

语文的选择教学就是还学生以人的本性，还学生以选择的权利，让学生在选择中充分张扬自己的个性，充分表现自己的才能。语文教学的选择就是让学生根据自己的个性、爱好和水平，自由地挑选、取舍、创造学习的内容和形式。在整个教学过程中，充分尊重学生的个性，重视学生的个体，在教师的指导和参谋下，充分发扬课堂民主，让学生主动学习，自由学习，充分调动学生的主观能动性，努力显示学生的个性特长，让每个学生的潜能得到充分的释放。学习本是一种自觉的行为，唯其自愿，才能学得好。而要做到自觉和自愿，这就要让学生有选择的权利。选择教学体现了"以人为本"的原则，是现代意义上的主体性教育和个性化教育。选择教学体现了教学民主，强调教学的发展功能。选择教学应该成为语文创新教学的最佳选择。

二、语文选择教学的特征和应用

语文选择教学的目的，就是把人类所创造的语文知识和语文实践经验，通过学生有选择的主动学习转化为学生自身的精神财富，使他们在现实生活中运用和驾驭语文的能力得到充分的发展和完善，培养未来社会所希望的富有良好语文素养和应用能力的个性鲜活的行为个体。

1、选择性。主动的选择带来主动的学习，提供学生选择的教学，才可能是有效和成功的教学。学生自主选择的愿望得到充分满足，学生主动发展的潜能就越能得到充分发挥。在教学活动中，活动客体（对象）并不是自发进入主体的对象性关系和活动领域，而是由"我"即个人主体确定的。正如马克思所说："对于没有音乐感的耳朵，最美的音乐也毫无意义。"因此，教学活动如果无视学生的客观内在的要求，那么，教学活动的目的就不能有效地实现。

语文教学中，每个学生可根据自己的语文基础和学习能力，制订学习的目标，通过学习，如果达到或接近目标，就应该视为成功。对学习的内容，学生也可根据自己的学习能力和兴趣爱好作出取舍。共同选定的篇目，可以一起组织学习。大胆删除一些大多数学生不感兴趣也无多大实际意义的篇目。对于部分分选的篇目，可以安排语文自修课或讨论课，分小组自学讨论，教师给予适当的指导。对那些能力突出、学有余力的同学，在教师的帮助指导下，可适当增加课外学习内容，并引导开展语文课题的研究性学习。

2、自主性。自主性是在一定条件下，个人对于自己的活动具有支配和控制的权力和能力，是对依赖性的一种扬弃。人只有成为主体性的人，才会有主体性。相反，一个人一旦被某种陈规、强权所束缚，言行"不由自主"，便会沦为工具，失去主体性。选择教学把选择的空间、选择的权力交给学生，这是对学生主体地位的尊重，对学生个体差异的尊重，学生在此有选与不选的自由，有选什么、怎样选的自由，这就驱使学生不断提高自主性。

在选择教学中，学生的自主性首先表现在具有独立的主体意识，有明确的学习目标和自觉积极的学习态度，能够在教师的启发指导下独立地感知教材、学习教材，深入地理解教材，把书本的知识变成自己的智慧、才能和情感，并能够运用于实践；其次，学生还能够把自己看作教育的对象，对学习活动进行自我支配、自我调节和控制，充分发挥自身潜力，并利用内、外两方面的积极因素，主动地去认识，学习和接受教育影响，积极向老师质疑、请教，互相探讨，以达到自己所预期的目标。

教学中，教师要积极改进教学方法，开展研讨法、自学讨论法、发现研究法、自助式教学法等多种教学方法，充分发挥学生的主体作用，引导学生养成自主学习的习惯。作文教学中，可让学生相互交流，开展讨论，自我评分，互写评语，轮流讲评。

3、能动性。能动性的发挥也是选择教学能否实现其培养目标的关键。所谓能动性，是指主体在对象性关系中，自觉、积极、主动地认识客体和改造客体，而不是被动地、消极地进行认识和实践。学生能动性的高低、强弱，首先取决于其经验知识因素，这些经验知识在教学活动中为学生学习新知识提供"消化信息"。其次，学生的需要、动机、兴趣可以帮助学生选择学习内容和信息，调整、控制学习方向，激活情感意志，从而为整个学习活动提供动力。情感源于需要、兴趣、动机的驱使，能够激活知识经验系统中信息间的联系，造成大脑的兴奋状态，为学习活动提供有利的心境和情绪。意志则为认识事物的本质和规律而控制兴趣指向，抵抗各种有碍于学习活动的消极因素，并以其特有的自觉性、坚持性和自制力量维持整个学习活动。选择教学由于学习内容、学习方式等均是学生自己选择，因而它反映了学生自己的兴趣，满足了学生内心的需要，学生学习动机非常强烈。

在研究性学习中，学生可以自由选择课题，主动寻找合作伙伴，自觉搜集各种材料，然后自主提炼各自观点，独立完成论文撰写。课外，根据自己的兴趣爱好，主动选择那些认为有价值的学习内容和信息，并进行过滤、筛选、整合、改造，与课堂教学内容优化组合，扩大自己的知识容量。

4、民主性。选择教学赋予了学生充分的权利：（1）学生有选择学习内容的权利。（2）学生有发问和说"不"的权利。（3）学生有不同于他人的自主发展的权利。（4）学生有保留不同观点的权利。（5）学生有发展自己个性和兴趣的权利。（6）学生有自主选择合作伙伴的权利。选择教学认为只有尊重和维护了学生的这些权利，才能筑起真正民主平等的人际关系，而民主平等的人际关系，尤其是师生关系以及这种关系营造出的一种活泼生动、和谐的教学氛围，是学生主体性发展的基本条件和前提。

选择教学的民主性主要表现在两个方面：一是把选择权、自主发展权交给学生，通过学生的自主选择把教学变成一种民主的生活方式，革除一切不平等地对待学生的现象，为提高学生的民主意识和参与能力，发挥学生的主体作用，创造教学条件和教学环境。二是实现教学内容民主意识的渗透和学生民主思想、民主精神、民主参与能力的培养，以民主化的教学造就一代富有主体性的新人。

教师允许学生对自己的教学内容、教学方法、教学手段等大胆提出自己的意见和建议，师生共同设计、创造课堂最佳教学模式。在课堂上，让学生当主角，让他们积极思维，畅所欲言，不给标准答案，不搞"一言堂"，充分发扬课堂民主，见仁见智，集思广益。不当课堂"霸主"，盼望"群英"荟萃。

5、开放性。选择教学注重学校教育与整个社会生活的紧密联系，把学生从课堂引向广阔的社会，通过课外、校外活动及社会实践活动，丰富他们的知识，开阔他们的视野和思维，从而加速学生主体性的成熟过程，缩短对社会生活的适应期；选择教学建构开放的教学体系，选择和运用开放式教学方法和途径，变教科书是学生的整个世界为"整个世界是学生的教科书"，与时俱进地转变教育观念、教学模式。这种开放型主体性教学，既为学生主体性发展提供了良好的内容环境，也提供了良好的外部环境，既有助于学生主体性有序、稳定地形成，也有助于学生主体的社会化过程。

从教学内容上，把课堂引向社会，把社会引入课堂。包括对社会的观察、思考，社会生活的方方面面知识内容，都可作为学生语文学习的延伸与拓展。提倡大语文观，不局限于语言文字或语言文学，文、史、哲，文字、文学、文化，语言、语法、语用等等都可以纳入语文学习的范围。不局限于阅读和写作的教学，提倡听说读写的实际运用。在作文教学上，淡化文体观念，写自己感兴趣的，写自己内心的真实感受和思想。不搞命题之类的写作，不搞程式化教学。在教学形式上，没有固定不变的教学模式，没有课内课外之分，开拓语文活动课程的内容和形式，在实践中真正提高学生运用语文的实际能力。

三、语文选择教学的控制

日本学者香山健一认为："从文明史的角度看，进步基于差别。单调就是死亡，再生起于对比之中。"选择教学就是从学生个体特征出发，以学生的内在需要为动力，以不同的学习达成为指归，寻找差别，承认差别，适应差别，在对比、确认、选择和超越中，找准自己的位置，提高主体意识，自我意识和现代意识，有效、主动、创造性地、自主地进行学科学习和社会实践。

选择教学充分承认和尊重学生的主体地位和独立人格，把学生作为有思想，有个性，有情感，有主动性和创造性，有意志的人来培养。教育者通过创设教学实践环境，引导学生进行能动、创造性和自主的学习，使学生在掌握人类语文文化的基础上学会学习、学会创造，最终实现卓越发展。

当然，选择教学作为一种创新教学理念和实践教学形式，在整个教学过程中可能起着重要的支配和主体作用，但它毕竟不能涵盖教学的全过程，选择教学不能替代教学的一切内容和形式。它必须与之匹配的教学方法、教学手段以至教学管理和指导相结合，才能使整个教学活动有序和有效地开展。没有控制的任何教学形式，都将导致徒有其表的短暂而热闹的形式的演绎，成为放任自流的即兴表演。

1、开展选择教学，首先要求教师在教学活动中更深入地了解和研究学生，掌握他们的认知水平、学习态度和思维方式，采用恰当的教学方式和手段，最大限度地挖掘他们的认知和发展潜能，为学生自主性的发挥创设条件和机会，促进学生主动学习、主动发展，使他们真正成为教学的主体和学习的主人。

2、选择教学反对放任主义的教学观，在实践中和方法论上把学生主体作用推到极致，排斥了教师在教学活动中的地位和作用，忽视了基础理论知识的学习，也影响了学生主体性发展。选择教学主张师生关系应以民主平等为基本原则，这是教师的爱、责任感的有机统一。严格要求和维护学生权利都有是对人尊重的最重要的表现，也是教师对学生和社会未来发展负责的体现，教师对学生的真挚的爱与信赖可以使学生充分感受到自身价值被充分的肯定和认可，从而焕发积极进取的精神活力。教师的积极参与、帮助和及时指导，更有利于融洽平等民主的师生关系，并使学生能够保持主体努力的正确的方向和旺盛热情的学习态度。

3、选择教学还必须和合理恰当的教学管理相结合，比如可以根据学生个体发展差异比较明显的特点，将学生分为 A、B、C 三个不同层次，并明确规定不同层次的学习标准，以供不同的学生根据自己的学习能力、兴趣爱好和特长选择不同的学习目标，对于课程的设置，根据学习内容和学习特点，可安排公共课、选修课、自修讨论课、语文活动课、语文阅览课和拓展研究课等课程，每个学生根据自身的特点和要求，可以全选以上课程，也可以选择部分课程，未选足全部课程的同学，可在学习时间内进行文本阅读和语文自修。对学生的评价采用分层考核的形式，B、C层次的同学通过考核达到优秀的，可晋升到到上一级层次，也可以留在原层次。

4、在教学中，教师积极探索、改革教学方法，不断调整和改进课程管理。同时，教师要做好可供选择的课程内容和保证"营养平衡"原则建议，供学生选择搭配，教师及时做好参谋和指导。对于教学和学习的内容，除学生自主搜集外，教师要充分提供课外文本学习内容，语文活动课内容和形式，语文研究课题及研究程序、方法，作文写作题材类型等，以保证学生有自由选择的空间。

让"选择"成为一种学习

——语文的"选择教学法"初探

语文学习更注重的是一种能力。因此,语文教学不一定非要按课文编排循序渐进面面俱到地进行教学,完全可以根据学生学习兴趣和教学需要对教学内容大胆取舍,有所选择地开展教学活动。在教学过程中,教师也不必预设教学内容和目标,而是由学生自由选择喜欢的授课方式、学习方法和学习目标,在以学生为中心的自我学习和小组讨论的过程中获得认知、体验和经验,从而形成正确的自我概念和独立自主的个性,发挥自己的选择和创造能力,提高自己的语文素养和水平。我认为,语文的选择教学不但是教学形式的一种创新,更重要的是它能够大大激发学生的学习潜能,有利于学生的个性化发展和思维的解放,有利于学生语文实践应用能力和创造能力的提高。

一

人人都有选择的能力,人人都有选择的需要。人一出生,就具有了一种本能的选择,选择喜欢的,拒绝不喜欢的。选择反映着一个人内心的主观愿望和性格特征。选择是一种自主的、主动的行为,自由地选择需要分析、比较和判断,它促使人积极的思维,调动人的积极因素,发挥人的潜能和创造性。但是,从我们的教学情形看,学生那种与生俱来的善于选择的天性,却一直受到遏制,以致于丧失。在传统教育中，教师是知识的拥有者，学生是被动接受者；教师是权力拥有者，学生是服从者；教师可以通过各种方式（如讲课、考试、分数甚至嘲弄）支配学生的学习。学生始终处于被动、从属的地位，无课堂民主可言，学生无权选择课程、选择学习方法、选择教学内容，更无权选择教师。即使是目前普遍应用的主体式教学，也同样不能真正解放学生。如"提问式"，教师连续提问，学生连续回答，有时教师还连续追问。这种"主体式"教学，表面看去，教师提问一步步深入，学生主体精神一步步提高，但其实质仍然是以教师为中心，以教师预先设计好的思路代替学生的思维过程。所以，这种"主体式"教学仍然是以扼杀学生创造力为代价换取课堂教学的表面繁荣。再如"情景教学法"，大多是教师设置陷阱，让学生往里跳，作为自由主体的学生为了提高所谓的能力，在教师的诱惑下也只能往里跳。这些只注重于教师的"教"而忽视学生的"学"的教学方法，都不能真正构建学生的主体精神。

在语文教学中，如果我们能正确认识"以学生为中心"的教学理念，充分理解、尊重学生的兴趣、爱好和个性，在课堂上设法造成一种真诚、尊重、理解、和谐的气氛，就会出现一些鼓舞人心的情形。在平等研讨、自由选择的气氛中，人们和小组成员的态度会从僵化刻板转向灵活变通，他们的生活方式会从一成不变转向寻求发展，从依赖别人转向依靠自己，从墨守成规转向富有创新精神，从谨小慎微转向接受自身的现实。一种良好的人际关系气氛，使学生信任自己的体验和价值，形成真实的自我概念。而只有在这个条件下，学生的创造潜能才能得到充分发挥，生动活泼的、自主的、具有创造性和适应性的个性才得以形成和发展。

美国人本主义心理学家罗杰斯认为，人人都有固有的学习动力，都能确定自己的学习需要，之所以不能这样，是受到学校（社会）

的束缚。教学就是要把学生的自由解放出来，推动他个性的充分运转，以达到人人自我确定，而敞开其创造力的目的。这样，教师不是教学生怎样学，而是提供学习的手段，由学生自己决定怎样学。在学习中，教师只是顾问、促进者、参与者，应学生的要求参加讨论，而非指导，更非操作。

二

譬如，学生在拿到新的课本和读本以后，教师要求学生在浏览、通读的基础上，按自己的兴趣和要求，对课文进行一次选择：哪些是自己希望或愿意学的，哪些是自己不感兴趣或者觉得学了没有意义的。教师根据学生个人意见和小组讨论的情况，对教材进行取舍。同时，师生还可以各自提供一部分课外篇目，供大家阅读选择。在此基础上，教师对教学内容进行重新编排，确定课内和课外阅读文本，然后开展教学。

其次，在学习活动中，要充分显示学生的主体地位。他们具有内在的潜能，并能够自动发展自己的潜能。因此，学什么，怎样学，学习的进度都应由学习者自己讨论选择决定。由学生大胆提出各自感兴趣的问题，教师对所提问题进行接纳和澄清，经过讨论后形成小组成员共同感兴趣的问题，从而确定教学的目标。如果学生提出的问题含糊不清、自相矛盾，教师可将它引导到小组共同的问题上来。因此，"选择性"指不受任何束缚，学生可以尽情地、毫无顾忌地发表自己的任何观点。教师只应学生的要求参加讨论，发表自己的看法，不对学生观点作任何评论。在这种教学中，往往是没有结果或结论的，这并不重要。因为通过探索选择过程的学习能对学生产生潜移默化的影响，促进学生发挥其自己的潜能，愉快地、创造性地去学习和工作。

这里，课堂教学中的选择活动应该是学生学习的重点。这里面包含了多重选择活动。首先是自我选择，即在阅读研究文本中，学生要充分调动自己的感情、积累、经验和潜能，开展积极的思维活动，从而产生对文本的许多认知、体验、情感、联想、判断和疑问，然后结合自身的兴趣、愿望和要求，选择某些关键问题参与小组讨论。其次是小组讨论的选择。在小组讨论中，相互之间的切磋辩议，碰撞出思维的火花，使各自的思考更进一层。在分析、对比、判断和反思中，相同的观点，坚定了认识；不同的观点，加深了理解。在对相互之间的观点的分析、比较中进行再次选择：认同对方观点时，就必须放弃自我的认识；坚持自己的观点时，就必须寻找更充足的理由来捍卫观点；还有一种可能就是双方的观点互补，就采取取长补短的办法，使自己的思维更严密、更广泛、更深入。第三次选择是小组之间的交流。这时，学生的思维更广阔，接纳的信息也更丰富。各组代表先提出小组意见，这些问题当然不可能是完全相同的，不过，可以通过全班的讨论最终形成全体成员共同感兴趣的问题，从而确定教学目标。经过三轮的思考、讨论、选择，很多问题可能已经非常明朗，只须小结即可；还有些问题，仍需花力气在课内甚至延伸到课外开展广泛的研讨。讨论的结果可能未必达成一致的意见，但整个研讨选择的过程已使学生受益匪浅，我们教学的目标实际上已在这个过程中逐步完成。

三

实施选择教学的首要前提是，必须建立一种全新的教育情景。教师已不是教学的中心人物，不起组织作用、指示作用和评价作用。他只是以班级普通的一员参加学生的活动，以真挚、坦率的态度与学生平等相处，相互交流思想感情。教师的职责是创造一种真诚、接受、理解的气氛，这种气氛是教师的思想感情表里如一，使学生感到亲切可信，消除防御心理；是真诚关心和理解地倾听，使学生真实的自我从面具后面走出来，对自己的思想感受和存在感到无拘无束，爱怎样就怎样，成为一个真正是他自己的新人。起初，这种气氛来自教师，随着学习过程的进展，它就越来越经常由学生相互提供。

愉快活泼、充满理解、信任、友好的气氛能导致学生思维的改观。他对周围事物变得敏锐，并充满情感，能积极从事自发活动，具有批判意识和创造精神，懂得怎样学习，懂得怎样适应和变化。罗杰斯认为，教学的最终目标是使人成为真正自由独立的人，成为有主见、适应性强、具有鲜明个性的人。他提出学生个性发展的途径，即学生应该在了解学习过程中亲自体验各种经验，形成正确的自我概念和独立自主的个性，发挥自己的选择和创造能力。

对学生来说，学生探索自己所爱好的事物，根据这些资源财富，每个人就自己的学习方向做出选择，并对这种选择所产生的结果负责，由此形成他们个人的或几个人的合作学习计划。达到学生自己目标所需要的训练是自我训练，学生将训练看成是他们自己的责任，并承担这种责任，学习重心集中在促进连续不断的学习过程之中，学习内容虽然不是无足轻重，但却是居于第二位的东西。这样，一门功课结束，其标志与其说是学生已学到了什么，不如说是学会了怎样才能学到想要学到的东西，即自学能力。虽然小组成员或教师遵循善意评价也会影响学生的自我评价，但对学生水平及意义的评价，主要由学习者本人做出，即实行自我评价。在这种促进成长的气氛中，学习是以一种比传统课堂更快的速度向纵深发展，并且更加扩散到学生的生活和行为中。这是因为，学习方向是自我选择的，学习活动是自发的，具有感情、激情和理智的完整的人会整个儿地投身于这种学习过程。

　　教师的职责是推动这种学习。在这一模式的教学中，教师不是直接地教学生，而仅仅是促进他们的学习。这种教学活动把学生放在中心位置上，把学生的"自我"看成是教学的根本要求，以此来设计教师的行为，教师的任务是促进学生自我的主导意识。教师向学生提供学习的手段（包括教师本人的学识、能力、思考方式等），由学生决定怎样学；在教学目标确定以后，教师还可向学生提供一些小组可供利用的资源，如书籍、文字材料、音像资料、访问有关人士等，鼓励学生表达积极的或消极的情感，坦诚待人，乐于倾听他人的意见，认真参与小组讨论，共同探索问题，慎重作出选择判断。因此，教师不是以"指导者"或"主持人"的身份而是以学习"促进者""参与者""顾问"的身份出现的。即使教师应学生要求而讲授，只是向学生介绍客观内容，而不作任何结论，阐述任何观点，而是让学生自己去感悟、去推论。

新课程：语文 "选择教学法" 的创新视角

——"选择教学法" 问答

一、"选择教学法" 是如何产生的?

所谓 "选择教学法"，就是要还学生以选择的本能。人人都有选择的能力，人人都有选择的需要。选择反映着一个人内心的主观愿望和性格特征；选择是一种自主的主动的行为。自由地选择，需要人的分析、比较和判断，它促进人的积极的思维，调动人的积极因素，发挥人的潜能和创造性。在教学过程中，我们就是要恢复学生这种与生俱来的天性，让学生在面对学习问题时，能够大胆地、独立自主地去分析、判断和选择，明确表明自己的态度和喜好，而不受他人和其他因素的影响。

"选择教学法" 的产生，源于对新旧教学模式的理性认识。①教学形式：旧——一言堂、满堂灌；新——以生为本、师生平等对话。②教学内容：旧——重知识，轻能力；新——重知识，更重能力。③教学过程：旧——按预设运行，强调过程的完整性；新——生成性、现场性、动态性。④教学角色：旧——教师主体、学生客体、被动接受；新——学生主体、教师主导作用在参与、规范、促进和指导对话中得到发挥和体现。⑤学习效果：旧——符合标准答案；

新——不一定有标准答案，而是重视学习过程的习得，重视对话的质量和对话者之间的思维火花。⑥学习形式：旧——接受、领悟；新——对话、合作、探究。

从以上新旧教学模式的对比中，可以看出，现代教学模式更重视学生的思维水平、学习能力的提高；更重视发挥学生的主观能动性和学习积极性，更重视学生的自主性和个性的发挥。"选择教学法"是现代教育理念下的创新实践。

"选择教学法"符合新课标所提出的语文教学的原则。新课标指出："高中语文课程应遵循共同基础与多样选择相统一的原则，精选学习内容，变革学习方式，使全体学生都获得必需的语文素养；同时，必须顾及学生在原有基础、自我发展方向和学习需求等方面的差异，激发学生的兴趣和潜能，增强课程的选择性，为每一个学生创设更好的学习条件和更广阔的成长空间，促进学生特长和个性的发展。""语文教学应为学生创设良好的自主学习情境，帮助他们树立主体意识，根据各自的特点和需求，调整学习心态和策略，探寻适合自己的学习方法和途径。为改变过于强调接受学习、死记硬背、机械训练的状况，特别要重视探究的学习方式。"新课标强调学习内容和学习方式的多样性和选择性，学生学习的自主性和探究性，教学方法的创新性和针对性，这样才有利于学生语文素养的培养，个性的发展和教学质量的提高。"选择教学法"充分体现和实践了这些现代教学思想。

源于对传统教学思想的反思。"授之以鱼"与"授之以渔"，后者的教学思想比前者有了质的提升，强调了传授学习方法比传授知识更重要；"教，是为了不教"强调了教学的最终目的是为了提高学生的学习能力。这些思想都比单纯的灌输知识更进一步，更重视教学给学生带来的发展。但其不足之处是，它仍然没有脱离以教师为主体的教学。没有强调学生在教学过程中的"学"的地位。所以，这里有必要在"授之以渔"的基础上，加上"习之以渔"。只有学生亲自体验"捕鱼"的过程，才能更有效地提高"捕鱼"的能力。"选择教学法"强调学生自主的思考、选择和"习得"，是对传统教学方法的扬弃和拓展。

二、"选择教学法"有怎样的特点？

"选择教学法"突出强调的是学生学习的自主性和学生在学习中的个性发展。自主选择，就是学生在学习过程中，完全按学生自我认识、自我判断、自我需要，对学习的内容、学习的方法、问题的答案、事物的判断等自主作出选择，不考虑任何其他因素，不受任何现成知识和结论的影响，完全尊重自我感觉和思考。当然，在其选择之后，在小组讨论或班级辩论中，则可把自己的选择和别人的观点作出对比，进一步依靠自己的判断作出更高层次的选择。自主选择需要把感性认识和理性认识结合起来。学生要充分调动自己的感情、积累、经验和潜能，开展积极的思维活动，从而产生对学习问题的认知、体验、情感、联想、判断和疑问，然后结合自身的兴趣、愿望和要求，选择学习或讨论的议题，并对自己的选择形成充分的理由和意见。在教学过程中，我们要始终坚持"以学生为中心"的教学理念，充分理解、尊重学生的兴趣、爱好和个性，在课堂上设法造成一种真诚、尊重、理解、和谐的气氛，从而促使学生从依赖别人转向依靠自己，从墨守成规转向富有创新精神，从谨小慎微转向接受自身的现实。使学生能够信任自己的体验和价值，形成真实的自我概念。而只有在这个条件下，学生的创造潜能才能得到充分发挥，生动活泼的、自主的、具有创造性和适应性的个性才能得以形成和发展。

特点：

1、以学生为中心、充分体现课堂民主。学生成为学习的主人。

2、学生选择的自主性、自由性、个性。

3、问题答案的开放性。

4、教学过程的生成性。学什么、怎样学、学习的进度等问题都根据学生选择讨论的情况确定，而不是教师事先决定。

5、创设真诚、尊重、理解、和谐的课堂氛围。

6、个人选择和小组选择结合；个人意见的独立性和小组意见的集中性结合；允许保留个人意见；允许把意见延伸到课外。

7、选择与"思、疑、辩、议"结合。提倡思维碰撞和思想交锋。

三、"选择教学法"在教学中要注意些什么？

1、尊重学生的自主选择。

要充分尊重学生，要保护学生的学习积极性。"要尊重学生在学习过程中的独特体验。"（《语文课程标准》）

学生发现一个问题比解决一个问题更有意义。

每个学生的生活经验和个性气质都不一样，就应鼓励学生对阅读内容作出有个性的反应。

即使学生选择错误或理由不充分，应引导他们深入探究和思考，而不是一概否认或一味指责。

2、正确认识选择性。

有些选择只表现个性，并无高低优劣之分；可有些选择却有高低优劣的区别。不同知识层次、文化修养和思维水平的学生，可能会作出很不相同的选择。怎么办？

一是要发挥讨论小组的作用，通过思维碰撞，相互辩驳、争论，逐步形成主流意见。当然，两三种观点，理由都很充分，又不能相互说服，允许保留各自观点。

二是要充分发挥教师的调控和引导作用，引导学生深入探究和思考，为学生讨论搭建平台，但绝不能取代学生自己的思考和选择。

3、教师角色的定位。

教师是学生学习活动的组织者。学生讨论和选择的促进者，也是教学活动中与学生的对话者之一。与学生处于平等的地位。

一般来说，教师作为文本与学生的中介，他的思想深度、文化水准、人生经验、审美水平要高于学生，他可以起到向导的作用，但不能取代学生在教学活动中的主体地位。

在课堂上，教师在充分调动学生自主学习积极性的同时，还要起到正确导向、开启思维、适时示范、精要点评、高效对话等作用。

师生对话往往用在教师检查学生对课文的感悟程度上。在师生对话中，教师的主导作用，除了体现在对话题的调控和对交流的引导以及交流过程中对学生鼓励和评价以外，还体现在根据学生的理解状况，适时地提出能促使学生进一步思考的话题，给学生搭建适当的"讨论平台"，使学生的认识得到深化，情感得到升华。

教师应发挥自己对作品透彻理解这一优势，起到适时参与、恰当点评和调整走向的作用，以使选择教学在更有效的情况下运行，"导"要恰到好处，当导则导，不可越俎代庖。教师的"导"有利于培养、激发学生的质疑能力。

4、教学气氛。应用选择教学法，一定要有民主、平等、宽松、和谐的教学气氛。这样才有利于最大限度地发挥学生参与课堂讨论，开展积极思维活动的积极性。

5、预设与生成。选择教学法，是语文教学诸多教学法中的一种比较独特的形式。当然并不是所有的教学活动都适宜，也不是一切教学活动都要用选择教学法。比如有些教学内容，还是要运用预设的教学方法。教学方法是根据教学内容而定，应该说各种方法起到相辅相成的作用。我们强调选择教学法，主要是想在学法方面，起到一个探索和推动的作用，以开启学生思维，让学生树立自主学习意识，发挥学生学习的积极性。即使在使用选择教学法时，也可能同时使用其他教学法，这是教学中常见的一种现象。

6、自主选择和小组讨论结合。个人选择反映本人个性和认识，表现自我见解。但他的选择是否合理，是否必要和深入？这就要依靠小组讨论，来检验和论证。我们不追求标准答案，但有时经过集体选择，有可能对某些问题达成主流意见。

7、选择要和探究结合起来。如果不经过思考，不计得失的所谓"选择"会变得非常容易。我们反对轻率的学习态度。所以，我们在教学中，强调选择和探究结合。只有在探究基础上的选择，才是有意义和价值的。不管对错，反映一个人的思想认识和思维过程，即使不合理，在小组或集体讨论后，会使自己的思路得到纠正，思想认识水平会更提高一步。

8、要重视学生的学习兴趣。

四、选择教学法是否有一定的教学模式？

选择教学法比较多的是运用于阅读教学中的狭义选择教学，其教学模式主要有以下五步：

1、品味阅读，自主感悟。

2、探究选择，确定议题。（议题包括：不懂的问题、质疑的问题、值得讨论的问题、本人独到发现的问题）

3、小组交流，辩议筛选。（每个人把自己问题抛出来，小组能解决的小组解决，小组解决不了的可提供全班讨论。当然问题要经过全组筛选，形成全组共识和主流意见，选择重大的、有意义的、代表本组创见的议题。本人个别意见未能形成共识或说服不了的可保留个人意见，延伸到课外讨论。）

4、选择提问，突破重点。

5、深入探究，扩展迁移。

五、选择教学法如何分类？

选择教学法适用于语文教学的各种环节。可分广义选择和狭义选择两个方面。

1、广义的选择。主要是一些类别上的选择，主要有：

对所学的文本篇目的选择。

对研究性学习课题的选择。

对感兴趣的选修课的选择。

对写作的文体、题材的选择。

对课外语文实践活动的选择。

2、狭义的选择。主要指对阅读文本过程中的选择。见以上第四点的"五步"。

六、选择教学法在教学中有何意义？

1、树立自主意识。使学生感到自己是学习的主人。

2、体现"以生为本"的教育理念，教学以学生为中心。

3、强调"学法"教育。教学除了教师教知识、教方法之外，让学生在学习中学会学习。通过学生主动参与教学活动的整个过程，让学生在原有的知识积累的基础上，引导学生培养自己的阅读感知和选择探究的能力，更好地获得新知，提高思维水平。

4、不仅是教师角色的转变，更重要的是一种教学观念的转变。

5、提高学生的学习兴趣，挖掘学生的潜能，充分表现自己的个性。

6、加强小组合作，强化师生多边互动，给学生尽可能多的参与表现的机会，听、说能力的高度结合。

学会选择，就是学会做真正的读者

——"选择教学法"在阅读教学中的运用

在文本阅读中，有很多问题需要读者去揣摩，去判断，去选择，这样渐渐养成读者品读欣赏的习惯，提高自我感悟的能力。有一千个哈姆雷特，就有一千种解读的选择。可是，在我们传统的阅读教学中，这种"自主选择"的权利被教师剥夺了。教师并不是让学生自己原汁原味地去感知、品读、欣赏文本，而是往往将教参的理解合盘"贩卖"给学生。这种"灌输式"阅读教学的后果，不但使学生丧失了"原生态"阅读的感觉和权利，更严重的是使学生失去了阅读中"自主选择"的能力进而影响他们个性特长的发挥和个性潜能的挖掘。

其实，选择性是人的一种本能。呱呱坠地的孩子就能按自我意愿自主选择喜欢的食物，喜欢的玩具。随着年龄的增长，个性的增强，人的选择性会越来越强。语文的"选择教学法"就是要在阅读教学中充分利用每个人的选择性特点开展教学活动，从而提高学生自主阅读的能力，促进学生个性化发展。

一、在疑问中选择

任何阅读过程，始终伴随着读者的思维和情感的活动。其实，阅读的过程，就是读者解开文本中一个个谜底的过程。读者从不知道到知道，从不理解到理解，从莫名的感动到理性的把握，从质疑到肯定或否定。有些疑问是阅读中，自然而然产生的，有些是学生在感知和品读思考中有意提出的，也有些是教师在教学中特意设置的"问题情境"。朱熹认为："读书始读，未知有疑，其次则渐渐有疑，中则节节有疑，经了这一番后，疑渐渐解，以至融会贯通却无所疑，方始是学。"因此，首先我们必须广泛收集、选择识别疑问；其次，对于疑问，我们可能会有多种的解答。此时，你必须通过思考分析，鲜明地选择出你自认为是正确的选项，从而形成自我意识。经常进行这类阅读训练，使学生善于选择符合个性要求的答案，解答阅读中的疑难。这样有利于提高学生自主阅读能力，提高学生的个性意识。

比如，一教师在教《花未眠》一文时，让学生自读课文，寻找文中颇具意味的文句或者找自己不甚理解的文句。这其实是在促使学生决定学习内容。也就是说，教师将学习内容的选择权交给了学生。学生知识的生长点、能力的生长点、智慧的生长点都由自己选择。我们在学习小说《项链》中，学生会在阅读中产生种种疑问：玛蒂尔德出身贫寒，为什么"一向向往着得人欢心，被人艳羡，具有诱惑力而被人追求"？在丢了项链后，为什么"一下子显出了英雄气概"？小说的主旨到底是什么？这些问题的解答，有些挺容易，有些各有各的说法。我们要求学生在回答疑问时，要完全按照自己的分析判断，大胆作出确实符合自己心意的选择。这里，问题的对错尚在其次，重要的是学会选择。

二、在比较中选择

鲁迅有一句名言："比较是医治受骗的好方子。"我们还听说过这样一句话，有比较才有鉴别。所以，在阅读中，进行适当的比较，能起到去伪存真，分清是非，辨析异同的作用。比较的类型很多，有正反文章对比分析，有不同时代相类读物的比较分析，有同一时代相类作家作品的比较分析，有同一作家不同时期作品的比较分析，还有教师在教学中设置的对比式提问等。我们产生进行对比阅读愿望，是因为在阅读中因困惑或为了深入理解文本。这本身也包含着阅读方法选择的因素。其次，寻找比较的对象又是一层选择。这要从文本的实际问题出发，选择恰当的、容易形成比较的文本。有的比较是全面性的，从主旨到篇章结构、语言形式、写作手法等，如《有褒禅山记》和《石钟山记》的比较阅读；有的是局部性的，选择一项进行比较，如《祝福》与《装在套子里的人》人物形象分析。第三，在比较中，相同或不同因素的归纳总结，又是另一层选择。

有时，教师为引起学生阅读的注意和思考的深入，抓住文本中的关键问题，提出一个带有强烈对比的问题，引导学生充分讨论，以达到拨开雾障，直取主题的功效。我在教《触龙说赵太后》一文时，针对太后和触龙对"爱"方面问题的分歧，提出了一个用来引起讨论的问题：依照你的看法，说说赵太后更爱谁（燕后或长安君）？学生经过进一步深入阅读和广泛的讨论，最后根据事实，弄清了"真爱"和"溺爱"的区别，揭示出本文所表现的主题。另如项羽在鸿门宴中不杀刘邦，到底是"妇人之仁"还是"君子之度"？也可由学生通过分析论证，选择和证明自己的观点。

三、在开放中选择

毛泽东说过："感觉到的，我们不一定理解它。理解了我们才能更深刻地感觉它。"怎样才能在学生阅读感知的基础上，让学生更深入地把握文本呢？这里就要设法让学生在开放性的选择中，通过小组或集体的交流和讨论，碰撞出思维火花，从而加深对文本的深层把握。如一教师在教《我的空中楼阁》时，要求学生在文中选出他们最喜欢的一段，并说说这一段美在何处？妙在哪里？结果有的选叙述段，有的选抒情段，但有半数以上的学生都选的是第三自然段："世界上有很多已经很美的东西，还需要一些点缀，山也是。小屋的出现，点破了山的寂寞，增加了风景的内容。山上有了小屋，好比一望无际的水面飘过一片风帆，辽阔无边的天空掠过一只飞雁，是单纯的底色上一点灵动的色彩，是山川美景中的一点生气，一点情调。"这种不设前提的选择是开放的，是教学中随机的行为。每个人不同的选择，有的是无意选择，有的是直觉选择，有的是通过推论的选择。因此，为让学生的选择从感性上升到理性，可让学生在选择基础上，说说选择的理由，对选段进行点评，或仿写一段描写等，以此提高学生对文本的认识。只有将自由选择与理性的分析结合起来，才能提升阅读的层次。

同时，为了使阅读活动开展得既充分，又能比较集中围绕中心问题，使得学生的思维和能力有充分展示的舞台，教师也可重点设计一二个开放性讨论题，让学生自由选择讨论。如：1、如何评价项羽其人？可敬？可爱？可悲？可怜？可恶？抑或兼而有之？2、祥林嫂是谁杀害的？3、翠翠最后的结局会怎样呢？这些问题没有标准答案，只要说得合乎情理，都可成立。这些讨论题，有利于训练学生的分析判断能力和联想想象能力，同时，提高了学生学习语文的兴趣。

四、在对话中选择

在阅读教学中，师生与文本的对话，师生和生生的平等对话是非常必要的。各位学生在对文本的感受、体验的基础上，通过小组或集体的讨论和交流，具有开拓视野、加深理解、巩固感受等作用。

对话的特点是各自的对话者，站在自己的立场上，通过表达自己的感受和体验，来与对方进行平等交流，既输出自己的感受和体验，也接受对方的感受和体验的碰撞，从而产生新的更高层次的思想和情感。这其中，自己的准确选择是非常重要的，哪些东西是自己应该保留的，那些东西是不真实或错误的，应该舍弃的；哪些对方的感受和体验是比自己更胜一筹的，哪些是自己和对方的感受和体验可以互补的。学会正确地选择，才会给自己带来进步。

在对话过程中，包含了多重选择活动。首先是自我选择，即在阅读感知文本中，首先要调动自己的感情、积累、经验和潜能，开展积极的思维活动，从而产生对文本的许多认知、体验、情感、联想、判断和疑问，然后结合自身的兴趣、愿望和要求，选择某些关键问题参与小组讨论。其次是小组讨论的选择。在小组讨论中，相互之间的切磋辩议，碰撞出思维的火花，使各自的思考更进一层。在分析、对比、判断和反思中，相同的观点，坚定了认识；不同的观点，加深了理解。在对相互之间的观点的分析、比较中进行再次选择：认同对方观点时，就必须放弃自我认识；坚持自己的观点时，就必须寻找更充足的理由来捍卫观点；还有一种可能就是双方的观点互补，就采取取长补短的办法，使自己的思维更严密、更广泛、更深入。第三次选择是小组之间的交流。这时，学生的思维更广阔，接纳的信息也更丰富。各组代表先提出小组意见，这些问题当然不可能是完全相同的，不过，可以通过全班的讨论最终形成全体成员共同感兴趣的问题，从而确定教学目标。经过三轮的思考、讨论、选择，很多问题可能非常明朗，只需小结即可；还有些问题，仍需要花力气在课内甚至延伸到课外开展广泛的研讨。讨论的结果可能未必达成一致 意见，整个对话的研讨选择的过程，已使同学受益匪浅，我们的教学目标实际上已在这个过程中逐步完成。

建立一种作文讲评的新形式

——研讨讲评法介绍

内容概要： 作者认为，教师对作文讲评意义的认识不足和讲评的形式单一，是学生作文水平难以提高和作文教学鲜有突破的症结所在。故此，作者在教学实践中，尝试建立一种作文讲评的新形式，即以学生为主，生动活泼，自主研讨式的讲评。本文较具体地介绍了这种讲评的形式、注意点及评估与效果，阐述了这种重视学生参与的讲评形式在提高学生写作兴趣和多种能力方面的意义。

关键词： 讲评 研讨 形式 评估 参与

一、问题的提出

作文讲评是作文教学中一个不可忽视的重要环节，但在以往的作文教学中，我们常常看到的是教师重写作而轻讲评的倾向。教师的着力点往往放在写什么，如何写的指导上，对于讲评，则缺乏足够的重视，也许认为生米已煮成熟饭，讲多讲少对学生触动不大，关键还在于练；而在批改上倾注心血的教师，却又不注意讲评形式的变换，一堂讲评课俨然成了"新闻发布会"或者"作文批改论坛"。也许得到表扬的同学会有一些触动，但对大多数不会有大的收效。

笔者认为，教师对作文讲评意义的认识不足和讲评形式单一，是学生作文水平难以提高和作文教学鲜有突破的症结所在。要学生喜欢写作，就要设法培养学生的兴趣；而提高学生的写作水平，也要靠兴趣的驱动。写作的兴趣很难在作业中培养，而可以在讲评中得到。当然，这里所说的讲评，有别于教师"一言堂"式的讲评，而是以学生为主，生动活泼，自主研讨式的讲评。

语文教学优课论者认为，语文课堂教学效率太低，其基本症结在于，教师往往醉心于自己的"艺术表演"，总想给学生以难忘的"艺术享受"。殊不知，学生语文能力是不可能在观赏教师的艺术表演中培养起来的，而必须通过学生自己的积极参与，身体力行来习得，舍此别无他途。因此，引导学生全方位、高质量、多层次的参与，实是语文教学的要中之要。鉴于此，笔者在借鉴前苏联教学法专家达尼洛夫提倡的"问题讨论教学法"的基础上，结合自己在课堂教学中实施的"研讨法"，尝试建立一种新的作文讲评的形式，努力改变教师讲、学生听的传统讲评模式，充分调动学生的学习积极性，引导学生对作文开展认真、热烈的研讨，从而提高学生的写作兴趣和多方面的能力。

二、形式的确立

1、形式的提出

一些应试性的作文（如命题、给材料或规定文体等），因带有较强的限制性，学生自由发挥的天地小，不利于学生写作兴趣和创造能力的培养，故我们选择题材、文体比较自由的"杂记"作为学生平时练笔的作文样式。"杂记"有别于"周记"，"周记"考虑的是时间性，而"杂记"注重于内容和形式的自由、广泛。对讲评来说，"杂记"的丰富多彩，更有利于研讨讲评的广泛、深入。

研讨讲评的程序。将全班编为 8 个研讨组，并按顺序编号。每组的任务是，先传阅某组同学的杂记，随手记下自己的观感，并打出分数。然后轮流发言，对每篇杂记发表各自的看法，全组形成共识后，给每篇写上简短的评语，打上一个平均分。每组还要推选1—2篇优秀杂记作重点评论。每组一名代表（轮流担任）整理小组的意见后，作好讲评准备。最后，8名代表按顺序讲评本次所阅作文。

教师要做的工作是，收齐每次杂记后，先通读一遍，掌握基本情况。对学生推选的优秀杂记与自己选中的相比较，遴选出具有代表性的佳作5—6篇，复印后供学生传阅。其次，在学生的讨论与发言中，也要参与其中，掌握和调节讨论气氛，随时作好点评。最后要组织全班同学评选出本次优秀讲评者。在教师小结中，要指出每次讨论讲评的优缺点，使讲评的形式渐臻完善。

2、注意的问题

（1）要掌握好时间。每次研讨讲评约需时1小时。要合理分配时间，在研读杂记时，要强调快速阅读，提高效率，学会抓住重点、要点。讨论宜充分，但发言要言简意赅，忌冗长拖沓。学生发言时要有时间限制，一般为3—4分钟，超出时间即予停止。让学生懂得时间观念，做到讲得精练，突出重点。

（2）注意讲评的语言。讲评的语言要求简练、确切、生动，好处说好，坏处说坏。要把握语气，针对个人的作文讲评，宜以鼓励为主，也可以进行善意的批评，但不要过分苛求，甚至讽刺挖苦，避免伤害同学的自尊心。提倡讲评形式的创新，既可以是漫评，可以一二篇为重点有针对性的点评，也可以几篇比较着评，归成几类评；既可以就文论文，也可以联系社会现实；或评形式，或论内容。总之，要求讲评自由活泼，不拘一格。讲评中，我们发现有的同学语言幽默风趣，颇具个性魅力，深得同学好感。于是，就出现了不少效仿者。针对这种被同学称之为"伪幽默"或"包装式"的幽默，我们在全班开展讨论，使大家认识到语言是个性的外在表现，只有充分展现自己个性的语言，才是真语言，好语言。

（3）充分开展讨论。所谓"研讨"，是要在认真研读的基础上的讨论。阅读浮光掠影或漫不经心，都将影响讨论的质量。我们要求学生，发言要经过自己的思考，有新意，有见地，逐渐使自己的眼光敏锐起来，努力做到看问题切中肯綮，讲道理有理有据，反对不痛不痒的批评，面面俱到的分析，不着边际的评述。讨论时，要求每人必须说话，必须说你想说的话，说与众不同的话。鼓励争论，鼓励各抒己见。各组的代表既代表着集体，又代表个人。发言时，可以选取组内综合意见或某种意见，也可以阐述自己的见解。评语写作，分配到人，可概括组内意见，也可融入自己的心得，不搞标准答案，但求百家争鸣。同时还要指出一点，写在同学本子上的评语，要求字迹工整清楚，不龙飞凤舞，乱涂乱画。

3、评估与效果

为了鼓励学生研讨讲评的积极性，检验一段时间以来研讨讲评的效果，并使这种讲评形式不断得到完善，推动这项活动扎实有效地开展，我们坚持一学期两次（期中、期末）的评估小结活动。我设计的评估小结表如下：

编　号	篇　名	满意的杂记	印象最深的杂记		作　者
1			1、		
2			2、		
3			最准确评分组("√")		
4			1　2　3　4　5　6　7　8		
5					
6			最　佳　评　语		
7			1、		
8					
9					
10			2、		
11					
12					
13			对于杂记的写作、讲评我想说点什么		
14					
15					
16					
17					
18					
审阅者签名：				签名：_____	

　　评估小结共有五项内容：（1）写出自己半学期来所写杂记的篇名，对自己感到满意的杂记打上钩，下面是审阅者（同桌同学）的签名。（2）要求写出自己在阅读同学杂记中印象最深的两篇篇名及

作者。（3）评选出对自己打分的最准确评分组。（4）在自己杂记本上挑选出1—2条最佳评语。（5）写出自己对进行杂记写作及讲评的感受。

这五项内容，既有对自己杂记写作的回顾与体验，又有对各讨论组研讨讲评情况的评估与展示，还有对杂记写作、讲评的形式及整个过程的思考与总结。

接下来就是汇总统计工作。从汇总的情况来看，最准确评分组的票数还是比较集中的。我们就请这两个组介绍一下评分的经验，使今后各组打分更符合实际。大家推选的最佳评语经打印后，发给每一位同学。这对写评语者是一个鼓励，更鞭策每位同学撰写出更好的评语。同学推荐的优秀评语以涉及思想意义方面的内容居多。或鼓励，或劝勉，或揭示，或引申，或慰藉……在同学间沟通心灵、相互鼓励、读解人生、追求理想等方面具有一定的积极意义。下面略举几例：

（1）没有季节的情感树，才更加富有情感。情感不需要季节，季节的存在也是在偶然中的不同而存在，木子不要为此而太过抑郁，木子的愿望是会在没有季节的季节中得以实现。

评蒋华的《情感树没有季节》　　第8组

（2）品味受辱，是对心灵的撼击；懂得受辱的深刻，是对心灵的拔升。

评张佩的《自我之狂想曲》　　第3组

（3）飘忽的幻想是预言的起点，无奈的现实是预言的支点，流失的历程是预言的斑点，哭泣的梦魇是预言的沸点。那么什么，是它的终点？

评苏哲文的《预言》　　第6组

（4）流浪的心在咀嚼了孤独的苦味之后，又重新拾回了坚强，抱着一份执着的信念，在黑暗中才不会迷失自我，听心灵的叹息，诉说着坎坷与悲伤，有点失意，但决不消沉。

评庄开华的《狼的旅行》   第7组

（5）孝子谏老爸戒酒，甚至不惜冒着遭骂的危险，历经千辛万苦，好爸爸体察孝子的良苦用心，自觉换烧酒为雪碧。文章悬念设置巧妙，语言幽默，文笔畅达。

评张斌的《老爸戒酒记》   第8组

对获同学提名的"印象最深的杂记"在全班进行评选，最后将选中的10篇佳作，全部打印出来分发给每位同学，并召开一次"杂记讨论会"。

"对于杂记的写作、讲评我想说点什么"是给老师看的，也可以择要向学生介绍。应该说，这种研讨讲评的形式，受到大多数同学的普遍欢迎。下面摘录的是一些同学的体会。

"说真的，自从这学期开展学生互评杂记以后，我对每星期四的作文讨论课就有点期盼。在课上，不仅可以感受到同龄人的心声，也可以领略一下我班'大文豪'们的独到见解，更重要的是能欣赏同学不凡的才智和诙谐的语言。对我来说，这确实是一种享受。"（柳洁洁）

"我并不很喜欢写作，但有了每周的讨论与讲评，同学的鼓励，让我信心倍增，同学的批评，让我更加为之努力，每每写杂记，我开始勤查字典，对于文字的选择也是挑选再挑选。总而言之，我很感谢老师的措施，能让我真正感受到写作的乐趣，真的很好！"（邱旭东）

"潇潇洒洒畅写杂记，轰轰烈烈妙评文章，此活动可谓如火如

茶，妙哉，妙哉！"（徐陶）

"每星期的一篇杂记与45分钟的作文点评，成了我学习生活中的两道独特的风景线，这种与众不同的讨论方式，确实让我大开眼界。"（孙超）

"我想要写好一篇杂记的确不容易。要求我们用敏锐和深邃的眼光去看周围环境中的人和事，然后由素材提升为题材，再挖掘深层的富有价值的东西。由同学自己交流来批阅杂记，可以增进同学之间的了解，吸收别人的长处，希望这样的方式能够继续下去。每次讲评都是对我们阅读能力的测试，真正要读懂，领会作者的意图，也需煞费心思。不过，时间充裕，我乐意化去整个夜自修的时间来准备。"

研讨讲评杂记，激发了学生写作的兴趣，从而改变了为写作而写作的被动局面，大家都为写好每周一文而煞费苦心，蕴藏的潜能得到充分的发挥。

"作为理科班的学生，我本不该花太多的时间在为文作诗上，然而蓦然间，我竟然发现写文章竟是我生命的支点。在此，我的感情得以宣泄，我的梦想得以实现。或许，我文章中有太多太多的不足与幼稚，或许我今后的事业与文学搭不上关系，但我会与文学今生相伴，一生不懈。"（苏哲文）

"这学期的杂记，对我来说，可算是一个突破，因为我从前从未认真写过杂记，偶尔无材可取，也会抄上两篇。这次的杂记大多数是有感而发，写后有一种很畅快的感觉，自己对杂记的兴趣比过去好多了。"（郑科峰）

"写杂记的过程是一个记录心情故事的过程，是一个重拾自我的过程，是一个勉励自己，为自己疗伤的过程。我有机会得以重新审视自己，并因为其他人的理解而不断获取欣喜与动力。通过讲评的过程，我的心学会和其他的心灵交流，体会他人的欢乐与忧愁，幸福与哀伤。我学会去尊重别人的情感，正如别人尊重我一样；我也学会观察生活，通过别人对大千世界的缩影，我也学会跳出狭小的圈子去融入更为广阔的天空。"（蒋华）

当然，也有不少同学提出了改进讲评形式的中肯意见，如，研讨讲评所花时间过多；有些讲评者为博取同学的欢心，在表达上存在哗众取宠的现象；有的同学的点评，违背了作者的初衷；有的同学观点比较偏激，感情色彩太浓等等，需要在今后的实践中，不断地加以改进和完善的。

三、形式的意义

诚然，研讨讲评可以使学生得到多方面能力的锻炼，如阅读能力、鉴赏能力、写作能力、口头表达能力、分析评论能力等，有利于学生语文水平和思维能力的提高。而要实现以上目标，教师必须在教学中采取正确优化的教学策略，以学生的发展为本，突出学生的主体地位，充分认识学生的潜在能力，不断刺激学生的兴趣，强化学生的参与意识，使每个学生愿学、乐学、会学。否则，能力的培养将只是纸上谈兵。

正确优化的教学策略表现为一切管理手段都是为了使学生具有开拓、进取、创造的人格特征。如充分运用"参与机制"，其重要意义是十分明显的。研讨讲评活动以学生为主体，鼓励学生积极参与，热情投入，这就增强了学生的主体意识。能参与本身就是一种积极的态度，也只有在参与中学生才能被"唤起"，振作精神，在可能的失败中获得激励，在更多的成功中享受欢乐。参与加强了群体中的交往活动，获得了人际间的互补合作。同龄人之间相近的认知水平、思维方式、心理特征，令他们心心相印，使这种互补和合作更为有效。同时，课堂中学生的全员参与，必然会使反馈更为活跃，课堂效率明显提高。

在研讨讲评中，我们也注意引入激励机制。它在调动学生的学习积极性与自觉性方面，起到了积极的作用。"激励"是教师向学生（主体）输入的一种刺激，也是从学生主体内在需要出发的主客观的结合过程。古人有云："水不激不跃，人不激不奋。"作为感情丰富，思维活跃的中学生，他们有要求沟通、宣泄、抒发等内在心理需要；有直接体验和亲身感受满意、愉快、兴奋等情感的需要；有学习上取得局部成功，在心理上得到不同程度的满足的需要，而杂记的研讨讲评正是针对学生的这些心理特征和内在要求，以传阅、点评、评选、展示等各种激励手段为学生提供了多种心理体验，实现自我满足的机会。

"竞争"是在社会群体或个体之间，为了同一的追求目标而进行的力的较量，从而决出胜负和优劣的活动。我们提倡学习上的"互助式"竞争，即在竞争中互学互助，共同发展。竞争不仅可以调动学生的学习主动性和积极性，提高学习效率，而且由竞争而产生的奋发进取、不甘落后、勇于创先的精神，对提高学生素质，有其不可替代的积极意义。杂记研讨讲评，有意识地提供比赛竞争、论辩竞争、计量竞争、激励竞争等形式，营造了一种激发兴趣，激励思维，可供比较，优势互补，蓬勃向上的竞争氛围，并从而转化为努力写好每一篇作文的动力，潜移默化中提高了写作水平。在研讨讲评中，我们也充分实践了"协同学"理论。协同，是物质世界统一性的一种表现。各个不同系统之间，和一个系统各子系统之间，都可以寻求一种共同的规律和特征，因此，也就为通过协同达到更好的促进和发展创造了条件。在研讨讲评中，主要表现为师生之间、学生之间相互切磋、互相促进之中。我们认为，因学生个体认知水平、知识经验等方面的局限，要想达到"优质"讲评目标有一定的难度，因此，学生在相互借鉴、学习的过程中，要在教师指导下达到集思广益。依靠这种群体智慧，能够大大提高每个学生个体的学习质量，群体研讨讲评的尝试，正是为了实践这一理念。

艺术语文与语文艺术

——我校语文课引入艺术形式初探

语文文本本身包含着艺术的元素。比如，语言的音调和节奏，作品所描绘的画面和意境，文章整体所呈现的建筑美等，这些都给在语文教学中渗透艺术性创造了条件。随着新课程教学的推进和教学群体的变化，语文教学也面临新的挑战。如何做到与学生多对话交流，如何开发学生的个性潜能，如何提高学生学习语文的兴趣，如何让学生在语文学习中受到美的熏陶，提升人文涵养，这些都是我们在教学中亟待研究的课题。在教学实践中，我们感受到将我们身边的多种多样的艺术元素引入语文课堂，在语文教学中体现艺术性，是实现上述诸项目标的一种重要手段和有效途径。

一、将具有地方特色的艺术样式渗透语文课堂

每个地方总有自己独特的群众喜闻乐见的艺术样式，我们舟山也不例外。舟山具有独特的地域环境，整个区域是由星罗棋布的岛屿组成，每个岛屿四面环海，与大陆隔绝。岛上的人历来以捕鱼为生，粗犷、豪放、敢于冒险是渔民们独特的个性。因此，历史上形成的舟山各种艺术样式也具有浓厚的地方特色。那么，在语文教学中如何引入这些本土艺术样式，借以提高学生的学习兴趣，使语文课堂充满生机和活力？我校语文教师为此进行了积极的探索，取得了一定的成效。

舟山锣鼓是舟山最著名的演奏乐器之一，它由许多大大小小的鼓、锣、钹组成，音调热烈、喜庆、有力，它是舟山渔民在开洋、拢洋时，为表达祝愿、庆贺的愿望而常用的乐器。为继承舟山艺术传统，对学生进行艺术教育，学校每星期两节课对实验班的学生进行培训，并经常让他们在学校喜庆节日中进行表演。于是，我们就充分利用这种条件，在教学中将两者结合起来。如，我们要求学生口头表达自己学习锣鼓的过程及感受，口头描述锣鼓的音调节奏的特点，我们还让学生观看后比较舟山锣鼓与山西威风锣鼓、凤阳花鼓、朝鲜族腰鼓等不同的演奏特点及给人的不同感受。有时，甚至我们将单鼓带入教室，让学生进行轮流表演，让大家进行现场点评。对这种具有切身体验的说和写，学生表现出了浓厚的学习兴趣，表达的水平也大有提高。

舟山的"瀚洲走书""渔工号子"也是舟山古老而独特的艺术品类。瀚州走书的传统书目多为明清时代所流行的宝卷加以改编，其内容除了戏曲、传奇剧情、民间故事外，还编唱了一些当地的新闻轶事。本地艺人演唱的传统书目有《黄金印》《双金钗》《还金镯》等，瀚州走书是一种叙事性的说与唱，文学与唱腔相结合的艺术表现形式，在服从文词内容的前提下，说与唱结合在一起，充分地发挥各自的艺术表现力，共同担负着描述故事情节的发展和刻画人物形象的重要任务。这种艺术形式具有较高的表演技巧，我们在引入课堂中，让学生进行简化，主要模仿念白和唱腔的特点。如学习课文《祝福》，我们把学生分成几个表演小组用瀚洲走书的形式进行改编创作，结果不同的小组选取了课文的不同片段，每个片段表演3—5分钟，生动有趣的表演，让学生笑得前仰后合，充分感受到了地方艺术的魅力。而在诗歌教学阶段，我们则引入渔工号子。舟山流行的"渔工号子"除了《吊水号》、《起锚小号》《拔船号》等根据海上、陆上不同的劳动工种律动，口头创作出来外，很大一部分号子，是船渔工们吸取沿海各省市的号子、山歌、小调中的旋律，而逐步发展起来的。它音调高亢嘹亮，粗犷有力。是在宽阔的海洋上唱的，有时甚至在狂风恶浪中劳动歌唱。船渔工们为了在大风大浪中壮胆，为了在劳动中提气、助力，忘却劳动中的疲劳。渔工号子其实本质上也是诗歌。我们将抒情性强的现代诗，让学生改编成渔工号子，如《啊，船长，我的船长哟》《发现》等。我们还尝试让学生根据体育比赛的需要，自编渔工号子，如拔河比赛的号令、啦啦队的口号等，学生的创作可谓五花八门，因为自编自演，而且喊起来很有节奏感和号召力，学生搞得其乐融融，饶有兴趣。

用舟山方言来为小说人物配音，也是我们常搞的一项活动。舟山方言属于吴方言的一种，具有独特的表现力。我们要求学生在给小说人物配音中，可适当进行再创作。如学习《林黛玉进贾府》，既有分角色的女声五人版的，也有同一人却饰演不同角色的男声版的。这中间，许多同学参与了创作，有的同学提供声音与性格样本，有的同学提供大量的创意，如夹入搞笑内容"减肥茶""读书""垒倒牌子"等，有的同学听了录音后提出了许多宝贵的意见，如加入"周星驰哭小张"等桥段及对人物的声音与性格进行修正，同时添加了不少舟山俗语、歇后语，并结合金融危机等时事，临时编撰了一些小桥段，甚至有的老师的口头禅也作为笑料添入录音，总之，该配音的录制、量化、剪接、处理等都由同学协作完成。学生在创作过程中，兴致很高，大家相互配合，乐在其中，语文的能力在不知不觉中得到了提高。

其他还有在学习"一组图片"等内容中，引入舟山渔民画等，进行比较鉴赏，甚至根据意境进行渔民画创作等方法，使语文课堂充满艺术的氛围。

二、把学生喜爱的艺术形式融入教学空间

语文的外延就是生活。将生活中学生喜爱的艺术形式引入教学空间，使语文教学更具吸引力。语文与艺术就像一对不可分割的恋人，互依互存，息息相关。现在我们的语文课堂上，不再是枯燥无味的老师传教，更多的是老师与同学们的互动学习。老师在语文课上用一些著名的图景引出课题，让学生在背景音乐的伴奏下有感情地朗读课文，学生自导自演一些经典的电影对白……这些艺术表现形式活跃了课堂气氛，使语文课不再枯燥无味，也使学生对语文学习产生了浓厚的兴趣，尽情地在语文的世界里遨游。

课本剧

上学期我校高一开展了"读书月"的系列活动，其中一项是将经典电影对白以课本剧的形式表演出来，每个小组都在经过精心的准备后，为大家献上了好看的节目。

其中有一个小组表演了《大话西游》中的经典对白，就是那段"若要给这份爱加一个期限"。让人吃惊的是学生还分别用不同的方言演绎，有四川话，广东话，东北话等，甚至还有舟山方言。

还有一个组把电影《功夫》搬上了舞台，看他们那无厘头的表演，配上大屏幕上的原作，把观众都逗乐了。包租婆的特色嗓音，斧头帮的搞怪逗秀，星爷的妙语连珠，表演者都学得七八分像，可见是花了不少工夫的。

有谁看过《罗密欧与朱丽叶》吗？舞台上又上演了莎翁的巨作。若说他们是在演绎爱情故事，还不如说是现代喜剧片。看舞台上的两个男生，正演得热火朝天。是的，你没有听错或是看错，的的确确是两个男生。一个坐在椅子上，一个蹲在旁边对他说着什么。貌

似"我爱你""你不要走"之类，颇有 BL 之嫌。其实在观众群中潜水的广大"腐女"已经想入非非了吧。

《武林外传》是近年来热门的一部恶搞之作，广大的武林 FANS 也有幸看到了"原版"。看大伙在台上斗智斗勇，大家真是不胜钦佩。

当然，并不是所有表演都是搞笑的，也有十分正式的表演，《傲慢与偏见》与《茶馆》继承了原著的精华，并将其"发扬光大"。下面是学生的一段演出过程的记述：

老舍的《茶馆》是一部较长的戏剧。在阅读过程中，由于剧中人物所处的特定年代距我们已颇为久远，这给我们的理解与学习带来了一定的难度。为此，我们小组决定将第二幕编排出来，并在读书月的成果课上进行表演。

我们先在网上和图书馆查阅了这部戏的写作背景和作者老舍的资料。接着我们又对老舍的写作意图进行了讨论，并根据角色的不同特点进行了演员的初步分工。最重的任务便是导演与编排了。起初，由于大家对编演与走场的不熟悉，对台词念法的京味不足，对表演技巧的生疏，工作变得困难重重。但困难越大，我们的斗志越强。带着对语文的热爱，大家对这部戏投入了极大的热情。从对剧本的反复诵读到对人物形象的思考琢磨，从精心设计每个动作，到每一个表情到对道具的认真制作，每一个进步，每一点努力，都离不开大家的团结一心，互帮互助。最后，经过短短两天的时间，我们的工作终于顺利完成了。虽然还有许多不足之处，但看着台上同学们自信的表演，我的心中充满了成就感和自豪感。

当时的情景已经成为我们心中的经典。虽然同学们的演技有时略显稚嫩，但这一幕幕的表演充分包含了同学们对语文，对艺术的热爱。

语文融合课本剧的形式，虽然耗时长，但它能充分调动大家的积极性，培养大家对于语文的热爱，也能锻炼大家的能力。特别对于理科班的学生来说是一种很好的学习语文方式，既可以得到放松又可以学到内容。

诗歌朗诵会

5·12 汶川大地震时期，我们组织了一次关于汶川地震的诗歌朗诵会。在朗诵过程中，多数同学因没有学习过朗诵，不会调整气息，也不懂如何把握音节，但我们在同学们的身上看到了对汶川人民的深切关爱。当台上的同学读着"妈妈别哭""你一定要坚强"时，同学们沉寂了，大家想到了远方，那些正在哭泣的婴孩与大人。

词典里说：朗诵就是把文字作品转化为有声语言的创作活动。但我们觉得它更是将个人的情感传达给他人的交流活动。诗歌朗诵会学生们学到了很多。朗诵是口语交际的一种重要形式。朗诵不仅可以提高阅读能力，增强艺术鉴赏水平，更为重要的是，通过朗诵，可以陶冶性情，开阔胸怀，文明言行，增强理解，又可以有效地培养对语言词汇细致入微的体味能力，以及确立口语表述最佳形式的自我鉴别能力，增强表演的自信和胆量。

在诗歌朗诵中，我们的人文精神逐渐增强……

配乐朗读

诗歌朗诵是品味文章的一种方法，配乐朗读也不失为一种语文学习好方法。

在学习黄药眠的《祖国山川颂》时，我找了一首乐曲，让学生伴着音律诵读，虽然不知道乐曲的名字，但是其间的情绪深深地感染了他们，也让学生更好的体会到作者对祖国的一腔热情，更快融入到课文中。

读，是语文教学最基本的教学方法，也是我国几千年语文教学的精华所在。配乐朗读以适当的优美乐曲和文章有机组合，在和谐动人的情境中继以声情并茂的朗读。它是语文教学打破传统的单一讲授模式，改进教学手段的有益尝试。特别是在信息时代，各类艺术互相渗透、横向联系，互相促进，具有独特艺术魅力的音乐完全可以堂而皇之地走进语文课堂，音乐与文本以多种方式结合，结合的基础是它们的内容、情感交互性。

音乐是一种非常特殊的语言形式。它不像图画是可见的造型艺术，也不像电影戏剧那样是可听可见的综合艺术，而是由声音运动作用于人的听觉引起联想，从而获得一个仿佛可以感觉到的形象的艺术形式。这种由感觉产生的形象，正是由人们的想象联想而产生的。而文学作品是由文字作用于人的视觉引起联想，激发人的想象，由此产生出一个个生动活泼的形象。从这一点看，音乐和文学是相通的。

朗读是打开美文意境的钥匙，音乐则是润滑剂。音乐对语文朗读教学确实起着不可忽视的作用。"让音乐使人类的精神爆发出火花!"

影视作品欣赏

我校语文教师在上课的时候经常运用各种艺术形式，如音乐、电影、视频等辅助手段，来加深对课文的理解。

暑假的时候，语文修习课较为轻松。老师就每星期空出两节课给学生看了 12 集纪录片《大国崛起》。它讲述了美国、英国、法国、葡萄牙等 9 个国家从弱小到逐步崛起的过程。葡萄牙与西班牙的崛起，说明了倾尽国家的努力去探索才能走出新的道路的道理；法国的崛起在于对思想的无比尊重；日本崛起向世人证明了，学习和融合的能力决定了能否适应时代的发展……这种上课方式，不仅改变了学生对传统上课方式的看法，放松了学生的心情，还增加了他们的课外知识，扩大了视野，而且这部纪录片对他们的学习生活也有一定的启示：要敢于探索，敢于创新，学会适应周边环境，融入社会生活等。

还有上学期的一节课，讲评《林黛玉进贾府》的课文。老师为了让学生更好地理解其中的人物形象，放映了《红楼梦》电视剧"林黛玉进贾府"那一段，让学生们充分领会到了贾宝玉的英俊多情，对功名利禄的鄙视；林黛玉的多愁善感，对封建思想的叛逆；王熙凤的善于逢迎，是荣府上下大小事务的总管……通过对电视剧的观看，加上之前的文本阅读，让学生从多个视角看贾府的人物，从而对我国古代最伟大的长篇小说之一、世界文学经典巨著之一的《红楼梦》有了更深刻的了解。

除了上述形式，教师还在语文课上用一些图片引出课题，让学生在背景音乐的伴奏下有感情地朗读课文，自导自演一些经典的电影对白……这些艺术表现形式活跃了课堂气氛，使语文课不再枯燥无味，也使学生对语文学习产生了浓厚的兴趣，尽情地在语文的世界里遨游。

辩 论

学期伊始，我校有些班级曾组织过一次关于"'范跑跑'该不该被取消教师职位"这一论题的激烈辩论，正方反方相互僵持不下，曾一度呈白热化状态。不只是正式的班级辩论赛，在平时上课时，同学们也会对一些有争议的观点相互辩论。依稀记得，在上《荷塘月色》时，我班同学曾经就"朱自清是否在《荷塘月色》中表现出极强的欲望"进行过辩论。诸如此类的例子实在举不胜举。

辩论可以"明是非，审治乱，明同异，察名实，处利害，决嫌疑"。一言之辩，重于九鼎之宝；三寸之舌，强于百万之师。也可以说，辩论的作用，一是有助于人们发现和认识真理，二是可以开发人的智力，三是可以增长知识，四是可以培养良好的口才，五是可以提高应变能力，六是可以培养竞争意识。当今的时代，需要靠自己推销自己，所以，要做人才，应该具备辩才。

真理在实践中得以检验，在言辩中越辩越明；种种利益的归属，也在言辩中得以确定。言辩，给了我们发现的乐趣、合作的快意以及获取共识的满足感。

由上可见，辩论本身是一件非常有趣的事情，将其放在语文课上进行，更是将同学们的积极性与智力发挥到了"最大限度"。

三、将学校社团活动的载体搬入语文学习

近几年来，为加强学生的德育教育，开拓学生的视野，丰富学生的业余生活，提升学生的活动能力，加强校园文化建设，我校在团委的带领下，各种学生业余社团如雨后春笋纷纷涌现。现有文学社、动漫社、推理社、街舞社、科技社、电影社、新剧社等几十个。各班几乎都有学生参与。我校语文教师在教学中，动脑筋想办法，通过将这些在学生中十分热门的社团载体，与语文教学结缘，将社团活动请进语文教学，使学生充分展示自己的才能，让语文课堂充满青春活力。

如与推理社一起搞读书活动和征文比赛，将学生喜爱的推理活动引入语文课堂。我们通过到学校的依心图书馆查阅，向学生推荐阅读福尔摩斯、阿加莎·克里斯蒂、东野圭吾等人的作品，并布置写作读书笔记和准备课堂讨论等作业。在讨论中，学生对作品中出

现的疑点很感兴趣，大家相互分析推理，形成高涨的课堂气氛。我们还收集一些短篇推理故事，让学生猜想结局，学生发挥出了惊人的想象力。我们也组织学生参与"天黑请闭眼"大赛和首届 Mystery Night 杯征文大赛，组织写作一分钟推理小说，以提高学生写作的兴趣。

动漫社也是非常热闹的一个社团，现在这个世界是动漫充斥的世界，有些发达国家甚至将动漫作为外交和经济振兴的重要手段。当然，国际动漫界也存在过于商业化和浮躁化，曲意迎合观众，类型重复、缺乏新意等弊病。我们积极引导学生注意这些方面。学生非常喜欢动漫，这个现实我们不能忽视；而动漫中确实也充满了语文的元素，如动漫故事、动漫的精彩对话，动漫的想象力和美学特征等等，都与语文有联系，在国内每年所生产的几百部动画片中，属于教育和童话的达到 50%。因此，我们就利用学生的兴趣特点，让有美术和电脑基础的学生制作动漫，或收集社会上比较流行的具有一定意义的动漫作品，让学生欣赏，用语言和文字来表达自己的观感，以此提高学生的审美能力。

文学社是一个传统社团，近年来，因为学生喜欢的文艺和娱乐载体确实非常丰富，因此，文学社有点冷落。但文学是我们语文教学的基础，是学生提高语文水平的重要途径。所以，我们也动脑筋指导学生如何在新形势下，让文学社走出困境，让文学再在学生中热起来。我们想到，文学要走出"象牙塔"，与学生打成一片，具有浓厚的生活气息，跟上社会的形势，在学生生活中发挥积极的作用，这才是文学的出路。我们组织学生采访，关注社会热点问题，我们组织学生辩论，提高学生的认识水平。特别是我们利用学校的网站，进行班级博客比赛，个人博客比赛，号召学生建立自己的个人博客，经常更换新的博客文章，并力争图文并茂有可看性，并比一比，看谁的博客点击率高。这样，大大调动了学生写作的积极性，语文水平也明显得到提升。

当然，我们把社团的载体请入语文教学，才刚刚开始，要探索的问题还有很多，需要以后不断努力，积极实践，使语文教学的艺术化水平更上一层楼。

看，这就是艺术化的语文学习带给我们的无穷乐趣。

如果说语文是一片葱葱郁郁的森林，那么艺术就是翩飞其中的斑斓蝴蝶；

如果说语文是茫若无涯的汪洋大海，那么艺术就是珍藏海底的无瑕珍珠；

如果说语文是蔚蓝深邃的遥远天空，那么艺术就是清晨那东方最瑰丽的朝霞；

让艺术走进语文的课堂，让灵魂在文学的普照下得到滋养，让精神在浩然天地间屹立长存！

（本文与邹碧艳老师合作）

语文创新教学应重视人文意识

随着科技的发展和人们思想观念的更新，语文创新教学越来越受到语文教育工作者的重视。所谓语文创新教学，就是在语文素质教育中，积极吸收创新教育研究的理论成果，以课堂教学为主渠道，充分挖掘教材潜在的创新价值和学生潜在的创新因素，在听说读写过程中，以培养学生的创新精神和创新能力为基本目标指向的学科教学活动。在这里，我们看到，语文创新活动的主体、培养对象和最终目的都始终围绕学生而展开，因此，我认为，语文创新教学要坚持突出人文意识。

一、以人为本，重视个性

早在文艺复兴时期，倡导人文主义教育思想的先驱，首先提出了教育要以人为本，把人的思想感情从神学的束缚下解放出来，反对强迫纪律，残酷体罚和死记硬背，强调尊重儿童个性的教育思想。尽管这一思想已经存在了几百年，但是，那种缺乏人文关怀，抹杀学生个性的教育，始终没有绝迹。把学生当作被动接受的"容器"，课堂教学坚持"满堂灌"、"填鸭式"，要求学生"唯书"、"唯师"、"唯一"的现象还是普遍地存在。因此，在素质教育日益深入的今天，语文创新教育强调"以人为本，重视个性"的人文意识，有其重要的现实意义。素质教育有着明显的人文意识特征，它要求通过各种教育活动，努力提高人的各方面素质，强调因材施教，重视个性差异，努力挖掘人的潜能。语文创新教学是素质教育在语文学科的延伸、深入，而语文学科有其独特的人文性，因此，强调人文意识更有必要。

以人为本，就是要看到眼前的每个学生都是活生生的，有血有肉，有思想，有感情的个体，我们要通过对学生思想道德素质、科学文化素质、个性心理素质和民族文化素质的全面培养，使学生具有远大的理想和高尚健全的人格、良好的个性修养和踏实的科学态度，在语文学习中逐步培养学生的创新精神和创新能力。

以人为本，就是要深入了解掌握学生的情况，从学生的实际出发来设计教学思路，确定教学目标，设置教学内容。要按照循序渐进，因材施教的教学原则，来设疑提问，设计练习。如作文训练，我们的要求是，高一以写记叙文为主，要求写真实的东西，身边的事物；高二要求写杂记，文体内容不限；高三以命题作文为主。

以人为本，就是教学活动要体现"以学生为主体"，改变教师"说教布道"的做法，让学生成为活动的主人，课堂的主人，要鼓励学生敢于坚持自己的独到见解，敢于说他人没说到的话，敢于对书本的"定论"提出挑战，敢于对不合时宜的权威解释说"不"，敢于坚持独立思考和积极的争论。如课文教学中，我们采用的"研讨法"，作文讲评中我们进行的小组讨论，集体讲评，就是体现以学生为主体，充分调动学生的参与意识。

以人为本，就是要针对不同层次、不同个体的学生，采用不同的教学措施。我们要根据不同的教育对象的身心特点及阅历经验，有目标，有计划地进行训练。要重视个性差异，发掘个性潜能，重视学生独立性的培养。爱因斯坦说过："发展独立思考和独立判断的一般能力，应当始终放在首位，而不应当把获得专业知识放在首位。"我们课前演讲和个人杂记讨论会就是为每个学生施展自己才能提供机会。

二、民主研讨，教学相长

具有民主、平等、公正的作风，是人文意识的一项重要特征。而教师具有民主、平等、公正的思想意识，是语文创新教学深入开展的关键。在这里，教师已不是课堂教学的主宰，而是学习活动的策划者和管理员；教师不再是课堂唯一的权威，而是学生创新学习的设计师和领路人。在这里，教师和学生的地位是平等的，人人都有权发表意见，随时可以提出不同的看法，教师对学生与众不同的疑问、见解及异想天开的设想，表现出极大的耐心、宽容与尊重。而且，教师和学生在特定的教学情景中产生着相互影响，发挥着相互作用。教师在备课中，认真挖掘课文隐含的创新价值，学生在预习中，努力去质疑，去发现。在课堂上，教师一个个创新设想和学生渴望创新的心理、欲望相互碰撞，产生一个个创新思想的新灵感、新火花。在一系列创新活动过程中，教师把学生引入一个个创新机会，学生为教师创造了一个个创新的积累。

以课堂教学中采用的"研讨法"为例。研讨法教学是学生在教师的指导下，对课文进行深入研讨的过程。我们在这种教学中，要充分调动学生的学习积极性，引导学生对学习内容开展认真、热烈的讨论，从而提高学生创新学习的能力。研讨法教学过程大致分为提供方法、自学研读、设疑辩议、归纳小结四个步骤。有人担心学生自由提问会不会造成问题深浅不当、远离教学目标或问题难偏使教师措手不及的现象？我们的认识是，假如在民主、平等的气氛中学生解除了思想束缚，打破"沙锅"，让思想自由奔走，那么，你的目的已经达到。其次，教师也要从包办代替的角色中解救出来，不当"救世主"、不做"发言人"，和学生平等相待，把自己的"底牌"亮给学生，知之为知之，不知为不知，我想，是能够得到学生的理解和尊敬的。至于能否达到教学目标，我认为也不必过于担心，因为学生疑问一般从现有知识出发，再加上有课文的提示和练习的导引，教师的点拨，是能够把握课堂的重心的。研讨法的优点是：（1）就是参加的人，都要积极地参与学习的过程；（2）就是它的灵活性，学生不只是回答问题，而且也提出问题，不只是验证真理，实际上也是在寻求真理；（3）是讨论的氛围民主、平等，没有唯一的标准答案，学生可以自由大胆地探索各种各样的可能性，改变过去固有的思维模式，培养了学生的创新精神和创新思维。

三、环境宽松，促进思维

宽松和谐的学习环境，是学生释放个性的前提。教师应从人文关怀出发，尊重学生的创新个性，努力营造宽松和谐的学习环境，让学生尽情地展现自我，发展自我。宽松和谐的学习环境首先在于它的开放性，主张语文教学要紧密地联系生活，把学生引向广阔的社会，又把生活的活水引入课堂教学；语文教学的开放性还在于它广泛接纳各种知识，人文、自然知识和各种信息、理念均源源不断汇入语文课堂，并相互自由地碰撞、融合。其次是民主、平等的讨论气氛；第三是让学生拥有一种自由、愉悦、积极的心理状态。这就要求尊重学生的创新个性。在创新教学中，学生创新个性主要表现为（1）好奇心强，求知欲旺盛；（2）全神贯注，专心致志；（3）主动参与，独立性强；（4）自信心强，有坚持力；（5）另辟蹊径，见解独特。尊重学生的创新个性，就是要对学生中出现的"越轨"和"越位"的言行给以适度的宽容，使学生真切地感到有一个"心理安全"和"心理自由"的空间，对于学生在学习中表现出来的勇敢、幽默感、独立性、恒心、一丝不苟等人格特征，给予必要的尊重，从而鼓励学生个性发展和创新能力的培养。

　　如我们开展的杂记写作和讲评，就是努力营造这样一种氛围。杂记，作为作文练笔的一种样式，因其限制少，不拘一格，学生写起来比较轻松、自由，学生的思维触角可以伸展到社会的各个角落，具有较强的开放性。我在杂记的评改中，一方面了解了学生的思想动态，另一方面我们可以进行无拘无束的笔谈。学生可以向教师吐露心曲，也可以对老师的看法提出商榷，学生对此比较感兴趣。我们还进行学生研讨讲评活动。过去，讲评的任务都由教师担当，容易造成"一言堂"；现在学生承担了这项任务，学习积极性大为提高，学习的气氛也异常轻松。学生先分组研读同学杂记，然后进行自由讨论，最后，各组派一名代表在全班作轮流发言。一学期还进行两次评估小结，评出最佳讲评、印象最深的杂记、最准确评分、最佳评语，还要求对本次活动畅谈看法，提出建议。在这样一种氛围中，学生的潜能得到充分发挥，思维空前活跃，学习效果明显提高。好文章，新创意层出不穷。有一位学生这样感叹："潇潇洒洒畅写杂记，轰轰烈烈妙评文章，此活动开展得真是如火如荼，妙哉，妙哉！"

论"文"、"道"关系在现代语文教育史上的分合论争兼论语文学科的工具性

在古代，那些深受儒家传统思想浸染的士大夫们，竭力主张"文道统一"、"文以载道"。当然，他们所谓的"道"，是封建伦理道德之"道"，儒家义理统之道；而"文"，则是指旧时的辞章规范，甚至是八股的一种僵化了的程式。

1903 年癸卯学制后，"中国文学"作为独立设置的学科，也涉及到了"文"、"道"关系。起初，"道"的部分，有专门"修身"、"读经"之类科目予以灌注，而"辞章"或"中国文学"，其主要任务便是熟悉和探究各类文章及诗词歌赋的作法。民国后，学校取消了"读经"，在"国文"、讲文中也渗透着思想道德教育和美育，使"文"和"道"又由"分"而逐渐趋向于"合"。

"五四"时期，新旧两派的激烈文化斗争，在语文教育阵地也有过强烈反映。革新派为了宣传新文化、新思想、新观念，一度曾以社会问题为中心自编讲义，在课堂中组织讨论；一批企图挽回封建道德颓势的遗老遗少们，又竭力鼓吹"读经"，想把语文教学重新引入宣扬和灌输封建伦理道德的歧路。旧派固然割裂了"文"和"道"的统一关系，力图以陈腐的思想扼杀方兴未艾的国文、国语教学；新派则把"道"强调到了脱离"文"的不适当位置，"专重精神或思想一面，忽略了技术的训练，使一般学生了解文字和运用文字的能力没有得到适量的发展，未免失掉了平衡"。

解放初期，"国文"、"国语"的学科名称被"语文"所取代。中央人民政府出版总署编审局出版了全国统一的"语文"课本。与辛亥革命后国文教材改编举步维艰的情况相比，建国初期，语文教材建设的成绩是显而易见的。教材内容富有思想性，教学内容进步、健康、丰富、新鲜，清除了旧时国文课本中的陈腐、落后甚至反动的东西。当然，由于时间仓促，在巩固革命政权的特定历史时期又很难避免要特别强调政治因素。

随后，在全国开展"学习苏联教育经验"的热潮中，许多教师感到语言、文学混教不符合语文教学规律，提出分科教学的意见；随着 1953 年苏联专家普希金教授关于《红领巾》教学意见的发表，要求语言、文学分科的呼声越来越高。1956 年 6 月在北京召开了全国语文教学会议，并分别颁布了初级、高级中学《文学教学大纲（草案）》、《中学作文教学初步方案（草案）》。自此，汉语文学分科便在全国全面推开。从大纲和后来的教学情况来看，这套教材在我国普通教育里具有开创性意义，在"文"和"道"的关系上，显然侧重于"文"的知识、技巧和能力的传授，文学教材分量较重，偏重文学的要求；汉语教材缺乏重点和语言实践的指导，"道"的教育明显淡化，《大纲》虽指出文学作品的教学必须通过艺术形象感染学生，"进一步扩大学生对社会生活的认识"，但"道"与"文"相比，处于从属和辅助的地位。这次教材改革，虽因政治形势变化和教材本身尚有不足而中途夭折，但这次改革还是很有意义的。决不能像 1957 年那样简单地加以全盘否定。

1958 年，语文教学也受到"左"的错误思潮的极大冲击。在指导思想上强调语文教学要"为政治服务"，甚至认为每教一篇课文都要解决学生一定的思想问题，把语文教学中的思想教育任务提到了极不恰当的位置。课文选文每册仅十几篇，古典文学作品极少，"五四"以来新中国成立之前的作品除鲁迅外基本不收。主要的课文便是毛泽东著作及反映"大跃进"、"人民公社"化运动与歌颂"总路线"的作品。课文选文标准几乎由"政治标准第一",演变为"政治标准唯一"。这里"道"代替了一切。而"道"的内容又是空洞的、教条的、极"左"的,不是语文教学真正应该渗透的"德育",即道德品质、人格、素质等内容。

60年代初,国家经济调整时期及其前后的一段时间,教育战线也逐步摆脱"左"的影响,认真总结"教育大革命"的经验教训,努力探索教育规律,逐步回到教学改革的轨道上来,语文的工具性的观点,逐步成为语文教育工作者的共识,加强"双基"的口号,被明确提出。1959年6月5日上海《文汇报》开辟专栏,首先展开了"关于语文教学目的的任务的讨论",这场广泛的社会讨论波及全国的许多省市。这是我国语文教育史上范围最广,历时最长的一场被称作"文道之争"的社会性大讨论。纵观当时对"文"、"道"关系的认识,基本上有三种不同的见解:

(1)以文为主。持这种见解的人认为,语文知识教学是语文学科的基本任务或主要任务,他们的理由是:一门学科的目的任务必须依据学科自身的特点来确定,忽视这种特点,就等于取消这门学科。

(2)以道为主。持这类见解的人认为,语文学科有强烈的思想性,它的主要任务是进行思想教育。有的人依据"政治是灵魂,是统帅"的论断,肯定思想教育是语文教学的"灵魂"。

(3)文道并重。持这类见解的人认为,语文学科兼具思想性与工具性的特点。在语文教学中,政治思想教育和语文知识教学两者都重要。

持有这三类不同见解的人,都各自从一定的角度和语文学科的性质特点来论述语文教学的目的和任务的。主张"以道为主"的人，十分重视语文课中应有的思想教育，他们指出"不能忘记，我们的教学必须以艺术力量感染学生，要求学生能以生动的艺术形象来认识生活，也不能忘记，文学是生活的教科书，作家和教师是人类灵魂的工程师"……。主张"以文为主"的人，在当时的历史条件下，他们还不能指出"政治挂帅"并不是政治可以代替一切。主张"文道"并重的人，虽注意到了持以上两种观点的人的意见有某些偏颇，但是，他们对语文教学的双重任务等量齐观，也受到了有些人的批评，"课文教学的任务应该有重点"，语文本身的性质规定了它的任务。"语文教学的基本任务是语文知识和语文能力的教学""学会了文就学会了道的说法是不妥当的。"这些提法较能为广大语文教育界所接受。

1963 年 5 月，教育部制订了《全日制（十二年制）中学语文教学大纲（草案）》通过比较 1960 年七年制语文教学大纲，我们可以看到，这一大纲的提法较为正确地反映了语文教学自身的特点和规律，以体现语文的工具性来达到语文学科的目的，完成语文教学的基本任务。

"十年动乱"时期，教育部门成了重灾区之一。语文课本的选材范围夹在极为狭窄的空间之内，教学内容自然成了"突出政治"的附庸了。教材中马恩列斯毛和鲁迅作品占 50% 以上，远远超过了当时中学生思想水平和文化水平的实际，甚至连教师也不易读懂。而且，"大批判""戏曲""总结"之类的文体安排在初中，完全脱离学生实际。而思想方法简单化、极端化，不顾历史事实，随意批判，乱评历史作品的现象随处可见。这一切，无一不是"突出政治"在语文教材编写中所造成的恶果。

1976 年"四人帮"粉碎后，中国教育界掀起教育体制改革、教育科学研究和教材教法改革尝试的热潮。语文学科的教学，也就在这样的热潮中形成了一股势头强劲的激流，焕发了前所未有的蓬勃生机。

　　面对令人忧虑的语文教学现状，广大语文教育工作者提出"走出误区，探索革新之路"的建议，对语教学"自身"进行再认识，重新确认语文学科的性质、任务，呼唤语文教学"个性"的回归。经过广泛热烈的讨论，大家的基本观点达成一致，那就是确认语文学科是一门教会学生正确掌握祖国语文这一重要工具的学科。它的基本任务就是在于教会学生"学语文"和"用语文"，做到会读、会写、会说、会听。而思想教育内容应渗透于语文教学中，收到熏陶、感染、潜移默化的效果。著名学者刘国正在通过经验的总结和现实状况调查的基础上，对语文教学性质和任务概括为三个方面作用，即语文教学性质和任务概括为三个方面作用，即语文教学作用，思想教育作用，知识教学的作用。三者之中使学生获得运用语言文字能力是基本任务，因为中学课程中除这门课而外，其他的都不负担这项任务，语文课应该按照提高学生理解和表达能力的要求选定教学内容，组织教学体系和确定教学方法。这一文道关系的认识来之不易，是走过了曲折的道路，经受了足够教训之后才重新获得的，这一认识又十分重要，它为新时期语文教学的健康发展，奠定了思想基础。二十年来，在广大语文教育工作者的共同努力下，随着新的语文教学大纲的制订和不断完善，全国统编教材和各地实验教材的编写和推广，语文教育不断更新，语文教学改革步伐越迈越大，全国语文教学终于迎来了蓬勃的大好局面。

　　以上我们回顾了中国现代语文教育史上，"文"、"道"关系的分合论争情况。我们从中可以看到，历史上，"文"、"道"不能达到统一，其原因，一是由于社会政治的干扰、影响，二是没有明确语文教学的目的、任务。语文教学的目的任务应该是：使学生正确熟练地掌握与运用祖国的语言文字，培养学生具有正确的观点，健康的思想感情和高尚的品德。"因此，语文教学，不仅使学生知道所学的课表达了什么思想，并通过训练，使学生学会和运用语文来表达自己的思想。语文是一种工具，要按照学习掌握工具的规律来进行教学，也就是说，要真正把语文课教成语文课。"叶圣陶先生指出："我谓课本之中各体各类之文都有，书籍报刊亦复兼备各体各类，故政治性之文而不言政治，文学性之文而不及文学，断无此理。所谓'戒教成'云云者，勿舍本文于一旁而抽出其政治道理而教之，或化作品之内容为抽象概念与术语而讲之也。苟如是讲课，学生即完全理会老师之所讲，而于本文犹生疏，或竟不甚了了，此与练习读书之本旨不合，故务必戒之出。"语文这个工具跟其它工具有相同的一面，这就决定了语文教学必须教学生切切实实地训练中学会操纵和使用语文工具也就是着眼于掌握字、词、句、篇的运用能力，不容许离开这种训练去空谈大道理，空讲理论知识；它跟其他工具又有相异的一面，这又决定了语文教学必须把训练学生运用字、词、句、篇的能力和训练理解语言表达的思想的能力结合起来，不容许把两者割裂开来，对立起来。反之，如果注意了思想内容而忽视或降低了语文工具本身的重要性，或孤立地去搞字、词、句、篇都不可能达到语文教学的真正目的。这样看来，语文教学强调基本功，强调多读多练，强调"文道统一"正是由语文这个工具的性质所决定的。这一认识的形成，确实来之不易，需要我们跨世纪的语文教育工作者认真记取语文教育史上的经验教训，避免重犯历史上因忽视语文工具性而使文道关系长期纠缠不清的错误。当然，这需要我们国家必须继续沿着民主、法制、稳定的健康的轨道运行作为保证。

创新阅读：多元思维的参与与提升

语文教材中的诸多脍炙人口、流传千古的名篇名作，跳动着时代脉搏、展现着时代特色的美文时文，为提高学生的母语运用能力，提高学生的审美情趣和增强学生的道德情感，尤其是培养学生的创新能力，提供了广阔天地。创新阅读教学，通过学生积极主动的多元思维，融入自己的知识经验，主动参与综合、判断和形象再造，参与到阅读解文中，力求指向文本内涵和作者原旨，从而多层面地感悟和领会作品的意蕴，并产生出超越文本的思维火花，使作品的内涵和外延得到有机扩张和延伸，促进学生阅读能力和思维水平的提高。通过多元思维活动，阅读主体能够调动已储备的生活经验和文化积淀，并以此为中介，进行分析、重组，完成创新阅读，并指向认识能力的深层次。

一、运用直觉思维，在吟诵涵咏中解读

阅读教学以语感为核心，"言语的学习需要语感，语感又离不开智力活动。"这是因为，语感与智力活动具有客观同步性，这种客观同步性主要表现在语言与思维的相互依存上，语感过程并不是孤立的单纯的感受言语的过程，而是与多种智力活动密切相关的过程。因此，语文阅读教学在强调语感体验的同时，必须重视语感体验与智力开发的有机结合，在语感体验中要调动学生的智力因素，尤其要重视直觉思维能力的培养和运用。

吟诵是阅读教学的一种基本方法。凡蕴含信息的言语，教师应指导学生在基本明了文章大意的基础上，根据文章的特点和个人需要，有意拖长腔调，夸张抑扬，讲究节奏韵律，在反复的吟诵中，获得象感、意感、情感，品味个中深意。正如叶圣陶在《精读指导举偶》中所说："吟诵的时候，对于讲究所得不仅理智地了解，而且亲切地体会，在不知不觉之间内容与理法化而为读者自己的东西了，这是最可贵的一种境界。"涵泳，是一种研读的方法，它需要直觉和精思。对那些内涵丰富的言语潜心玩味，知觉感悟。通过创设情境，让作品中形象具体到学生的眼前、脑中，并获得直觉感受；也可采用增删、更换词语或变换表达方式，解读其中的深层意蕴。

语言教学是语文教学的基础和根本，是真正实现学生感受和领悟语言魅力的最佳通道，是提高学生语言素养的突破口。学生的语感能力一旦培养起来了，学生语文的自学能力也就基本具备了。更重要的是，学生在这样的学习活动中渐渐培养起来的爱读书、爱思考的习惯和解读文章的悟性，为学生求知成材插上了起飞的翅膀。

二、运用发散思维，在联想想象中解读

阅读文学作品离不开联想和想象。优秀的文学作品中的艺术形象是鲜明的，又是"模糊"的，富有张力的，它往往能激发读者丰富的联想和想象，而文学作品的魅力也常常存在于读者的联想和想象中。"一千个读者，就有一千个哈姆雷特。"

联想和想象是阅读中不可或缺的特殊的思维方式。跨越时空的联想和想象，能把文章中的文字符号变为多姿多彩的立体画面，能激活思维，使读者对作品的意境、理趣和神韵有独特新颖的深层感悟，是思维迸射出创造的火花。

有经验的教师都知道，作品中有些丰富的言语，像有"意义空

白"的言语，运用比喻、拟人、夸张、婉曲等修辞手法的言语，着力写人绘景的言语等等，往往蕴含着作者丰富的生活经验和感悟。面对这样的言语，若仅仅从语言上去揣摩，未必能解读出其中的情理、旨趣和神韵。因此，解读这类言语，教师应指导学生把生活经验联系到言语上去，通过文字的桥梁，借助联想和想象，激活头脑中贮存的生活表象，唤起鲜明的"内心视象"。或再现作者笔下的生活境况，或模仿人物的语言、神态和动作，或补充言语中的"意义空白"，或印证与作者的相同感受，直达作者的心灵。这样学生就会深得其中的意蕴。毛泽东的《沁园春·雪》是首睥睨六合、气雄千古的绝唱。作者运用联想和想象，"视通万里"绘制出壮丽山河的恢弘画卷，"思接千载"地汇聚了中华民族的厚重历史。教师在教学中抓住词作中精妙词语，引导学生联想和想象，那么对祖国山河之壮美，民族历史之厚重，作者感情之豪迈，学生就会真切感受；对词的恢弘深远的意境，丰厚而深邃的内涵，学生就会有深层的理解和感悟，从而获得审美的愉悦和人文精神的熏陶。

三、运用求异思维，在质疑辩议中解读

所谓求异，就是从多方面、多角度、多层次思考问题，并在多种思路的比较中，选择富有创造性的异乎寻常的新思路。在阅读教学中，要培养学生具有积极的求异性，就是要鼓励学生善于质疑，敢于向书本和权威挑战。美国教育学家胡佛曾指出："整个教学的最终目标是培养学生正确提出问题和回答问题的能力。任何时候都应鼓励学生提问。"过去我们总认为阅读教学只要把知识点讲清楚就行，对学生提问不加重视。而在创新的阅读教学中，我们应该把鼓励学生提问质疑放在教学的首位。学生有了善于质疑的意识和能力，有利于培养其创造性思维。因为有了疑问的阅读，就能形成"发现

问题——分析问题——解决问题"的阅读过程，学生不断地从未知走向已知，又从已知走向未知。

学生质疑、答疑的兴趣，往往又取决于教师教学情境的设置。在课堂教学中，我们要利用不同的设疑，激发学生的求知欲，启发他们积极独立思考，养成认真研究问题的习惯。教师还应该启发学生讲究质疑的质量，有目的训练学生提高分析判断能力，有效地促进学生的创新思维能力的开发。如开篇破题，设疑讨论，可以训练学生思维的发散性；课文中教学重点、难点设疑讨论，可以训练学生思维的求异性；对课文中心主题的提炼归纳，又可以训练学生思维的聚敛性。在讨论中，教师要积极点拨、引导，并努力营造一种民主、平等、和谐的讨论氛围。

在阅读教学的"深入"段，教师要充分利用初探激发起的兴致与探究欲望，点拨学生质疑发问，鼓励学生质疑争论，并通过设置一些问题导异，或指点学生针对课文的某一方面提出探究的疑点，把发现引向深入。由开始的"有什么""是什么"，转到"为什么"。通过一连串的疑问，深化课文的认识，直接把学习从"接受性"导入"探求型"，扩展了学习的空间。布鲁巴克说："最精湛的教学艺术，遵循的最高准则就是让学生自己提问题。"教师让学生起疑、质疑、探疑，不满足于现成的见解，将学习活动带入了更高境界，此时学生已不再是被动接受知识的"容器"，而是主动探求的"开拓者"。

四、运用辩证思维，在联系比较中解读

事物之间总存在着千丝万缕的联系。有些是本质的联系，有些是表面的联系。我们在阅读教学中，充分运用辩证思维，通过分析、判断、比较，找到事物间的联系，利用语境，发掘作品表层以及内

在的联系，为解读作品提供有利的依据和条件，从而加深对文本的理解。

比较是一切理解和思维的基础。比较可以打开思维的闸门，点燃思维的火花。如学《荷花淀》时，将《爱莲说》《芙蕖》《荷塘月色》中对荷叶、荷花等景物的描写进行比较，从而看到各种文章的不同特色及相通的表现手法，丰富学生的思维内容。比较的方法可以同中求异，异中见同；也可通过作品的扩展、粘合、补充、对比、夸张等技法的运用，借助发现法、比较法、质疑法、研究法等阅读手段，开展创造性阅读，提高学生分析、解决问题的本领，开拓学生的思维空间。如《触龙说赵太后》一文中，对赵太后自相矛盾的说法，我们让学生比较："太后对燕后和长安君到底更爱谁？"从而揭示出"爱"的真谛。每篇课文，其内容、写法、意义、语言乃至风格，无不具有各自鲜明的特色，因此采用比较和联系的方法阅读，应该大有可为。

语境，就是使用语言的现实环境。它包括社会的文化的自然的环境和作者的思想水平、文化素养、语言风格、生活阅历等，在包括"语义场"——对语义有最直接影响的"上下文"。语用学认为，语言一经在语境中使用就成为具有语用义的言语了。可见，语境是言语生成的土壤，也是解读言语的杠杆。因此，解读具有隐含信息的言语，就要带着强烈的语境意识，充分发挥语境的杠杆作用。

文章中的言语不是孤立的，而且和"上下文"有着密切的联系，具有丰富隐含信息的言语，像"意义空白"言语，幽默讽刺言语，引申升华言语，着力绘景言语等，若不联系上下文是不会有深刻解读的。因此，教师要指导学生瞻前顾后，上下勾连，理清上下文与要解读的言语之间的内在联系，再揣摩品味，即可捕捉到其中蕴含的深层信息。鲁迅先生的《故乡》结尾"我想：希望是本无所谓有，无所谓无的。这正如地上的路，走的人多了，也便成了路"，就是具有丰富隐含信息的言语。解读时，教师就要引导学生联系文中对故乡衰败景象，故友贫困麻木的种种描述，弄清上文与结尾是"铺垫"与"深化"的关系，从中悟出蕴含的深意。

有些作品的言语，如具有象征意义的言语，着力刻画的人物，描绘景物的言语，如不联系时代背景和作者思想、阅历也不易解读。朱自清先生的散文《绿》中对梅雨潭绿水的描写，如不指导学生联系 1924 年中国社会状况和作者当时的矛盾彷徨思想，学生也许能感受到梅雨潭的柔美和作者对大自然的喜爱之情，但却难以悟出字里行间的"景中之景""象外之象"——远离尘嚣，寻找世外桃源式宁静恬淡的生活的愿望。

五、运用交叉思维，在再现重塑中解读

要培养学生的创造性阅读习惯，就要鼓励学生大胆探索，为他们的发现和创造提供最大的开放性空间。阅读欣赏应是多元的，多解的，我们应该使阅读欣赏课成为发展个性的摇篮。

恢复作者原意的阅读，是阅读初期层面，阅读者是循着作者思路去阅读课文；阅读者要达到第二层面就是以接受者的眼光去审视作品，而不再循着作者的思路去揣摩。正所谓"形象大于思想"，"艺术形象所展示的客观意义总是超出了作者主观的创作意图，而接受者所见就可能是作者始料不及的。"（孔子威《文学原理》）因此，我们在超越作者自身的基础上尽可能地展开作品内涵，进行创新阅读。在充分把握作品内涵的基础上，努力寻求作品与阅读主体自我情感体验的契合处，把自身融入作品中，形成物我交融的审美境界。要做到这一点，必须调动已储备的生活经验和文化积淀，当读者所创造的形象，产生的情绪与文本所负载的内容相高度一致时，作品

的言语形成与读者创造的形象迅速融为一体，达到物我同化。山西一位老师在《荷塘月色》阅读教学时，用音乐欣赏与课文阅读相结合的教学法，以此唤起学生已储备的情感体验，并迅速感受作品所负载的形象。

在此基础上，我们运用交叉性创新思维，向更高的阅读层次迈进——重塑主体新我的阅读。阅读主体脱离文本，从物我交融中升腾起，重塑自我形象。在阅读过程中，阅读主体对文本的文化信息实行迅速的筛选、甄别，为我所用，实行扬弃，从而形成自我价值形象。只有完成从恢复作者原意到丰富作品内涵，从超越自我到重塑自我，才真正体现出阅读的意义，让每个人在"学会学习""学会做人"的基础上，学会创造。

按照传统，阅读被当成一种发现意义的过程。大多数教师认为，意义寓于材料之中，只要有足够的耐心、细心，学生都可以发现这种意义。在此观点支配下，阅读成为一种波动的学习过程。老师和学生把自己的思想搁置一边，一切遵循作者思路，想作者之所想，汲以作者给予的一切。传统的阅读教学使阅读与读者的生活、经验相去甚远，脱离生活实际。学生对生活意义的探求也只是纸上谈兵，毫无时代气息。这种阅读教学，学生的鉴别、判断、评价能力在阅读过程中毫无进展。

而阅读作为构成意义的过程，是由美国狄克逊和内塞尔提出的一种具有动力的新观点，是指学习者通过阅读掌握阅读材料的意义，并开拓阅读材料进行推理，作出合理判断，重新构思关于事物、生活和世界的意义，由此形成自己思想的全过程。正如认知心理学家雷斯明克所说："阅读是一种构造过程，读者的推断能力与他原有的知识起关键作用。"一方面阅读材料促进学生思考、推理、判断，另一方面学生原有的知识对材料进行重组，使之变为学生自己的思想。

正是这种相互作用，使阅读成为构成意义而非发现意义的过程。

　　要完成这种意义的构建，或促进这种意义的构成，还取决于学习者所处的环境和期望的驱动。这个时候怎样设计阅读教学就显得尤为重要。教师提供促进作用，鼓励发表不同意见，提供探究的动机，交流互补的可能性；学生有解决问题的渴求，得到尊重和认可的需要。具备了这样一些条件，就能导致意义的构成，而避免学生学习过程中的心理压力，使阅读成为进行创造性思维活动的主动过程，自然就促进学生的思维力、语言能力和自主学习能力的提高。

开展课堂研讨 加强思维训练

  课堂教学形式千变万化。从培养学生思维能力的方面考虑，研讨法教学不失为一种行之有效的方法。研讨法教学是学生在教师指导下，对课文进行深入研讨的学习过程。研讨学习不仅是对所研讨的内容的学习，而且也是对研讨过程的学习。而这正是学生学会学习的过程。因此，在研讨法教学中，教师的任务就是充分调动学生的学习积极性，引导学生对学习内容开展认真、热烈的讨论，从而提高学生的思维能力。这种方法的优点之一，就是参加的人，都要积极地参与学习的过程；优点之二就是它的灵活性，学生不只是回答问题，而且也提出问题；不只是验证真理，实际上也是在寻求真理。优点之三是它没有一个唯一的标准答案，这种做法能使学生改变过去固有的思维模式，自由大胆地探索各种各样的可能性。研讨学习使学生产生最强大的学习动力，并且是为寻求真理，寻找学习的乐趣而进行学习。

  研讨法教法从形式上来讲也是多种多样的，但作为一种教学法应该有其独有的特点和合理的教学程序。为了摸索研讨教学法的程序。笔者在高中各年级的教学中作了多年的尝试。根据现有的体会，研讨法教学过程大致分为提供方法、自学研读、设疑辨议、归纳小结四个步骤。

第一步：提供方法

提供方法，就是教师在导入新授课文以后，将怎样开展课文研讨的步骤和方法介绍给学生。就如平时做游戏时，主持人解说游戏的步骤和规则一样。在学生未熟悉课文之前，教师不急于提出问题，给学生设置框框，而是让学生自己去探索，发现问题，并最终依靠集体的智慧，找到解决问题的钥匙。寻找、发现问题是思维训练的关键一步。在传统教学模式中，这一步往往由教师包办代替，学生只不过在教师指点下穿过迷津。

那么，让学生提出问题，会不会造成提问深浅不当，远离教学目的，漫山放羊的现象呢？这要从另一个角度看问题。假如学生能解除束缚，打破沙锅，让思维自由奔走，那么你的目的已经达到。至于能否达到本文的教学目的，也不必过于担心。因为每篇课文前有提示，后有思考题，而学生提问一般是从现有的知识经验出发，加上教师在适当的时候做些点拨，是能够把握课堂的重心的。

提供方法，要根据每篇课文的特点而定。一般的步骤是①要求学生认真阅读钻研教材，根据词语手册一课一练和课文前后、注解等所提供的信息，能通过自学解决的问题先自行解决。②在阅读钻研教材中，碰到自己感兴趣的问题或自己一下子难以解释的问题，做上记号，并将问题用文字表述出来。③全班自由提问，开展研讨。可以指定要某个同学回答，也可以向全班同学征集答案。因提出的问题关系到整个探究过程的意义和价值，教师必须随时把握提问的针对性、实在性和解决的可能性。控制好时间和重难点。重点问题可以引起争论。④根据需要，归纳小结可以让学生完成也可以由教师完成，或者以作业形式完成。

第二步：自学研读

提供方法以后，一定程度上强化了学生的内在动机——研讨的内驱力，调动学生的积极性和主动性，使学生的学习动机从自发向自觉钻研转化。自学研读不是教法上的改进，而是教学思想观念上的更新。是把学生在开始接触一篇课文的阅读视为自觉消化课文的过程。自学研读的步骤主要有①要求学生借助工具书，扫除文字障碍，弄清语句间的联系和意义。②注意生字、生词、关键词、重点词、特殊句、疑难句、关键句、优美句，用符号在课文中标出，把自己的理解用评和注的形式表达清楚。③弄清课文的段落层次，把握文章的主要内容和中心思想。④试答课后习题和一课一练，⑤要求学生能透过文章的语言因素，理解作者所表达的思想感情和主要观点。⑥概括归纳课文的写作特点。

在学生的自学研读过程中，教师可根据不同文章向学生提供一些自学研读的方法。如破题总揽法、逐段归纳法、新旧对比法、乘题而入法、层层剥笋法、温故知新法、分类图表法、前后解读法等等。这里值得指出的是，阅读是以理解为核心的认知活动，即以阅读的方式去领会和把握文章的内容实质和表达形式的思维过程。对文章的阅读理解，也要由一个从感性认识上升到理性认识的过程。阅读思维的培育，就是要以培育学生的各项理解能力为核心，使学生对文章的理解能够由感性认识达到理性的认识，获得对文章的全面的、本质的理解。

第三步：设疑辩议

根据课文篇幅和难易程度，处理好设疑和辩议之间的关系。一般篇幅比较短的文章，可以采取一边设疑、提问，一边答疑辩议的形式。假如文章容量大，结构复杂，可先组织学生设疑、提问，师生根据问题做好记录，然后再将问题分门别类开展讨论。另外，有时教师在第二步中也可先作布置，即在阅读中发现问题，随时写成字条递给老师或指定的"四人小组"，然后由他们进行分类选择，有重点、有层次地公布问题。

组织答疑、辩议的目的，在于检查学生的自学效果，培养学生的口头表达能力，进一步发现问题，深化教学。在讨论中，学生不理解。理解肤浅或理解错误的问题，或几种意见不能统一时，教师不要武断作结，而要进一步引导学生深入理解课文来解决。答疑辩议包括学生互议或师生同议，在学生自学到一定程度，渴望交流学习体会，发表自己的见解时，教师要安排学生互议，或同桌互议，或小组互议，或全班师生同议。共同辩议的内容围绕语言材料、文章内容、表现形式三个方面进行。共议的问题，或是以学生质疑提出，或是教师由感性到理性、由浅入深，层层诱导提出。共议时教师的语气要平等，尽量保持商讨的口气。使学生感到共同议论的，正是他们急于想寻找的。在师生同议时，要求学生细心听取、紧张思考，比较分析，概括表达，特别是在争议中要有积极的、方向明确的思维。不清楚的地方，要再读课文，加深理解，以便再发言，与人再辩议。对于难度较大的问题，教师要巧妙点拨、引导，"投石"激起学生思维的涟漪。

我在教学鲁迅先生的作品《祝福》时，采用了研讨教学法。我利用早自修时间布置学生自学研读。在课堂上，我首先向学生"提供方法"，提出了研讨的具体步骤和要求。并再提供 15 分钟时间供学生自学研读，并允许前后桌学生对问题进行互议。接着，转入教学重点——质疑辩议。课堂气氛非常活跃，学生们争先恐后地提问质疑，并各抒己见，互相争论，研讨气氛由紧张而热烈，由热烈而轻松。一堂课共提出三十几个大大小小的问题，有些细节问题可以当场解决的，由学生当场解决，碰到重点问题，考虑到一时纠缠不清，将问题先后记录在黑板上，供学生集中辩议。如本堂课中，学生在词语方面提出的问题有："可恶！然而……"的理解；"无聊生者""厌见者"所指及体现出的感情色彩；祥林嫂肖像和神态描写的词语变化等。思想内容方面的问题有：祥林嫂到底有没有反抗性？鲁四老爷算不算地主阶级的代表，有没有迫害祥林嫂？"我"为什么说不清？祥林嫂对于魂灵"希望其有，又希望其无"的矛盾心理说明什么？如何看待柳妈这个"善女人"？祥林嫂为什么反复讲阿毛的故事？假如贺老六不死，阿毛活着，结果会怎样等。小说结构、表现形式方面的问题有：为什么把祥林嫂的悲惨故事放在"祝福"的场景中来写？能不能采用顺序来写？"我"在文中起到什么样的作用？鲁四老爷的书房为什么写得比较具体？祥林嫂的肖像描写是不是太单调了等，我们化了将近两节课的时间辩议这些问题，学生感到既紧张热烈又充满乐趣，通过大家的努力，基本搞清了这些问题，思维和口才得到较好的锻炼，感到收益很大。这里，我们看到，"自学研读"是研讨的基础，没有这个基础，课堂研讨就会 茫然无绪，成为无源之水。"各抒己见"是研讨的初级阶段，既可以自己解决一般基础知识问题，又可以为解决中心问题铺路。"集中议论"是深入研讨的核心，它在各抒己见的基础上把问题集中起来，深入下去。而第四步"归纳小结"是教师引导学生领会要点，理清思路的重要一环，它是研讨的"站点"，又为下一步应用提供迁移的依据。

第四步：归纳小结

"归纳小结"这一步的作用是对以上的学习内容的梳理，并突出重点，加深印象，（为了检验教学效果巩固已有的知识，还可以通过练习和测试作为补充），也是强调明确"今后如何解决问题"，即既要总结研讨活动的成绩，得出结论，又要为学生今后解决类似或相关问题引路，它是研讨法教学活动继往开来的一步，其作用在于进一步让学生"牢记方法"。

当然，作为一种形之有效的教学方法，尽管可以有它的大致的程序，但这种程序不应固定化，程式化。因此，我们完全可以因文制宜、因材而异，通过实验研究，创造出更为合理和更有效的教学程序来，使研讨法教学在语文教学中发挥更大的作用。

优化课堂教学的目标与策略

　　课堂一直是学校教育全过程的主体，课堂教学是学校教育的基本途径与主要方式。中学语文教学要调动学生的语文学习的积极性，提高学生的各种能力，培养学生具有较好的语文修养和创新能力，关键在于优化语文的课堂教学。

一、优化课堂教学的几项目标

　　1、激发兴趣，使学生乐学。语文教学要提高效率和质量，首先必须激发学生学语文的兴趣，点燃学生求知的火花，引发学生求知的欲望，从而调动学生学习的积极性。俄国教育家乌申斯基说过："没有任何兴趣，被迫进行学习会扼杀学生掌握知识的意图。"这就要求教师加强自身修养，提高自我素质，以高素质的形象感化、吸引学生。要以良好的师德爱岗敬业，乐于奉献，不图名利，甘为人梯；要以身作则，为人师表，热爱学生，尊重学生；使学生从品德上敬重教师，从而懂得我该怎样做人；要以渊博的知识感染学生，积累知识，博览群书，见多识广，丰富阅历，使学生从知识上尊重教师，从而懂得我该怎样学文；要锻炼自己的能力，具备较强的语言表达能力，又有较强的实际操作能力，使学生从能力上敬佩教师，从而懂得我该怎样运用。

　　2、教授方法，使学生会学。学生积极性调动起来之后，就迫切需要获取知识和提高能力，此时教师要因势利导，一改过去的"讲堂"为"学堂",变"授知"为"授法"。注重学习方法的传授,充分发挥学生的主体作用。吕淑湘先生说过:"教学,教学,就是'教'学生'学',主要不是把现成的知识交给学生,而是把学习方法教给学生,学生可以受用一辈子。"于漪老师也说过:"'教'不是统治'学',而是启发学生学,引导学生学习,为'学'服务,为学生学习过程中闪现的创造思维的火花吹氧。"这就明确指出了教学的目的是向学生"授之以渔"。

3、积累知识,使学生达到博学。我们知道提高学生的各中能力是现代教学的目的,而积累、丰富各方面的知识是提高能力的基础。这就要求教师在整个教学过程中应注重知识的积累,只有具备了丰富的知识,有了扎实的知识功底和学术修养,才能提高能力。反过来,如果没有丰富的知识的积累,那么能力的提高就成了无源之水,无本之木。积累知识的途径是多方面的。在课堂上教师比较全面、系统准确地传授文中涉及到的知识;扩大阅读记忆量,大量阅读课外书籍,积极参加社会实践活动,扩大学生的视野,拓展学生的知识面,积累各方面的知识和经验,调动学生勤读、勤录、勤问、勤思的自觉性,养成良好的积累习惯,努力做到博闻强识。

4、迁移知识,使学生会用。学习知识的目的重在运用。如何能使学生将所学知识比较准确地运用于自己的学习、生活的实际中,这就要求教师在传授知识和方法后,精心设计培养运用知识提高能力的课后练习,它既是反馈教学效果及教学目标实施情况的主要途径,也是检查学生对所学知识的巩固和运用情况的主要方式。吕淑湘先生说过:"语文的使用是一种技能,一种习惯,只有通过正确的模仿和实践才能养成。"一般来说,课后练习设计的内容包括两个方面:一是对语文知识点的考查练习,举一反三,触类旁通,有助于学生对所学知识的巩固和掌握;二是对语文能力的考查练习,着重考查学生对所学知识的运用能力，听、说、读、写能力，分析理解能力，联想、想象能力，实践中的应变能力。

5、培养思维，使学生学会创造。具有创新精神和实践能力是对新世纪建设青年的基本要求，因此教师必须注重培养学生的创新意识和创造能力，也就是说让学生把所学知识在实践中创造性地发挥出来，这就要从培养学生多种思维能力入手，提高学生创新、创造能力。注重培养学生的逆向思维、求异思维、发散思维、创造思维等，是培养学生创新意识和创造能力的重要途径。只有充分发挥学生的聪明才智，才能变"知识型"人才为"创造型"人才。

二、优化课堂教学，要讲究效应和原则

教学方法是优化课堂教学的重要抓手。教学方法是否优化，一要看时间效应，二看质量效应，三看心理效应，四看社会效应。时间效应指的是应用的教学方法在时间上是否经济。如果能在较少时间内用较少的精力取得较好的效果，这样的效果或效益就是"优化"的。如一次多篇的教学方法，实行文章教学的多种组合；同一题材多种主题的单元教学，同一体裁多种写法的单元教学，多种类似结构的比较研究，不同结构的对比研究，几篇作品文学语言风格的研究等。质量效应指的是运用这种教学方法，学习质量能否保证。方法得当，效果便好，方法不当，效果就差。心理效应就是应用这种教学方法，是否符合学生心理发展过程。语文的课的多功能性，决定了语文教学方法的选择要讲究心理效应。心理能力越发展，知识技能的掌握就越熟练、迅速。动机、兴趣、注意力对语文学习起着十分重要的作用。当代语文教学开始引进心理学，目的就是调动学生的主动性、积极性，就能提高效率，取得最佳效果。社会效应，指的是应用这种教学方法社会效果是否好。由于中学语文课具有综

合性与社会性的特点，在教学方法上的"优化"就必须对学生进行综合训练，讲究社会效益。

优化语文教学方法要遵循一定的原则。一要遵循文道统一的原则。在语文教学中，要在努力培养学生的"双基"提高"二力"（智力、能力）的同时，让学生得到思想教育，寓德育于智育中，不把语文课上成单纯的文学课、政治课，也不能把语文课上成单纯的语言课、知识课。二要遵循"听、说、读、写"全面提高的原则。"听、说、读、写"是语文能力构成的基本要素，是语文能力最简明、最科学的概括。"听、读"反映理解能力，"说、写"反映表达能力。语文能力的提高是"听、说、读、写"四种能力的提高，而不是一种能力的提高。三要遵循心智和谐发展的原则。所谓心智和谐发展是指感知、思维、记忆、想象等智力活动，与动机、兴趣、情感、意志等非智力因素活动在整个心理活动过程中得到协调发展。所谓智力因素也就是注意力、观察力、想象力、思维力记忆力等因素；所谓非智力因素是除此之外的一切心理因素，如情绪、情感、意志、行为、信念、性格等。这两种因素在语文教学中相互促进，融为一体。因此，在优化语文教学方法时，一定要做到两者结合，互为一体。四要遵循多层次进行语文自学的原则。学生自学语文的层次，可以概括为三层：先了解——再运用——然后转化为语文能力，要在这三个层次里组织好学生自学。五是要遵循多渠道开展语文活动的原则。语文教学不仅要重视语文课堂教学，还要注重语文课外活动，要处理好课内与课外这两个课堂的关系。事实证明，光有课堂教学，不论教学方法多么"优化"，对提高语文教学的效率都是有限的。课外语文活动能够很好地调动学生学习语文的积极性，再加之语文教师指导有方，对培养学生的语文能力也起到了很大的促进作用。因此，多渠道开展语文活动，搞好课内教学与课外语文活动指导，扩大学生视野，丰富知识，发展智力和才能，提高语文教学质量。

三、"优化"课堂教学的策略

1、优化教学设计。教学设计是教学的基本环节，也是主要环节，它的质量影响着课堂教学质量，传统的备课只是准备教而已，备教材、备知识点，却无备"人"。其着眼点是一节课或一个单元。而在优化教学中，教师就是一个设计师：一要设计讲哪些知识，同时还要思考培养和训练哪些能力；二要设计如何讲授教材，还要思考如何借用教材对学生进行思想教育；三要设计如何将课本与学生的学习情况、学习心理以及相关的课外知识相联系；四要设计课本的知识点、应考点与应答技巧、表达能力相联系；五要设计如何使现阶段知识既与前面的有关知识挂钩，又能为以后所学的知识铺路，提高教学的整体性，把前后知识点连成线，构成系统知识网络。

2、优化课堂教学过程。尊重学生的主体地位，优化教与学的关系。教学是一个过程，是教师的教与学生的学这两个方面的有机统一，营造宽松、活泼、和谐的课堂氛围，创设有利于学生身心健康发展的最佳情境。将课堂教学目标素质化。所谓课堂教学目标素质化，就是要确立充分体现素质教育的要求的教学目标。这种目标应该是多元化，必须保证知识点教学到位，保证全体学生知识能力协调发展，保证认知与情感的和谐发展，保证学生的主动地位、教师的主导地位，养成学生探索知识获得技能的主动性和创造性。课堂知识传授素质化。课堂教学是实施素质教育的主渠道课堂教学要体现由应试教育向素质教育的转变，要在减轻学生的学习负担的同时提高全体学生学习水平和能力，要从本校学生的实际出发，按照学生的认识规律和语文学科特点或知识点，并从教与学这两个方面强化知识点的教育和学习。在教学过程中要做到三个强化：强化自主，强化心理，强化达标。

3、优化学生练习，正确评估学生。课外练习是巩固所学知识，发展各方面能力的重要途径。因此设计学生练习要有针对性，符合学生实际和大纲要求。要有典型性，有利于举一反三、灵活运用；要有层次性，使各层次学生均受益；要有多样性，书面题与加深理解相结合，常规思维题与创造思维题相结合。而作文题更应多样化，联系实际，有生活味。与此同时，教师对学生的评估也不能忽略，正确的评估将促进学生的良性发展。在实践中，我们要不失时机地尽可能地给学生创造表现自我的机会和享受成功欢乐的机会，并努力通过对问题的分析，认识发现其闪光处，表扬多于批评，批评力求含蓄。

4、优化评课，走自评与他评相结合的道路。评课是对教学情况的反馈和评估，它有利于教学方案的进一步优化。自评就是自我评课，它要求教师实事求是地评价得失，它迫使教师用心认真反省，因此对优化课堂教学大有裨益。优化评价策略，既看课堂教学是否全面恰当，也要看学生参与是否主动积极，既要反馈矫正是否及时充分，也看情感意识是否强烈。正因为评课常抓不懈，使执教者教学业务水平提高较快，而且对提高课堂教学效益发挥积极的作用。

改进古文教学的一点尝试

现在古文教学，采用的大多是传统的串讲法。老师讲，学生听。教学的重点是字、词的诠释，字句解通了，就算完成了任务。对于文章的遣词造句、篇章结构、思想内容则轻描淡写一带而过。这种教法的最大缺陷是：学生学得死，觉得学古文枯燥，很难开发学生智能。能不能采用一些更合理的教法，通过教学，既培养学生的学习兴趣，又提高学生文言文的阅读能力，同时对开发学生的智能起促进作用呢？这学期，我在高二一个班级教《过秦论》一文时，搞了一点试验，取得了一些经验。为了促进古文教学的改革，我不揣浅陋，把试验中的几点做法和感受记录于此，求教于大方之家。

一、具体做法

学生一上高中，有一种普遍现象，就是上课沉默寡言。你不指名，他们绝不会自动站起来提问或回答问题。其原因是多方面的，从教学的角度来看上课搞一言堂，限制了他们表现的机会；缺乏启发性和针对性的提问，很难引起学生的积极思维。为此，我改变了过去的做法，大胆放手，积极为他们创造表现的机会。具体做法是：

指定四位同学（课桌前后，便于讨论）成立备课小组，通过找资料、翻阅工具书、互相讨论等形式充分备好课，准备同学提问。其他同学也要在课前作认真预习，摘抄出疑难点，以便提问。上课之前，我抽样检查了学生的预习情况，看了他们的预习笔记，摘抄出的疑难点，翻阅了书中的点划批注情况。并且抽查了一下课文里有注释的重要虚实词的掌握情况。认为预习差不多了，才开始提问和讨论。其他同学把预习中碰到的自己一时难以解决的疑难问题，按一定顺序（如字词、思想内容、篇章结构、写作特色等）依次向备课小组提问、质疑，由备课小组逐个回答，备课小组不能解答的问题，交给全班讨论或老师解决。

《过秦论》一文，共提问、答辩、讨论了三课时，学生共提了九十多个问题，而字词方面的提问占1/3强。主要有以下几种类型：

要求解释字词含义的，如"且夫""倔起""包举"的"举"等；要求说说词的词性在句中充当什么成分的，如："子孙帝王万世之业"的"帝王"，"瓮牖绳枢"的"瓮""绳"等，要求比较同一词的不同用法，如："然而成败异变"和"然后以六合为家"中的"然"，本文中有许多"而"字，主要有几种用法；要求说出某些句子的句式和结构的，如"仁义不施而攻守之势异也"这句结论句前后部分是什么关系，"却匈奴三百余里"的句式；其他形式。如，把百越之地设为桂林、象郡，而两地相去甚远，如何设郡？"士不敢弯弓而报怨"的"士"指什么人？

在此基础上，学生开始就文章的思想内容，写作方法等进行了提问、答辩。提问基本循着由浅入深、由局部到整体的原则。从提问的质量来看，具有一定的深度，今列表举例如下：

内容方面	形式方面
1、那样强大的九国之师为什么逡巡而不敢进 2、为什么秦无亡矢遗之费而天下诸候已困矣 3、秦的过失到底有哪些	1、铺写九国的实力，对表达文章的中心有何作用 2、为什么极写陈涉的平庸 3、课文 P249 第二节，对秦、陈涉三方作了比较，它是为什么观点作

内容方面	形式方面
4、作者的写作动机是什么 5、哪些地方反映了作者的阶级局限性	有力论据的 　　4、秦朝的过失主要在于"仁义不施",文章开头为什么只字不提,到结尾才说出,这样写有什么作用 　　5、全文怎样进行论证的 　　6、运用赋的手法有何好处 　　7、本文主要进行了哪些方面的对比

从小组答辩的情况来看,因为准备充分,所以大部分提问,他们都能自如解答,有些提问比较意外,待他们商量一番后,也能很快作出反映。但有时也有答不全面、答不准确或有分歧。教师就随时做好纠错、点评、补充、归纳、引导的工作。只有在教师时时的引导中,讨论才得以围绕中心,步步深入地进行;才能使同学鉴别结论的真伪优劣、使答辩讨论沿正确的轨道前进。教师要掌握讨论的气氛,处理好主要问题和枝节问题的关系,使讨论能够重点突出,环环紧扣。讨论每一阶段,都要口译这段古文,讨论结束后,教师要作小结,并请备课小组课外将本文重要的虚实词和典型句子翻译出来,教师过目,贴于专栏,便于学生日后对照。

二、几点体会

由于正处于尝试阶段,整个环节还有很多不够缜密、需要完善的地方。但从总体上说,效果还是明显的,主要可以归纳为以下几个方面。

(一) 能充分调动学生的学习积极性,提高了学习的兴趣,训练了学生的思维能力和口头表达能力。改进教法以后,学生成了学习的主人，课堂变成了学堂，他们畅所欲言，相互提问、答辩、切磋，气氛热烈。一方步步紧逼，另一方层层设答，都处于紧张的战斗状态。提问越来越深入，回答越来越缜密，思维都处于最佳状态。带有思辩色彩探讨具有实际意义和一定深度的问题，并能最大限度地发挥学生的聪明才智和特长，这是高中学生最乐意最有兴趣做的事情。事实确是如此。《过秦论》结束后，我进行了一次民意测验，大家对这种教法反应强烈，全班大部分同学欢迎这种教法，有些同学在肯定这种教法的同时提出了改进的意见。如有一位同学写道："我班采用的这种教法新颖独特，别具一格，它能使大家注意力都很集中，课堂气氛很活跃，特别是当同学提问时，我们的脑子在急速地转动。回答也是争先恐后。像这一类形式教学，我读书以来第一次经历。它有助于提高同学们的学习兴趣和积极思维，改变了过去那种'填鸭式'、'满堂灌'的做法。"

同时，也训练了学生的思维能力。采用相互提问、质难、检查、讨论方法以后，学生兴趣提高，思维于是变得活跃。信息反馈迅速。为了对付对方提问或向对方提问，思维时时处于紧张、急速转动的状态。这正如一场考试，考生的思维自始至终不会松懈一样。我们发现，学生思维一旦处于积极状态，他们的思维能力会骤然提高。我们从上面所举的例子可以看出，学生提问的深广度比平时进了一层。而且较多地使用了比较、辩识、驳难、分析、归纳等综合能力。为了把问题提得更明确，不至于使对方费解，而答题又力求简炼、准确，自然而然地在表达上字斟句酌，思路清晰，这样，口头表达能力得到了有效的训练。

（二）有助于提高学生的自学能力。语文改革家魏书生同志在《语文自学之道》一文中指出：学生的知识、智能的获得，主要靠自学。他们离开校门，走向社会以后的主要学习途径也是自学。因此，教师必须在学生在校阶段，教给他们自学语文的方法，形成深厚的自学风气，养成良好的自学习惯。联合国教科文组织的埃德加·富尔说过："未来的文盲不再是不识字的人，而是没有学会怎样学习的人。"因此，课堂教学注意培养学生自学能力，从教学生学会转变到学生会学，已成为教学上的重要课题。我们成立备课小组和鼓励学生在预习基础上提问、质疑，都是从培养学生的自学能力的要求出发的。让他们经常查资料、翻字典、钻研教材、提问讨论等方法提高自学能力。有一位备课小组的同学谈到：我虽然备课时手头有资料，但我真正思考过许多问题，无论从字词、句式、思想内容和文章结构等各方面都作了认真思考。这样改掉了过去学古文中只凭硬背教师讲授的东西的习惯。通过同学的提问，对一些一时意想不到的问题有了更深的认识。我觉得这种方法我们学得透彻，印象深刻。

当然，教无定法。我们在教学中也应不断探索，不断改进，这样才能开拓学生的视野，并使学生长期保持浓厚的学习古文的兴趣。

（注：学生备课，分量要适度，以不加重学生课业负担为宜。）

阅读教学的"生疑"策略

"学起于思，思源于疑。"教学的根本在于引导学生思考，而思考的起点却是疑问。"疑"使学生在认知上感到困惑，产生认知冲突，引起探究性反射，产生思维活动。而传统教学使学生在无"疑"状态下被动接受，盲目附和，思维活动不活跃，创新个性受到抑制。因此，在教学中如何让学生"生疑""多疑"，无疑是提高学生思维能力的起点，也是培养学生创新能力的基点。在学习活动中，有无"疑""问"，以及"疑""问"的"大小"，直接关系着学生学识的进步和能力的增长。因此，在课堂教学特别是在阅读教学中，采取"生疑"策略，强化问题意识，应是提高学生思维能力和创新精神的重要途径，也是课堂教学改革的关键手段。

一、感知生疑

重不重视学生提问，这不是方式问题，而是一种教育观念问题。我国传统教育的学生观总喜欢学生唯唯诺诺，不乱说乱动。所以，如果我们要求学生大胆提问质疑，必须从改变教师观念开始。另外，我们还经常从教师采用的所谓"启发式"教学中看到，课堂上往往只是教师向学生提问，而很少看到学生向教师提问。难道学生没有疑问吗？不是的，只要学生积极思维，总是会有疑问的。造成这种现象的原因是，教师课前把学生可能产生的疑问都考虑到了，也就是说，教师代替了学生的思维。教师提出问题，固然可以启发学生思考，但这种思考总是被动的，只有学生自己思考时产生的疑问，才是最积极的思考。我们教师总是习惯于按照自己的思维方式，设计一套问题，希望学生沿着他的思路去思索。这也许能少走弯路，但限制了学生的积极思维。

　　而生疑的首要策略是，让学生在感知文本中产生种种疑问，然后在课堂讨论中大胆提问，发表见解。只有启发学生在感知文本中发现"疑点"，迎"疑"而问，遇"疑"而思，才是吸收知识，活跃思维，培养能力的正确而有效的途径。如"感知生疑"阶段，我们采用：（1）"原生态阅读"生疑。即学生在接触文本的时候，教师对作家的生平、创作情况、作品艺术风格及时代等方面的背景内容先不作任何介绍点评，不给任何阅读模式的提示，也不布置阅读思考题目，让学生单纯地站在文学作品本身的角度去读。要求学生在阅读过程中读与思、疑同步，做到"读、思、疑"结合。这样，就把阅读的主动权交给学生、还给学生。在阅读品味、自主感悟的基础上，同学、师生间再进行交流质疑、重点突破，最后达到知识的扩展迁移。（2）"备课组"互动生疑。如教学《烛之武退秦师》一文时，我让班中学生组成 10 个备课小组，各组通过自主阅读和查资料、翻阅工具书、相互交流等形式，准备好相互提问和答问。课堂上，同学把预习中碰到的自己一时难以解决的疑难问题，按一定顺序（如字词、思想内容、篇章结构、写作特色等）依次向别的备课小组提问、质疑，由他们逐个回答，备课小组不能解答的问题，交给全班讨论或老师解决。一堂课学生共提问、答辩、讨论了 20 多个大小问题。而对于"烛之武真的能退秦师吗？"这个关键问题，有好几个小组提出，课堂争论尤为激烈。

　　当然，学生敢于"生疑"是有一定前提的。首先，课堂教学是师生相互合作、双向交流的活动。民主、平等的师生关系是营造宽松、和谐的课堂教学氛围的基础，是学生在课堂上积极思维、主动探究的先决条件。只有在课堂中建立民主、平等、和谐的人际关系，才能消除学生心理上的紧张感、压抑感，从而在轻松愉快中展示自己的个性和智慧。同时，教师要善于对学生的学习活动及时给予积极、正确的评价，以利激发学生的学习兴趣。其次，要求学生提问前，必须认真阅读钻研文本。感知是提问的前提，如果没有认真阅读钻研文本，要想提出有质量、有深度的问题，是不太可能的。第三，教师对学生的提问、质疑要持正确的态度和方法。学生阅读中对文本"生疑"，尽可能具有广泛性和多样性，然而，因此也可能带来问题的庞杂性、层面的多重性、质量的差异性。这就要求教师认真筛选、及时处理，哪些是教学中必须涉及的，哪些是有助于文本的分析理解的，哪些是具有创新意味的，要敏锐判断，灵活把握。然后抓住关键问题，有序展开讨论，有效解决疑难问题。在学生陈述疑议时，教师要做到耐心倾听，积极参与；对学生的异议和误解要采取宽容策略；要注重对文本的探究，更要鼓励创新。

二、预设激疑

一堂课，除学生对阅读中产生的各种各样的"疑"点提出问题外，教师在备课时也必须预设计好课堂提问。有时，教师准备的问题学生也有可能想到，但一般情况下，教师和学生考虑的问题是不可能完全重复的。因为教师与学生在学识、阅历等方面存在明显差别，而且教师熟悉文本的时间和对问题思考的深广度，可能学生未必能及。因此，教师的有重点或具有导向性的提问与学生的随机提问结合起来，更能把阅读讨论引向深入，也更能帮助学生解读文本，提高阅读能力和思维水平。

创新教育对教师的功能进行了重新定位，旗帜鲜明地提出，教学的艺术不在于传授，而在于激励、启发和引导；即教师的职责不在于"教"，而在于指导学生创造性地"学"。所以，教师预设提供疑问，不是为了告诉学生结论，而是启发和引导学生考虑问题的思路或角度，同时弥补学生思考中的不足。学生发掘的疑点，如一颗颗珍珠，每一颗都有光泽和亮点；教师的预设疑问，则犹如一条红线，只有两者完美结合才能变成价值连城的"珍珠项链"，所以，两种"生疑"方式缺一不可。

问题的设计是提问中最重要的一环。尽可能抓住要害，突出重点。那么，如何设立提问点呢？

1、在关键处设点。所谓关键点，一是指理解课文思想内容的关节点，二是指学生在接受语文知识的难点。所谓课文的关节点，往往是那些或隐或现地牵扯到语文课主题和重要观点的词句。弄清这些词句，学生就会豁然开朗，认识会有所提高。如教《记念刘和珍君》一文，有一句话一共出现了三次发问，那么，为什么作者反复说"我也早觉得"（"我正有"）"写一点东西的必要了"？当我们发现这一"反复"对文本的意义之后，就会发现这一"反复"是全文内容与情感的纠结点。那么，如果顺着这个提问进行深入思考，就会对作者的感情内涵和起伏变化一目了然。

2、在具有思维价值的细微处设点。优秀的文学作品，一个标点、一个细节、一句看似无关紧要的话，往往体现作者独具的匠心，蕴涵深刻的含义。教师可在这些容易被学生忽视而对表现主题密切相关的细枝末节处设置疑问，启发学生探微发幽，加深对文章的理解。如《祝福》中，写鲁四老爷在得知祥林嫂被她婆家绑走后，两次说了"可恶。然而……"的话，看似只表达一种气愤的心情，但其实反映了鲁四老爷复杂的内心及礼教观念。

3、在文章中看似矛盾之处设点。在此处设点，通过提问直接引进矛盾的对立面,其激疑效果非常好,有利于激发学生的思维。如《为了忘却的记念》一文中,标题本身已包含着矛盾的因素,而在后文,鲁迅先生说"夜正长,路也正长,我不如忘却,不说的好罢",而接着又说"但我知道,即使不是我,将来总会有记起他们,再说他们的时候的。"抓住这点,我们就可让学生思考:鲁迅先生写这篇文章,到底是为了忘却呢,还是为了不忘?弄清了这一点,我们就能把握鲁迅的写作意图

4、在容易引起联想、想象处设点。教材中有大量想象性文体,课文中有许多省略或空白。让学生在这些地方进行想象和思考,往往能给学生许多启示。如教《林教头风雪山神庙》一文中,我们设问:林冲喝骂的矛头为什么没有直指陆谦的主子,而仅仅指向陆谦呢?通过讨论,这其中隐含着的情感信息和时代信息就会显露出来。教学郑愁予的诗《错误》时,我曾提问:"诗中的'你'和'我'到底是怎样的关系?"这个问题,容易引起学生的联想和想象,从而激发了他们的积极思维。

在文本的独特之处设"疑",是一种抓住文本阅读要害的方法,我们只有引领并教会学生与文本对话的技能,那么我们离实现教学目标的距离也就不远了。

三、探究得疑

课堂上,学生不受拘束的提问和教师预设问题,也许通过同学的讨论和教师的相机点拨,能够解决文本中的一些基本问题,但是,这个过程还过于平直,似乎缺少点什么,与学生探求知识的心理特点有一定距离,长此以往,学生解读文本的积极性、主动性就会受到影响。其实,这样的教学环节缺少的是一个探究的过程。一是有些重要而复杂的问题,不是通过提问一下子能够解决的,它需要一

个不断追问的过程；二是语文学习的过程不是提出一个问题，然后写上答案那么简单，我们教学的目的是为了培养学生解决问题和创新思维的能力，即在解决问题之前需要一个"推导、证明"的过程，让学生在自主、合作、探究的过程中，获得真知以及获取真知的乐趣和本领；三是在寻找方法或拓展方法解决问题的过程中，具有不同智能倾向的学生，他们寻找解决问题的路径不尽相同，这样在探究过程中，一方面能体现各自的特长和个性，另一方面他们在比较不同的问题解决方法时就会学会互相协作、尊重他人；四是即使一个问题解决之后，仍有层出不穷的问题等待提出，而且解决问题的答案是开放的。因此，阅读教学中，引导学生深入探究文本是教学中一个必不可少的过程。

（1）逆思生疑。就是在分析文本时，遇到关键点，不按正常思路循序渐进，而是设置一个看似矛盾的提问，来引起学生的兴趣，然后引导学生进行深入思考的一种方法。如《触龙说赵太后》一文，赵太后和左师触龙有这样一段温馨而耐人寻味的对话："太后曰：'丈夫亦爱怜其少子乎？'对曰：'甚于妇人。'太后笑曰：'妇人异甚。'对曰：'老臣窃以为媪之爱燕后贤于长安君。'曰：'君过矣！不若长安君之甚。'"阅读中，我们会产生这样的疑问：对于女儿燕后和小儿子长安君，赵太后到底更爱哪一个？通过这个针对主人公心理看似矛盾的提问，却是一个对"爱"的含义进行深入探究的问题，也是文中触龙说服赵太后的关键所在。又如《雷雨》，学生通过阅读分析，知道了周朴园的冷酷自私虚伪，周鲁两个家庭纠缠着两代人的恩怨和复杂的矛盾。但是，对于复杂的人性问题，我们不能简单地贴标签。所以，在讨论中，我提出这样的问题：周朴园到底有没有爱过侍萍？这几十年，侍萍的内心全都是对周朴园的仇恨吗？弄清这些问题，可能颠覆人们传统的人物分析方法，但对更全面、细致地挖掘和理解人物内心、避免把人物性格分析单一化，却是具有积极的作用。

（2）比较生疑。比较发问是指教师提出比较性问题，引导学生对事物进行由表及里的深入分析，由此及彼地分析归纳，然后再加以抽象概括，达到规律性的认识，提高学生的辩证思维能力。要比较就要有相应的参照物或对立面。如果没有现成的，教师可自行设计。如《想北平》一文，运用了不少"比"的方法，有类比，为说明爱北平，用爱母亲的感情来比较；有对比，如拿伦敦、巴黎、罗马与堪司坦丁堡等欧洲历史名城的特点与北平作比较。探究这些比较，就能明白作者的写作用意。相类课文之间也可通过比较来进行深入探究。如《过秦论》与《阿房宫赋》都论述秦的灭亡，那么两者有什么相同之处？在观点和论述上又有何区别？等。比较提问，不但有助于对文本的深入理解，而且有利于拓展学生的思维能力。

（3）追问生疑。追问不是简单地提几个问题，也不是简单地"打破沙锅问到底"。追问，可能是对前一个问题的深入，由表及里，由浅入深；也可能由此及彼，扩展开来。课堂教学始终处于动态变化中，根据学生和教学相机情况的追问，能激发学生思维的火花。追问应该是有序的、有方向的，不是随意的插问，也不是肤浅的每事问，而是教师有目的的引导，让学生边阅读，边思考，从而促进学生对内容的理解把握。如在学习《山羊兹拉特》中，教师点拨：在没卖山羊之前，山羊对阿隆的态度是？后来又发生了怎样的变化？请大家仔细阅读文本，找出相应的内容。当学生根据文本内容，填好相关表格后，教师接着追问：短短的时间，山羊为什么会对阿隆的态度产生这样的变化？表中的这些变化说明什么？学生通过对表中内容的分析讨论，明白了在这个过程中，兹拉特曾对主人阿隆产生过信任危机。这是它对自己命运的忧虑，也是对自己和阿隆面对恶劣天气的忧虑，这里它已把自己的命运和阿隆联系在一起。可见，山羊兹拉特是一只非常聪明，而且很懂感情的人性化动物。

（4）迁移生疑。就是让学生运用联想和拓展的方法回顾和开拓学习内容，启发学生对新知的探索，从而能使学生尝试利用已知的知识、技能和方法来发现新问题，解决新问题。如学习劳伦斯的《鸟啼》，对他提出的"向死而生"的哲学命题，我们可以提问：面向人类如此惨烈的死亡，面对欧洲人民对战争的心理阴影，作者希望人类能和鸟儿一样"向死而生"！我们中国古代的哲人对于生死，也提出过不少的观点，你能列举一二吗？你更赞同哪个观点？学习鲁迅的《药》，我们让学生回顾已学鲁迅作品，同时，根据作者写作的时代，搜集作品的背景资料，在学生已进行广泛探究的基础上，教师可提出更深层问题，在那个时代，鲁迅在寻找怎样的"药"，想医治的是什么样的"病"？这就是小说的主旨所在。

在阅读教学中，指导文本解读的教学方法是多种多样的，我认为，要想对文本有深入透彻的了解，并在研讨、探究中逐步提高学生的思维和能力，"生疑"策略无疑是一项值得探索的形式。以"疑"为切入口，预设和生成结合，设疑和探究结合，它是激起学生阅读兴趣、符合学生探究心理、有效调动学生积极思维和创新潜能的一种有效的课堂教学方法。

阅读教学中课堂讨论的控场策略

课堂讨论是阅读教学中常用的形式。课堂讨论体现了对话教学的特点，能充分调动学生的积极思维，展现学生的个性风采，同时，也是实践自主、合作、探究的新课程理念的有效途径。但是，课堂讨论也要避免形式化，要防止把课堂讨论变成自由市场式的集体聊天。

我们经常看到，有的老师把教学效果寄托在课堂讨论的热闹上，而不注意教学内容的设计和讨论活动的控制，表面看学生谈笑风生，叽叽喳喳，好不热烈；但实际上，有些学生并未研读文本，也没有认真思考，就只取皮毛或不着边际地在那里泛泛而谈。而发言阶段，有的学生毫无重点，任意摘取文本例子，乱说一气；有的依据自己粗浅理解，乱打"横炮"，胡搅蛮缠；有的毫无准备，就"沉默是金"，一问三不知，尽管有的教师费尽心机反复"诱导"，但学生却毫不领情，不入"圈套"。这些都是课堂讨论缺乏调控的种种表现。

那么，课堂讨论如何控场，才能形成良好的课堂讨论氛围呢？

一、阅读前有铺垫，阅读中有任务。

所谓铺垫，就是在学生接触文本之前，教师为了引起学生阅读文本的兴趣和注意力，作必要的情境、感情、知识等方面的引导、激发和蓄势。学生阅读文本是课堂讨论的前提，能否引起阅读兴趣是阅读的前提，也关系到阅读中的专注度，因此，铺垫环节要精心设计。如激发式导入，是以调动学生的积极性为目的，或者制造悬念或者设计一个美好的"圈套"，或者营造一种学习的气氛，或者满足学生的猎奇心理。如：提到中国现代文学，不能不提朱自清先生；提到朱自清先生，不能不提到《背影》这篇散文。1948 年朱自清先生去世后，大街上的中学生拿着报纸惊呼："写《背影》的朱自清先生死了！"可见，朱自清这三个字已经和《背影》联系在一起。同学们，今天，我们就来学习这篇散文。

另外，还可创设情境铺垫。人的情感总是在一定的情境中、一定的场合下产生的，这就是人们通常说的情感的情境性。语文课是非常强调语文的"感觉"的，在阅读教学中，为了达到某个教学目标，教师需要创设一个特定的情境，如用音乐、图画、多媒体等把教学气氛营造起来，让学生进入某种特定的氛围，从而产生阅读文本的强烈欲望。

阅读要有一定的目的性，这样才能有针对性地进行阅读。否则，学生泛泛而读，抓不住要点，读不出所以然，那么，要想在讨论中提出有质量的问题，有见地的意见，是很难做到的。所以，教师在学生阅读前，给予一定的任务，是很有必要的。首先要求学生根据文体要求进行研读。因为不同的文体，它的写作目的和写作方法是不同的，认清文体特点，是把握一篇文章要点的重要途径。其次，要求学生理清内容的层次，以便阅读中分层思考问题，分层把握要点。这样，无论是内容还是形式，都尽可能在一次性阅读中做到注意点和注视点同步，缩小回视次数，提高阅读的速度和效果。三是把握要点，以便在阅读中认准主攻方向。正确把握阅读方向，领会文章主旨及写法是十分重要的。四是划线批注，对读不懂或有疑问的地方做上记号，以便讨论时提出；敢于质疑名家名作，善于提出自己的见解。

二、讨论前有组织，讨论中有话题。

课堂讨论的组织是一项很有艺术性的工作。组织不好，全班乱哄哄地你一句，我一句，没有中心，没有顺序，只能把讨论变成闹剧。我认为课堂讨论应分两个步骤，一是小组讨论，二是课堂对话。小组讨论以前后桌为主，比如"四人小组"形式。要选出代表，也可以四人轮流担任代表。小组讨论要有明确分工，要作记录。小组讨论中要求人人参与，把各自阅读中的疑问拿出来讨论，然后小组根据问题再次研读，最终形成小组意见。课堂对话以代表发言为主，组员可以补充。教师要尽可能早地收集小组意见，然后经过筛选，提炼出几个比较重要的问题，然后确定一个或几个话题进行课堂对话。课堂对话实际上也是讨论的一种形式，它的特点在于对象性、有序性和有效性。这个对象就是学生与文本，学生与学生，学生与教师双向甚至多向的有针对性地对话。有序性就是对话分先后顺序，逐个讨论，有序发言，对话者要遵循一定的游戏规则。有效性因为它围绕一定话题展开，教师控制讨论的"火候"，在充分讨论基础上，问题得到基本解决，而不是说东道西，随意发挥，没有共识。在一堂课中，那个地方应当组织讨论，讨论什么问题，至关重要。把握好讨论的主题，既决定着讨论的方向，又关系到讨论的价值，可以说是讨论组织艺术之魂。如有教师教学古代散文《季氏将伐颛臾》，话题是孔子的仁政、礼治的政治主张。师生共同设计、探讨这样三个问题：（1）为什么孔子一听"季氏将伐颛臾"，情绪会如此激动？（2）孔子的两个学生在季氏家做官，季氏是他们的"老板"，为什么有军事行动要跑来告诉孔子？（3）孔子反对攻打颛臾的理由是什么？这三个问题整合了教师和学生的意见，正好具体说明孔子的政治主张，问题贯穿文本内容，又比较具体形象，学生喜欢讨论。

课堂讨论的特征之一是信息量的传输吞吐非常活跃。而教师的讨论组织艺术，在这里起着十分重要的主导作用。如果说"讲述"是信息的单向传输，那么"对话"是信息的双向传输，而"讨论"却是公众参与的信息多向、立体传输。讨论活动中，每个学生既是客体，又是主体，既是施教者，又是接受者。这种教与学的互动作用，可以使学生扩大见识，开拓思路，取长补短，协作切磋，可以弥补个人自学的不足，也能引起积极探索的兴趣。那么，把握好讨论的时机和节奏，充分发挥教师的调控作用，围绕话题，有序地组织讨论，无疑给讨论的成功奠定了良好的基础。

三、发言时有互动，发言中有点拨。

在讨论对话中，要有互动信息，克服单向传输，只听不议，讲者滔滔不绝，听着无动于衷，不置可否。这种讨论或发言就不符合它的实际含义。应该在讨论或发言中，有争论，有质疑，有咨询，有辩驳，观点与观点的交锋，思维与思维的碰撞，这样才能产生思想的火花，才能有所发现，有所创见，加快思维的转动，学生的个性也就表现出来。教师和学生处在平等的地位，形成良好的课堂讨论氛围，学生敢说能说，知无不言，不惟名人书本，不怕老师威严；教师敢于与学生切磋，视学生为朋友，不唯我尊大，师道尊严，对就对，错就错，相信真理和学生，教学相长，互补共进。这种氛围的形成，靠教师以身作则，真情带动，坦诚相见。教师如果放不下架子，改变不了尊容和态度，那么，民主气氛很难形成；即使讨论起来，学生也是看教师脸色行事，免不了忽冷忽热，战战兢兢。

正因为讨论是学生自主的学习行为，所以更需要教师的引导和调节。因为在讨论的进程中，情况变化难测，未必一一都能在预料之中，有时观点一致，有时意见分歧，有时浅尝辄止，未能到位，有时又误入困境，不能自拔……所有这些，都是要靠教师审时度势的及时引导、点拨。所谓"点拨"就是点要拨疑。学生在自主学习中，贵在得其要领，教师在关键处一点，学生对课文要旨便会了然于心。学生在学习过程中，又难免有疑难，教师在迷糊处一拨，引而不发，学生便有可能自解其难。教师以"点拨"调节学生的课堂讨论和发言，避免讲得太多而收效甚少，也避免讨论因问题艰深而陷入冷场的僵局，所以"点拨"是在课堂讨论中教师控场的有效手段。

运用点拨，要注意一些大致的规律。一是点拨只在点要拨疑，要少而精方好。若处处点拨，也就不叫点拨了。所以点拨理要精要，必须适量。点在要害处，拨在疑难上，由局部的点拨而实现整体的推进。二是点拨要适合学生的认识的程度。在总体把握上注意由浅入深，深入浅出，点拨得有效，让学生能够接受，而且受益匪浅。三是点拨要适时。"不愤不启，不悱不发"，点拨同样也有个时机问题，要"点"得适时，"拨"得及时，才能充分发挥点拨的作用。四是语文课堂教学的点拨，方面很多，有课文整体性的点拨，也有局部细节性的点拨；有对全体学生都适用的点拨，也有对个别学生的点拨，应当因情而异，因人而别。五是生动形象化的点拨要比抽象理性化的点拨效果好，教师在点拨时形象传神、出语幽默、举例生动，都可以使学生产生愉悦的心态，思维就会显得特别敏捷。六是教师点拨的路子要对。路子对头，在教师的点拨下学生可以顺利地"逢山开路，遇水搭桥"，路子不对，那就有可能"点"而不得，"拨"而不动。由于点拨是在教学过程中的动态调节，具有很强的现场性、即时性，这就不仅要求教师要熟悉教材、了解学生、精通教法，而且思维敏捷、反馈灵活、应变有方。"点拨"之术，实在是课堂讨论必不可少的调节机制。

四、讨论中有共识，讨论后有小结。

讨论中对有些问题能不能形成共识，不同的教师有不同的说法。有些教师认为，语文教学应该是开放性的学科，语文文本也有多种解读的可能性，所以对讨论的问题应该是"仁者见仁，智者见智"，不必要形成共识，各人自可坚持自己的观点；但我认为对于语文课所讨论的问题，应该形成一些共识，不可全部采用"虚无论"的态度，认为你的说法对，他的说法也对，对发言的学生都持表扬的态度，没有褒贬好坏之分，一堂课下来，教师模棱两可的表态，弄得学生无所适从，不置可否。我觉得，我们对文本的认识，既要灵魂性，又要有一定的原则性。比如，对"美"的认识总有些规律性的东西，对人物的道德行为总会有一些倾向性的东西，对各种说法有恰当与不恰当、合理与不合理之分，对各人的表达也有好坏优劣之分，怎么能"你好我好，大家都好"呢？当然，有些问题可多角度理解，有些还难以定论的，我们允许保留观点，而主要从表述的角度、从论据的角度来考察、评价他。否则，就有可能造成学生认识的任意性和不负责任的态度，语文学习的收效就很成问题。

小结，常常是指在新课结束之后，对全课内容作概括总结，即所谓的"一课一结"。其实课堂教学中完成每一个教学环节之后也需要有个小结，它是课堂教学每一个教学环节之教学成果的集中展现，是知识整合的重要环节。阅读教学的全程活动，必须有课堂小结这一环节，首先是语文学习的综合性所决定的。阅读教学有较强的综合性，从思想内容到语言形式，字词句篇，听说读写，语修逻文，可谓包罗万象。它不像数理学科那样内容集中、单一。一篇课文教下来，学生的理解分散于阅读分析的全过程中，往往来不及形成一种明晰的系统认识，这就需要通过课堂来一个提纲挈领、突出重点。

第二是梳理性。课堂总结是对阅读过程的系统梳理，梳理后，认识归入体系之中，这就使学生从复杂的教学内容中简化了该存储的信息。第三是巩固性。课堂总结能促进学生巩固记忆知识。第四是训练性。课堂小结是一种归纳概括的思维活动，十分有利于学生抽象思维能力的培养。总结的方法形式多样，方法各异，可以由教师向全体学生作归纳，也可以指导学生通过自我整理作小结；可以师生合作讨论总结全课，也可以让学生作业来完成总结。

"点拨"在阅读教学中的妙用

　　"点拨"作为一种教学的手段和方法，在新课程的实践中，它的作用越来越受到教师的重视。新课程理念强调学生自主学习、合作探究以提高能力，强调发挥学生的个性和潜能以提高创新意识。在此情况下，教师包办式的分析、讲解的教学方法被逐渐冷落。教师在课堂教学中的作用演变为教学活动的组织者、倾听者、参与者。在课堂上，教师在充分调动学生自主阅读积极性的同时，开展学生与文本、学生与学生、学生与教师的互动对话活动，以此最大限度地调动学生参与课堂、积极思维的积极性。在以生为本，促其发展的思想指导下，教师的角色发生了变化，从台前的主角变成了幕后的导演，而把学习的主动权交还给学生。

　　那么，在新的课堂中，教师应该做些什么？我们认为，教师不是无所作为，而是大有可为。教师不仅是课堂阅读活动的组织者、学生阅读的促进者，也是阅读中的对话者之一。一般来说，教师作为文本与学生的中介，他的思想深度、文化水准、人生经验、审美水平要高于学生，他可以起到向导的作用，但绝不能取代学生在阅读中的主体地位。在课堂上，教师在充分调动学生自主阅读积极性的同时，还要起到正确导向、开启思维、适时示范、精要点评、高效对话等作用。因此，"点拨"成为教师最为常用的一种教学手段。

　　关于"点拨"的定义，词典上解释得非常模糊，它的含义并不适用教学上"点拨"的意义。也有人把"点拨"的作用宽泛化，称为"点拨教学法"，而且运用于所有教学环节，如"导入性点拨""整体性点拨""终结性点拨"等，把教师在课堂中的所有教学行为，如发表意见、分析评说、总结提升等都看作是"点拨"。我认为，"点拨"仅是教学的一种手段，一种方法，它只是一种"小动作"，三言两语，点到为止；教师不把"真相"和盘托出，而仅暗示"破案"的蛛丝马迹和种种可能，让学生自己去思考和选择。所谓"点"就是指点、暗示，"拨"就是启发、引导。其中颇有成语"蜻蜓点水""画龙点睛""点石成金"中的含义。它的运用不是出现在课堂教学的任何环节，而是在学生学习、探究的思路处于"十字路口"，难以辨别走向时，教师适时的点拨、相机诱导，使学生的思路豁然开朗或引起积极思维，从而引导他们朝着解决问题的方向前进。"点拨"的语言要简洁、机智而含蓄，或简要点评，或诱导联想，或用反问暗示等。

另外，在教学中能否巧妙、适时运用"点拨"的方法，也给教师的教学智慧和自身素养提出了挑战。为什么有的教师在极好的"点拨"机会来临时，竟熟视无睹、不能抓住？有的教师虽抓住了机遇，但却屡"点"不中，剪不断，理还乱？这些都与教师的自身素质相关。因此，要提高教学艺术，运用"点拨"技巧，教师必须加强自身学养，同时要培养自己具有敏锐的洞察力、机智的思辩力和丰富的语言表现力。同时，还要在熟悉文本、熟悉学生和课堂的控场能力上下功夫。

那么，在阅读教学中，教师应在何种情况下"点拨"，发挥"点拨"的真正功效，及如何"点拨"，就成了运用"点拨"技巧的关键所在。

1、在课堂讨论产生争议时点拨。如一位教师教《廉颇蔺相如列传》，在学生阅读课文后，教师问："渑池之会上，双方的斗争是打成了平局，还是决定了胜负?"学生纷纷发表意见，两种意见发生了争执，课堂气氛非常热烈。在双方难解难分之时，教师趁机点拨说："同学们，老师作两点提示，请同学们再仔细读读书，认真思考：(1) 秦国比赵国力量强大，秦王是大国的王；（2）秦王是一国之王，而蔺相如是臣。"听了老师的点拨，同学们又议论开了，不过这次意见渐趋统一。在讨论中卡了壳，教师不是简单地作"讲解员""评论员"，而是多次让学生"再读读书"，找找课文中有什么根据，及时夯实讨论的基础，这样学生也就能"有疑而读""由读解疑"，同时教师提供的比较式的论据，拨开了感性认识上的迷雾，启发了学生思考的方法。

2、在学生阅读出现思路狭窄或偏差时点拨。学生在自读过程中，有时会因思路狭窄，提不出问题，或者提出的问题属于细枝末节，这就需要教师引导。如自读《药》这篇课文时，有学生提出："老栓买药时，走到街上，'有时遇到几只狗可是一只也没有叫'，狗为什么不叫呢?"这个问题有一定的难度，又属于枝节问题，学生一下子回答不了，于是教师及时引导："鲁迅作品的深刻、含蓄，主要表现在反映现实的深度上，具体到每篇作品，不一定句句都有影射。关于狗的那段，无非是烘托当时寂静、阴森的气氛和老栓专注的心情。我们阅读的关键是要抓住涉及文章思路、内涵、思想感情的词、句、段。"教师的几句点拨，使课堂研讨从纠缠不清的泥淖中逃脱出来，引导学生走上解读的正道。同时也解决了同学心头的疑问。

3、在学生对问题模糊不解时点拨。如一位教师教《杜十娘怒沉百宝箱》一课，其中一个环节是续写故事梗概。教师说，故事梗概我只写了一半，谁能帮我续下去? 学生踊跃，请一学生续完后，教师肯定其言简意赅、突出重点、语言风格统一等优点，同时又暗示其欠缺：还需要添加什么内容吗? 当学生冷场，细节问题受到忽略的时候，教师就随机点拨：百宝箱价值万两的珠宝是从哪里来的，应该"在正式交易之际当众打开百宝箱"之后补上一句"原来，箱内珠宝实为十娘风尘数年之积蓄，价值万两。"这样就能扣紧题目了。接着，教师又通过简要介绍，点出这种叙述方式为"外聚焦叙述模式"。在学生思考不够周全、抓不住问题的症结时，教师站出来直接点拨，既节省了教学时间，又避免了课堂冷场，是一种善于应变的教学点拨。

4、在需要把学生的思路引向深入时的点拨。如学习巴金的《灯》，教学进入"理清文章的思路"这一环节。通过学生的讨论，有一名学生归纳了大家的意见：这篇文章是按照"现实的灯——联想中的灯——现实的灯"这样的思路来安排材料的。为了强化作者这样安排材料的用意和散文"形散而神聚"的特点，教师用多种方法由浅入深地进行点拨。第一步，教师问：先写联想的灯不行吗？学生答：不行。由此而想到其他才叫联想，联想要有依据呀。第二步，教师再问：但是文章也可以按照时间顺序从传说故事入笔，那样把哈西里岛上的长夜孤灯和古希腊女教士希洛点燃的火炬的故事放在开头，为什么不行呢？学生相互议论，纷纷发表自己的意见。教师看到学生已理解此问题时，即进行归纳：看来，文章的组织不是随意的"水果拼盘"，我们要领会作者谋篇布局的"匠心"，无论选材还是结构的安排，都要遵循一定的规律。第三步，教师指导学生按文章顺序讨论所写的内容所包含的意义。当学生揭示出"灯光"的象征意义后，教师接着第三问：文章写到这里，"灯光"象征"温暖""希望"的含义已表现出来了，为什么还要写两个传说和友人遇救的故事呢？在这里，教师的引导、点拨已不仅仅停留在文章的思路、顺序上，而是深入到作者选取材料的良苦用心和内在因素上。而这几步点拨的过渡是很自然的，水到渠成的。

5、在容易忽视的细节问题上的点拨。如解读莫泊桑的《我的叔叔于勒》中的"我心里默念道：'这就是我的叔叔，父亲的弟弟，我的亲叔叔'"这句言语，教师就请学生联系父母前后的表现，体会"我"内心独白所表现的思想感情。从讨论中学生们可以看到，我的""默念"表现了"我"对叔叔的同情，对父母的不满，从而自然领悟到资本主义社会冷酷无情的人际关系。另如一位教师在教《雷雨》时，为引导学生从上下文语境和舞台说明中探讨人物内心，抓住周朴园一连出现六次的"哦"字做文章。从口吻、语气、停顿、重读等多方面进行点拨，启示学生挖掘人物的潜台词，从中把握内在的丰富意蕴，揭示人物复杂的内心世界。

阅读教学中的"点拨"方法，越来越广泛地应用于新课程的教学中。可以这样认为，一个教师在"点拨"上的功底，往往体现出这个教师教学能力的强弱、内在素质的高下。"点拨"的运用，往往是在文本解读的基本点、着力点和生长点上作文章，其目的是引导学生从"学会"到"会学"，就是想让学生在教师的适时、巧妙的点拨下，让学生打开思路，开拓视野，抓住关键，善于联系，不断地把具体文本解读的技巧、智慧转化为内在的东西，把知识转化为能力。同时，教师的点拨与学生之间、师生之间的共同切磋相结合，构成一种立体交叉、互相辐射式的信息交流，这将有效地调动了学生学习的积极性，激发他们的学习兴趣，鼓励他们解放思想，进行创造性思维，从而在阅读实践中发展智力，培养能力，提高自身素质。

课外阅读指导：学生阅读品质的培养

阅读是人类特有的、最持久的、最普通的的学习方式。在从事阅读教学的实践中，我深深地体会到，作为语文教师不仅要利用课外书的丰富资源，让学生多读书，读好书，而且更重要的是要让学生学会科学的阅读方法，使学生养成爱读、会读、善读、乐读的情感倾向，从而形成良好的阅读品质，让课外阅读真正成为学生终身受益的第二课堂。

一、阅读兴趣的培养是课外阅读指导的前提

根据平时的了解，现在相当部分学生读书少，像中国古代名著《三国演义》《红楼梦》能完整读过的人不多，更不要说读其他世界名著。读书少的原因，一是从小没有培养好读书的习惯，不会读书，或不习惯于读书。二是有的学生喜欢看课外书，但是作业负担仍然很重，能在课外阅读的时间太少了，特别是毕业班的学生，应付考试都来不及，更不要说看课外书了。还有相当部分的学生，阅读没有上正轨，热衷于阅读图书馆外的武打小说、歌星资料、卡通类通俗读物，甚至对低级趣味的读物和黄色书刊着迷；还有不少学生的书包里总是塞满了各类参考资料和练习辅导书。而学生中接触经典和名著及一些科普读物的人却是寥寥无几。

学生从小阅读少、对阅读缺乏兴趣或阅读趣味低下，其更深层的原因还在于我们的教育者对学生课外阅读缺乏正确的认识和积极

的引导。我们的教育主管部门对教育质量的评估制度还没有彻底转轨，"分数"这块试金石还重重地压在教师和学生头上。我们的一些学科教师，他们的教育观念还没有从应试教育转变过来。认为读课外书只能增加学生的额外负担，不能增加学生的分数，反而浪费了学生的做题时间。所以对学生阅读的指导，长期得不到落实，只能让其放任自流。

以上观念存在着很大的片面性。"书籍是人类进步的阶梯。"古今中外浩如烟海的书籍中蕴含着人类的智慧和创造，只有博览群书，广泛吸收人类已有的智慧和经验，才能有所创造，有所发展。没有坚实的地基，是造不起高楼大厦的。大凡卓有成就的人，都有着广泛的知识基础和开阔的视野。其次，阅读能增加我们的精神涵养。一个人要培养自己的美好情操和深厚的人文素养，只有通过阅读才能达到。对中学生来说，读书也许暂时不能给我们的考试增加多少分数，但是它对你的终身都有作用。它是我们事业的基础，特别是对人的精神的引导和塑造，起着至关重要的作用。

正因为如此，作为教育者理应承担起引导学生多读书、读好书的责任，使学生具有良好的阅读品质；而要做好课外阅读指导，首要的任务就是要培养学生的阅读兴趣和高雅的读书趣味。那么如何培养学生的读书兴趣呢？

方法应该是多种多样的。可以通过经典的影视片的放映，来引起学生阅读原著的兴趣；可以通过名著的背景材料的介绍，作者经历的介绍等引导学生走进名著，走近作者；可以指导学生写读书笔记、阅读心得，然后在班级召开读书心得交流会，读书笔记交流会；可以指导把名著的片段改编成短剧，让学生饰演其中的角色来提高学生创作带来的快乐；可以针对名著的某个专题，进行研究性学习，写成小论文，并开展专题研讨活动；可以针对有些名著的多重主题，开设辩论会，让学生得到思想的碰撞和情感的交流等。

二、读书方法的指导是课外阅读指导的基础

当学生愿意走进图书馆拿起书本，那么接下来的重要任务就是，教师如何做好对学生读书方法的指导。读书方法指导得当，学生就会逐渐学会根据自己的兴趣和特点选择书籍，并运用一定的读书方法阅读，天长日久，他们的阅读能力就会逐渐得到增强，阅读所带来的好处也会慢慢显示出来，我们阅读指导的目的也就基本达到了。

首先，要区别不同知识基础和阅读能力的学生读者，根据他们阅读经历和阅读能力，实施"因材施教"的阅读指导教育。对于阅读面广的学生，要提升他们阅读的层次，要指导他们向阅读的纵深方面开掘，为他们进行研究性学习和引导他们为今后专业的选择打下良好的基础。对于阅读面相对比较狭窄的学生，则最好为其提供阅读计划，推荐阅读书籍，并介绍阅读的方法。让这部分学生逐渐打开阅读视野，提高阅读兴趣。其次，要区别知识基础和阅读能力基本相似而兴趣爱好各有差异的学生读者，既要注意引导他们很好地发展个人兴趣，又要结合教学的需要做好必要的阅读指导。第三，对学生的阅读兴趣要进行积极引导，指导他们怎样阅读，读怎样的书。有些还要介绍阅读的具体内容，引起学生阅读的兴趣，尽量少读文化含量不高，文化层次偏低，或速成的、应时的文章，尽量阅读档次较高，有深厚文化底蕴、有文学味或对人生和思维的发展起积极作用的文章或书籍，这样对学生今后的发展起到较好的铺垫作用。

同时，要做好具体的读书方法的指导。好的具有普遍意义的读书方法可以从自己的读书经验中来，也可从书本上来，可以从名人的读书经历和经验介绍中来，教师要做好收集和归纳，并针对不同

情况的学生做好不同的指导。一般的读书方法具有普遍意义，对不同的书籍采用不同的方法，或根据自己的情况作出选择。为积累知识，开拓视野，博采众长，启发思路，可以采用泛读；对于专业的知识及名篇佳作，则要反复琢磨，取其精华，就要采用精读。对于比较重要的报刊杂志，意在读懂、读通，了解全貌，可以采用通读；而有的书只要掌握筋骨脉络，重点掌握各段观点，则可采用跳读，对于暂时不得其解的地方可以跳过不读，有时，读到后面，就可前后贯通了。速读是一种"扫描法"，即陶渊明提倡的"好读书，不求甚解"。这种方法可以加快阅读速度，扩大阅读量，适用于阅读同类书籍或参考书籍。略读是粗略读书的方法，阅读时随便翻翻，略观大意；也可以只抓住评论的关键性语句，弄清主要观点，了解主要事实或典型事例。读书方法不止以上这些，这里略举几例主要用来说明。

另外，在广泛指导学生阅读且学生已有一定阅读积累的基础上，可以召开读书心得交流会，或读书方法研讨会，通过学生的热烈讨论，相互交流，总结归纳出自己的读书方法，这比单纯接受别人的读书方法更能引起学生的兴趣。笔者曾在所教班级召开过这样的讨论会。学生在经过一番热烈的交流和讨论之后，总结了这样几条读书的经验：1、要合理安排读书时间，不要与做作业相冲突；2、读书要聚精会神，要用心和投入地读，才能取得效果；3、要选择喜欢的书读，对于喜欢的书或段落，可以多读几遍；4、对暂时读不懂的地方可以先放一放，有的书只是了解，可以泛读；5、读书要融入书本，带着感情读，读后又能跳出书本思考；6、读书要联系生活，联系社会，得到真正的感悟。虽然以上经验或许别人已经说过，但这些却是从学生的切身体验中来，就显得意义不同。

三、与课堂教学结合是课外阅读指导的关键

学生读书，如果仅是停留在像成人那样消遣性或功利性读书，还不是阅读教学最终目标。学生读书，具有多样目的性，最主要的是扩大知识面，提高阅读理解能力，提升自身素质。笔者认为，课外阅读只有和课堂教学结合起来，才更具有实效的意义和积极的作用。

《语文课程标准》中指出："教师在努力提高课堂阅读教学效率的同时，必须重视学生的课外阅读，使其内外阅读有机结合起来，取长补短，互相促进。"《语文课程标准》还强调："语文课程应该是开放而富有创新活力的。"课堂教学与课外阅读结合，其意义主要在于：1、课外阅读是课堂教学的延伸和补充，是语文教学的重要组成部分，是实现大语文教学观的重要渠道。2、课外阅读是以课堂教学为基础的，同时又促进课堂教学质的提高。课外阅读巩固了课堂教学中学到的阅读方法，提高了学生的阅读能力，继而促进了课堂教学的阅读质量的提高。3、课外阅读促进了语文教学质量的全面提高。课外阅读不仅培养了学生的阅读能力，而且也提高了学生的写作水平。

如何通过课堂教学开拓学生的课外阅读？主要可从以下几个方面拓展：1、同类题材的拓展。如学生在学习课文《古都的秋》后，对郁达夫笔下的古都产生由衷的向往，于是明确要求学生课后以"中国历史文化名城"为内容开展课外阅读。2、同类体裁的拓展。如在学习《再别康桥》后，学生对现代派诗歌产生浓厚兴趣，于是要求学生课后阅读收集徐志摩、戴望舒、卞之琳等人的诗歌，并要求对现代派诗歌风格进行归纳。3、作品背景上的拓展。如小说《药》一课的学习，学生对这篇小说产生的背景不甚了解，从而影响

对小说主题的把握，于是要求学生课后阅读相关材料和书籍。4、文章作者的拓展。比如我们学习了巴尔扎克的《欧也妮·葛朗台》，因是长篇小说的节选，学生对整部小说的背景及作者生活的时代，《人间喜剧》的内容等缺乏应有的了解，我就布置学生进行课后的阅读拓展。5、联系原著的拓展。无论学习《林教头风雪山神庙》也好，还是《林黛玉进贾府》，都要求学生阅读原著，最好还能阅读相关的评论。

　　课内外的结合，一方面要求教师在课堂教学中注意将学生在课外阅读中了解的知识、掌握的技能运用于学习和探究之中；还体现在课外结合课文进行拓展阅读以激发和培养学生课外阅读的兴趣。即使像高考复习，我们也力求做到课内外结合。教师可通过介绍一些高考优秀学生的语文学习方法，开拓学生的思路，引导学生开展课外阅读以提高自己的应考能力。如对文言文的学习，一些高考"状元"认为，"文言文学习最重要的是培养语感，所以要多读、多背一些比较优秀的文言文作品。除了课堂上的学习，平时还可以多读一些如《古文观止》之类的经典的文言文著作。""高考所选取的文言文虽来自课外，知识点却均出自课内。实词、虚词、句式、古今异义等，知识点零散，但如果善于分类，善于总结，并且活学活用，就一定能够'课内开花课外香'。"这些成功经验，对学生的学习方法有很好的启迪作用。

　　阅读的课内外结合，要真正化为自己的知识和能力，还必须勤作读书笔记。所谓"不动笔墨不读书"，"书中乾坤大，笔下天下宽"。读书笔记是对读书过程的一种梳理，一种感悟，一种提升。读书笔记又称读书随笔、札记等，指读书时记下的文字，包括读书心得、体会、感想、摘录、质疑、考证等，主要有这几种：1、索引式即适时记下手头自己认为有价值的书籍或者文章名称、作者、出处等，一般把它记在卡片上，以便日后查看。2、摘录式。在读书时，遇到自己感兴趣的材料，就随手摘录下来。摘录的内容可以是警句、格言，也可以是资料、数据。3、批注式。是指在读书时，对书中的某一观点或某一段材料随手划上几号，在书页的空白处或笔记本上随手记下自己的感想、看法的一种读书笔记。4、读后感。又称读书心得，即在一本书或一篇文章读完后，把读书所得到的一些感想和想法写成一篇文章。读后感要选好感想的"点"，不宜泛泛而谈。

最后，要把学生的课外阅读逐步引向高层次，那就是通过阅读开展探究性学习。探究性学习是一种培养创新思维的方法。它要求学生带着研究课题，走进图书馆，查阅参考资料，搜集相关信息，通过合作探究和反复实践，找到解决问题的方法和规律，学生的创造能力和实践能力也在探究性学习中逐步得到提高，个性得到全面发展。

综上所述，引导学生更好的进行课外阅读，让学生走进图书馆，这是学校教育实践现代化的一项重要任务，更是从培养学生的阅读品质入手来实现全面提升学生整体素质的重要途径。语文教师要积极引导学生积极开展课外阅读，使学生真正热爱书籍，乐于汲取人类的知识营养，并善于把书本知识化为自己的能力和创造力，并逐渐养成终身读书的良好习惯，从而使自己在课内外的广泛学习中不断成长。

现代文阅读"探究题"解题思路探微

近年来，在高考语文试题现代文阅读中，开始设置一种被称为"探究题"的题型，主要考查学生探讨文学作品意蕴及对作品进行个性化解读的能力。设置此类题型，有利于鼓励学生在平时阅读中开展积极思考，促进他们在现代文阅读中提升探索和思辨能力。该题能力层级为 E，难度相对较高。那么，在平时训练中，如何引导学生针对题意开展探究，本文提出以下几点建议。

一探题意

开展探究，首先应从题目入手，仔细分析思考，抓住题目中的相关信息，吃透题意，这样才能使探究的思路引入正确的方向。如2014 年全国卷 I 的现代文阅读，选用了叶紫的小说《古渡头》，设置的题目为"作品为什么以渡夫的任情高歌为结尾？结合全文，谈谈你的看法。"题目中包含了三个关键词：渡夫、任情高歌、结尾。"渡夫"是主要人物，"任情高歌"是情感思想，"结尾"涉及情节。从全文看，一个渡夫能够向"我"这个陌生的青年，讲述他家庭的变故和苦难，最后又"任情高歌"，无疑这个人物的个性是洒脱豪放的。作为渡夫，他阅历丰富，性格豪爽，结尾处一边撑船，一边高歌，也顺理成章，并不突兀。但从结构上来看，前面基本是对话，最后突然"任情高歌"，情节上产生"陡转"，很有点戏剧性。那么，他为什么会"任情高歌"？联系前面的情节，这么多年，家庭的苦难太深了，在向年轻人倾诉之后，来释放自己内心的郁积，诉说自己痛苦，也是很自然的。而从歌词的内容看，从批判现实的黑暗到表达追求自由生活的欲望，深化了作品的主旨。所以，抓住题目中的三个关键词，联系全文进行深入思考，就能把握文章的意蕴。

再如2012年浙江省高考语文试题，现代文阅读是一篇《母亲的中药铺》的散文。探究题为"作者在文末说'母亲就是我人生一味无价的中药'，联系全文谈谈你对这句话的理解"。抽取这句话的主干，就是"母亲是中药"。那么，我们思考，中药的作用是治病救人，"母亲"也能治病救人？母亲拿什么给"我"治病救人？联系全文，这句话的后面紧接着说"为我清热解毒，为我抵御这世间的种种伤害"。原来，母亲的保护、教育，让我精神健康，免受各种有害思想毒素的危害，确实对"我"起到了"治疗"的作用。而"母亲"这味"中药"的成分，是她对我的爱，以及她身上的美德，而母亲身上这种特有的爱与美德，自然是"无价的"精神财富。文章字里行间透露着"我"对母亲的感激之情。所以，顺着这句话，咀嚼品味，顺藤摸瓜，就会找到解题的线索。

二探变化

小说是一种具有故事性的文体。所谓故事，一般具有开端、发展、高潮、结局等发展变化的过程。在这个过程中，很多人物、事物、环境等往往都会发生一些发展变化。我们根据这一特点，在小说类的探究题解题中，有时能够帮助我们找到一些解题的线索。

如一份2017年模拟试题中，现代文阅读选了俄国作家安德烈·马卡罗夫的小说《姑妈的书》，其探究题很简单，就是"结合文本，探究小说的主旨"。我们就从"变化"入手，来探究小说的主旨。结合全文，我们看看小说中的"人、事、物"在文章的前后有无发生变化？通过仔细阅读分析，我们发现，这篇只有千字的小说，确实有几处明显的变化。一是"物"变了。姑妈一生从教，富有文化修养，家里的书籍摆满了五个大书柜。姑妈去世后，科利亚继承姑妈的这套房子。随着妻子不断增添新家具，姑妈的书不断搬迁挪位，最后几乎当废品全部卖掉。二是"人"变了。科利亚原本是一个受过一定文化熏陶的人。他向往文化，渴望自己家"像个书香门第"，但后来在妻子、孩子的影响下，步步退让，最终放弃书籍，"不再想什么文化"。三是"事"变了。小说中反映的背景是，现实社会出现了诸如ipad、电视、互联网等电子产品及媒体，人们的阅读从原来喜欢看书籍到追逐电子媒体上的信息，最终取代书籍。找出这些变化后，我们进一步思考，这些现象说明了什么？从"物"的变化，我们想到作者批判了社会上重物质轻文化的现象；从"人"的变化，我们悟出了作者讽刺屈服于物质生活，甘于庸俗的人；从"事"的变化，表现了作者对现代科技文明对传统书籍文化的冲击的忧虑和思考。这样从变化入手，逐层深入，挖掘出作品所蕴含的内涵。

三探情感

　　无论是小说还是散文，作为文学作品，都是渗透着各种情感的。有作品中人物的言行所透露出来的情感，作者渗透在作品的字里行间的情感等。把握这些情感线索，也是寻找和归纳文章主旨的一个重要途径。

　　如2016年学军中学的高考模拟题，现代文阅读选的是南屿的散文《我来了》。设置的探究题是："联系全文，解读题目'我来了'

的内涵。"我们通过阅读全文，理清了文章的脉络。文章第1、2段，引出、介绍家乡一座神奇的山"铜鼓帐"。第3、4段写5、6岁时，姐姐他们登山不让"我"去；小学一年级时，全校重阳节登山，但校长不让一年级学生参加。第5、6、7段，写四年级时，"我"终于和几个村里的放牛娃一起登上了铜鼓帐的情形和感受。第8、9段，写30年后，"我"对登山的思考。

探究："我来了"三个字，出现在第7段，是"我"用柴刀刻在响石上的歪歪斜斜的几个字。"我"为什么要写这几个字，联系全文，我们摸清了"我"情感上的变化。以前因为年纪小，虽然"我"一直很向往登铜鼓帐，但人们一直阻止"我"去。所以，这次登山实现了"我"少年时代的梦想，有一种满足和骄傲的情绪。登上山来，文中多次描写"我"看见山上的景色，看见群山，看见大海时的动作、情绪，如"惊呆了""欢喜若狂""打滚、奔跑、叫喊""惊异"等。这意味着，这不仅仅是一次普通的登山，而是一次对"我"来说人生路上实现理想、开阔眼界的经历，象征着"我"的成长。而8、9两段，30年后回忆起当时的情景和自己的经历，反问当时的自己："你有什么资格说'我来了'"？并用歌德的事例类比，希望岁月把这三个字蚀去。"我"反思人生路上其实有无数的"高山"，但我们很多没有真正攀登上去，而少年时代的一次登山就觉得了不起，是自己的"少年轻狂"。结尾部分的反思，表现了作者的智慧和成熟，也是对主旨的一次升华。所以，理清了文章的情感脉络，对把握文章主旨具有一定作用。

四探联系

有的探究题，题目中已含有与课外文本联系、比较的信息，如选用迟之建的作品《哑巴与春天》出的探究题："老哑巴与《祝福》中的祥林嫂有许多相似之处，试加以探究。你认为作者刻画'老哑巴'这个人物有哪些用意?"而有些虽题目没有明确表示要进行联系比较的要求，但我们在解题时，不妨顺着题意，以题目中隐含的信息为抓手，联系相关事物进行比较分析，也能起到拓展思路、抓住要害的作用。

如以俄国作家诺里·斯塔夫的小说《蒙娜丽的微笑》设置的探究题，题目为"小说以'蒙娜丽莎的微笑'为题含蓄蕴藉，请简要分析"。小说写一位叫凯莉的女画家，去拉马拉本看望男友，刚踏上这片土地就遇上一个脸上有很多疤痕的女孩，名叫蒙娜丽莎。她家住在杜米斯，是当地一座最大的难民营。凯利喜欢上了这个女孩，三次给她画画，并把围巾送给她。第二天，女孩又把围巾送还过来。当我把围巾套在脖子上，脖颈一阵刺痛，原来里面竟包裹一个尖利的铜钉。凯利对女孩以德报怨很气愤，去找她责问，她竟然还向我讨还铜钉。后来听了谙熟拉马拉文化的慈善服务者的解释才知，在这个地区，铜钉代表母爱，你把铜钉交到她手里，就代表着你对她女儿一般的爱。

在此，我们自然想到达·芬奇的名画《蒙娜丽莎》。那么，这里面我们最起码要问：本文为什么要与达·芬奇名画中的人物同名?（设置悬念，引起读者阅读兴趣）达芬奇的画与本文写的女孩有关系吗?（都叫蒙娜丽莎，都是画中人物，都表现她们的微笑，在文中三次画画起线索作用）小女孩的微笑与达芬奇画中的蒙娜丽莎的微笑是一样的吗?（不一样。小女孩的微笑表达的是渴望母爱的真诚；用微笑表达对我的信任和尊重的感恩之情；生活虽穷苦、艰难，但仍然微笑，表现她坚强、乐观的生活态度；作品寄寓了作者的同情和赞美）所以，抓住联系的线索，一些问题就会迎刃而解。

结语：以上就是本人在教学中总结的几点探究题的解题思路和方法。本人认为，探究题的解题方法肯定不止于此。比如，有的题还可从内容上和结构上的特点加以考虑；有时，我们还可以以文体要素作为抓手，如从小说的环境、人物、情节、主旨，散文的线索、物象、情感、主题等入手。总而言之，探究题的解题思路和方法，要根据内容和题意而定，宜从文体特点和作者写作意图深入探究。

开展书香校园读书活动值得注意的几个关系

在学校领导的重视下，我校的读书活动正逐步展开。读书知识书面竞赛、读书知识抢答赛，教师读书活动指导课，读书笔记收集、展示等活动，正在紧锣密鼓的进行。高三学生的发展性阅读的各类书籍、阅读场地和设施的准备工作已经到位。这些都是可喜的现象。从新课改和新高考的发展趋势和学校发展的终极目标：以学生为本，提高学生的素质，促进学生全面发展等方面来看，积极持久地开展学生的读书活动无疑是有着深远意义和积极的成效的。在学校中心理论学习会上，我谈了如何积极有效地开展学校校园书香读书活动，今天就读书活动值得注意的几个问题，再谈自己的一些粗浅的体会。

一、读书意义上的几个关系

（1）知识与素养

多读书，不但扩大了知识面，而且有利于个人素养的提高。我曾看到过这样一个故事，有这样一个孩子，在老师的指导下读书。老师的方法是，并不怎么讲解分析内容，而只让孩子自己读，多读多看。孩子后来对老师说，老师我读的书不怎么懂，而且合上书后，书上的内容忘得也差不多了。老师没讲什么，而是叫孩子拿一只装过煤炭的篮子到河边打水。一次、二次。孩子对老师说，这篮子怎么能打水呢？老师说，你有没有看到，你的篮子虽然没打到水，而篮子已不是原来乌黑的篮子了，你看洗得干干净净。读书也一样，你虽然不理解，或掌握甚少，但只要肯读，你就不再是原来的你了。学生牢记老师的话，后来成为一名大学问家。这个故事说明了一个道理，读书是有益于个人素养的培养的，多读书会终身受益。

（2）读书与能力

知识不能代替能力，读书同样也不能代替能力的培养。但不会读书，即使有能力，能力也不能得到很好的发挥。因为任何能力的发挥，它需要有一定的知识作为基础。比如在古代永远造不出原子弹，也造不出宇宙飞船。不能说当时的人的能力比现在差，主要是那时没有现代科学知识和从事科学创造的物质基础。一个人有分析研究能力，有联想和想象能力，但这些都要以一些知识和认知水平为基础的，所谓见多识广、博学多才就是这个道理。见识多了，认识能力就提高了；读书广博了，才能博采众长，从而提升了自己的能力。所以，知识和能力虽不能互相代替，但可以相互促进。在自主招生考试中，知识和能力是结合一起的，但很多能力题，需要依靠知识的铺垫才能做得出，可见知识的基础性。而读书是吸收各种知识的重要途径。

（3）读书与自信

读书多，能够提高自信心。有些偏科的学生，平时靠自己的小聪明得到分数，比如临时抱佛脚的复习方法等，但毕竟基础不牢固，知识缺陷多，所以一到重大考试，他的毛病马上暴露出来。而且，这些学生往往在考试中存在一些侥幸心理，没有在平时认真地做好知识的积累，想在考试中碰碰运气。所以，这些学生在考试中心是虚的，一旦题目比较陌生，或某些题目需要某些基本知识去解决，而自己没有很好掌握，所以，考试时就容易造成头脑空白、紧张失态等状况，这样不但考不出平时的成绩，反而比平时水准要差很多。而善于读书的同学，知识面广泛，基础知识牢固，就平添了一份自信，考试时就能做到沉着冷静，自己的水平能得到稳定的发挥。阅读广泛的同学，在自主招生的笔试和面试中，能够从容不迫，侃侃而谈，充分展示自己的才华。

二、读书对象上的几个关系：

（1）文科学生与理科学生

以前，有不少人认为读书是文科生的事，理科生只有大脑聪明就行了，用不着看太多的书。这种观念在逐渐改变。文科生不但要多读书，而且要读得杂，不能光局限于文学方面的书籍，还要读文史哲；不但要读教材中的政史地，而且要读社会中的历史中的政史地；文科生还有必要读一些理科方面的书，了解最基本的科技知识，这样有利于打开思路；而理科生不但要读书，而且也要读一些文科的书籍，理科的书籍不局限于数理化，生活常识方面的，现代科技方面的，科学家成长方面的，科技发展史方面的，天文地理方面的，都要尽可能地去涉猎，这样来开阔自己的知识视野，提高综合竞争力，为以后在科学研究等领域建造起更高大雄伟的金字塔打下扎实的基础，真正成为一个高素质的人才。历史上的一些伟大人物，无不都是博览群书的。比如马克思，他搞哲学、政治经济学，应该是学文科政治的，但他涉猎的领域实在太广了，可以说人类历史以来的文明成果他都想方设法地去汲取；他不但在休息时研究数学，写出了《数学手稿》，而且高度关注最新的科技发展比如达尔文的进化论、万有引力定律、电气机械方面的发明等等。这样才形成了马克思主义的理论。

（2）个人读书与集体研究

很多人认为，读书是个人的事情，书是要靠个人读的。不错，阅读书籍，吸收知识，主要是靠个人的勤奋和努力。但读书还是要讲一点效益、效率的。我认为，有目的地去读书，读书时搞一点小小的研究，无疑能促进读书的效益和效率。比如，掌握一些查找资料的方法，学会做读书笔记和读书卡片，碰到学习中的问题，善于通过查找资料综合分析，来解决问题，这样才学会了真正的读书，也就是学以致用。读书也可以依靠集体的智慧和力量。比如读书会、学习共同体、小课题研究团队等等，通过集体活动，来提高自己读书的兴趣，并从中吸收别人的长处，弥补自己的不足。这样以自助互助的形式读书，一定能取得良好的效果。

（3）教师读书与学生读书

开展读书活动，我们往往会忽略这一点，即学校和教师大张旗鼓地鼓励、引导学生读书，而教师自己却无动于衷。其实，学生读书和教师读书是有很大关联的。只有教师带头读书，以广博的知识、好的读书经验来引导学生，成为学生的学习榜样，才能有效促进学生读书活动的开展。教师的读书不但有利于教学，更有利于与学生形成良好的互动，以学习经验的交流和读书心得的展示与学生形成共同的语言，从而促进良好的学习读书氛围的形成。现代社会，获取知识和信息的渠道越来越广，我们只有不断读书，及时补充自己的能量，才能跟上时代的步伐，才能与学生沟通，因此，读书应该是教师和学生思想碰撞心灵交流的桥梁。

三、读书内容上的几个关系

（1）课堂内与课堂外

古人讲究"功夫在诗外"，真正技艺本领的提高，不但要学好课内的内容，还要善于从课外汲取营养。课堂内的知识是有限的，我们通过课内学习主要掌握进入某一学科领域的钥匙，而真正进入大门，弄清大屋内的布局构造、欣赏大屋的风格和装饰，则是需要自己不断地学习和探索。我们有不少学生只注重于课内的有限知识，不会去追寻和探究课本外的知识线索，造成眼界的狭小和思路的局限。书法家欧阳中石先生在谈到书法时曾说，书法是建立在历史、文学、音乐、戏剧、诗词、绘画等许多学科基础上的综合艺术，大凡有成就的人、有造诣的书法家，在学识上都比较丰富，见多识广，"胸罗万有，书卷之气自然溢于行间"。现在有很多边缘学科或学科交叉的现象，如不能做到知识的延伸，势必造成发展的局限。

（2）读书与写作

古人云，不动笔墨不读书。一个人光读书还不行，还必须勤于动笔。读书时要勤于摘录，勤于收集资料，把自己的知识串联起来思考，形成有条理的、系统的思路。从文科来讲，读书时，有感悟点，有闪光点，迅速把它记下，然后抽时间可以写出读书心得，写成有见识的小论文，这样不但巩固了知识，而且为日后的学习、写作和钻研打下了好的基础；从理科来讲，可以将一点一滴的知识点、题型、好的解题思路和创造的灵感记录下来，这样积少成多，集腋成裘，一旦知识之间触类旁通、融会贯通，一些问题便会迎刃而解。

（3）读书与实践

陆游在教育他儿子读书时曾说，书上得来总觉浅，绝知此事须躬行。这说明光读书还是比较肤浅的，要将知识深化，就必须与实践活动结合起来。只有理论联系实际，才能加深学习的认识，提高学习的效果。现在在学科考试中，有些试题往往和生活实践相结合，这也要求我们不但要弄懂书本的知识，还必须能解决实际的问题。至于读书活动如何与实践结合，各学科有各学科的办法。比如语文学科，可以通过走访、采风、调查研究的方法，来提高实践能力，也可以平时注意观察社会、观察身边的事物、关注时事、研讨辩论、问题探究、资料编写等方法提高读书的实践性。

四、读书效果上的几个关系

（1）语文教师与其它教师

促进学生的读书活动和指导学生读书，这不仅仅是语文教师的事，而且也是全体学科教师的事，这一点我们应该形成共识。因为这一话题以前已讲，这里不再重复。

（2）兴趣鼓励与活动载体

读书活动不但要通过引导，激发学生读书的兴趣，而且要通过各种活动的载体，来促进学校书香校园读书活动的蓬勃开展。现在我们已经有了许多活动，我想今后我们还可以创作更多形式的读书活动的载体，让学生积极参与，乐在其中，来推动这个活动的持久和有效的开展。

（3）近期目标与长远利益

我们应该认识到，读书活动不但要讲形式，更要注重实效。要让读书活动深入人心，让学生真真切切感受到读书活动的好处。我们既要考虑近期目标、近期利益，比如说高三的发展性阅读，通过学校的积极努力，创造条件，为学生快速补充知识的能量，并在即将到来的自主招生中取得优良成绩打下基础。同时我们也要考虑长远的利益，既学生高中三年的学习和今后的长远发展。建议以后不但在高三的学生中开展发展性阅读，而且可尽早让学有余力的高一学生即可开始这方面的学习，这样通过三年的积极努力，知识的储备和素养的提高效果可能更加明显。我们还应尽早地指导学生掌握正确的读书的范围、读书方法，正确地制订读书的计划，这样才能保证有序而有效地促进学生的终身发展。

从思维角度，谈高考作文指导的"整体性"

近年来，有些教师在高考作文写作的指导上，有分解指导越来越细的情况。如开头怎么写，结尾怎么写，还有结构、过渡、照应、语言等分门别类进行专项指导，更有在什么地方出现点题句，什么地方引用名言警句和古代诗文，举例怎么举，怎样运用排比句使你的文章看起来有文采等，为学生进行具体的策划安排的。我认为，作文指导还是要从思维角度入手，回归到写作的本真，按整体性原则进行指导。

一、构思能力的综合性特点

为什么要考作文写作？因为我们从一篇作文中往往可以看出作者思维的综合性能力。它包括作文的审题立意能力，即对作文题或作文材料的分析、理解是否准确、到位，能否排除障碍，从中提炼出一个正确的观点，这个观点是否具有新颖性或独特性，能否表现作者的见解；选择文体的能力，平时是否熟悉一些常规的文体，是否具有多种笔墨的写作能力，能否根据本文的特点选择合适的文体，并按文体的要求进行构思；展开思路和结构文章的能力，也就是在观点确定以后，能否运用联想和想象或理性思维，使自己的思路按一定的顺序展开，是否有丰富的文化底蕴和素材积累，并能否迅速地筛选材料，根据思路对文章的布局、结构作出安排；语言表达能力，是否具有熟练驾驭语言的能力，文笔是否具有文采，能否表达真情实感；还有创新能力，构思是否独特，是否有思想深度，形式是否新颖，表现是否独特等。这些作文的构思要素在一篇作文中可从一个个单项去分析，但显示出来的是思维整体的合力，即一篇文章的质量和作者的思考力相关，这就是作文构思能力的综合性特点。

那么，这些能力是怎样培养起来的？是一项项培养起来的，还是综合提高的？我认为，答案应当是后者。这可从许多有成就的作家身上找到例证。许多作家写作之初，并非靠一个个单项训练来提高自己的写作能力，而是多年来靠一篇篇整体的练习来思考和琢磨如何准确地表达自己的思想和情感，如何恰当地运用写作的技巧和方法，才逐步提升了自己写作水平的。当然，这里面包含着他对生活的思考、观察和经验的积累。这些因素在作家身上的作用也是综合性的，没有谁先谁后，谁主谁次之分。这种构思能力的形成，集合在一个人的头脑中，表现为一种综合性的写作技能。它是不能任意"拆卸"、分解的，也不能靠单项练就，它依靠作者的思想认识、文化素养、语言能力等综合性因素。诚然，从理论上讲，作文能力是由诸多单项的能力构成的，但它不能像学习一门技艺，可以通过一个个单项的不断练习，从而达到掌握某一种技术的能力。在实践中，作文能力的提高具有整体性，单项做得好，未必能促进整体水平的提高。从文章的角度看，当一个个句子整合起来，构成一篇完整文章的时候，你才能评价它的优劣；拆开来看，一个个句子即使都非常优美生动，但它未必是一篇佳作。所以，从思维能力入手，采取整体性指导的策略，才有利于提高学生综合写作能力，这才符合学生作文构思能力的综合性特点。

二、作文过程的整体性特点

作文的过程是一个系统的整体思维运作的过程。任何一篇文章的完成要经历"物——意——文"的综合渗透跃进转化的过程。这里的"物"指内容材料的感知积累过程。"意"就是构思立意，按照作者的目的调动各种因素对感知采集的材料进行提炼、加工创造形成主题、结构层次，也就是孕育文章的胚胎，这是主体与客体相互结合交融的进一步深化，也就是古人说的要"意能称物"。"文"就是表述成文字，即选择恰当的表现手法、表达方式，用恰当准确的语言文字把具体内容及蕴含的思想情感描述成可读的语言符号，也就是文字固定外化的过程。再经过适当的修改润色，便是妙手偶得之。这三个过程在语言表述上可以这样依次分序，但在具体一篇文章的形成创作过程中是相互渗透综合一起向前跃进的，绝不可以机械的、人为的单个割裂开进行。也就是说不会有孤立静态"物""意""文"的思维运行过程。不可能在感知积累材料时，没有"意"的参与，因为观察积累是有目的的、有意识的。同时立意过程也离不开"物"，因为任何思想都是物质的，"物"是"意"的载体。"文"当然离不开"物""意"的牵引，因为语言是思想的现实，刘勰说："文附质也，质待文也。"因此，一篇文章的完成，应从"物、意、文"的这三个要素、过程全方位着手，不去孤立的分开进行，只是在说法上有以谁为主，谁为先；而在文章运思过程中，则要相互联系、渗透、综合一起渐深跃进。因此指导学生作文最本质的方法应从这点出发，学生们便能抓住文章的本质规律，写起来才能快，成功的可能性也就大，才能真正提高他们的写作能力。

语文教师都有过这样的经验，在作文指导中，教师经常发现有的学生的作文内容空洞，言之无物，充斥着大话、空话、套话。教师认为这是由于学生平时读书少，缺乏一定的知识积累造成的。于是强调学生要多读书、多积累典型的事例。听话的学生也确实按老师要求去做了，认真地读了不少书。但是半年一年下来，学生的作文并没有大的起色。学生说,写作时,书中的例子不是想不起来,就是用不上。另一种情况是,学生在作文中,很会引用事例,文笔也不错,这些事例孤立来看,确实写得鲜活生动;但仔细琢磨,它们却与文章的观点不甚吻合,甚至相去甚远。以上这些情况,也许大都是由于我们平时在作文指导中,过于强调静态的单项性指导,没有从学生思维方法入手用相互联系相互协调的整体性的作文教程来进行指导而造成的现象。学生不是启发半天,仍收效甚微;就是单项突出,而其他方面并没有改观。这实在是一种片面的"只见树木不见森林"的指导方法。

三、作文审美的完整性特点

一篇好的作文,应该是一个完美的整体。作文的美,通常说来有四个维度可以衡量:一是知识和内涵的美,一篇作文,能在有限的空间,渗透尽可能丰富的知识,融汇古今,跨越中外,在主旨的统帅下,博古通今,侃侃而谈;二是思想认识的美,一篇佳作,都是借文章立意,表达对世界、社会、人生乃至生活的理解和洞察,条分缕析,鞭辟入里;三是语言表达之美,一篇美文,语言挥洒自如,或质朴真挚,像飞流的瀑布,气势非凡;或如出水的芙蓉,清新自然,那洋洋洒洒,妙笔生化,写尽人间起伏婉转的情感;四是写作的技巧之美,一篇杰作,"凤头、猪肚、豹尾",布局匀称,虚实相间,情景交融,首尾顾盼,段落照应,堪称一座文字的"盆景"。这四种美,融合在一篇文章里面,缺一不可;如果缺了那么一项二项,不能称为"完美"。写作文,也要讲求"和谐",内容和形式的"和谐",光有形式美,还不是整体的美、完美的美,内容决定形式,离开具体的内容,形式只是一件漂亮的"外衣",也要讲求认识的"真"和"善"的"和谐",才能表达真情实感,显示思想认识的美，才能构成美的整体。还要讲求整体和细节的"和谐"，整体由细节构成，只有细节的和谐才能显示整体的完美。

另外，从阅卷者的角度看，阅卷教师评判一篇作文，也是从整体的审美感受出发的，而且往往通过直觉判断来考察，也就是说，他们的审美活动始终要在形象的、具体的、直接的感受中进行，不能通过别人的介绍或抽象的概念去感受美。因为阅卷的时间有限，阅卷者不可能按照评分标准一一加以衡量，而是借助于他们的经验和感觉。所以，当他们进入到流水式的阅卷流程时，只有从整体上去把握一篇作文的情况，才能在短时间内形成相对准确的印象和判断。也只有在阅卷教师感到作文整体不错的情况下，文中的几处亮点才有给你带来加分的可能；而如果整体印象不佳，即使作文有个别的亮点，也是难以改变教师对作文整体的评判走向。因此，反过来，我们在进行作文指导时，也要从思维的整体性入手进行训练，即训练和指导学生写作练习的完整性，特别是训练和指导学生运用整体思维的能力，整体地来规划自己作文的思路和结构，整体地审视自己作文的优点和缺点，从而扬长避短，突出自己写作的优势。800 字的作文不算长，完全能够进行整体的构思写作，过多地进行片段训练，不一定有助于整篇文章的写作；另外，教师指导的完整性，即平时多从学生的思维训练入手，从一篇完整文章的角度，分析、启发和指导作文各要素在文章构成中的作用，并且特别强调各要素之间的相互联系、协调和融合，使学生逐步养成作文时的全面思考、整体构思和完整表达的习惯。

杂记的评改

　　一些常规性的作文训练，因其带有较强的限制性（如命题、给材料或规定文体等），所以，学生的作文往往会出现共同的特点，教师也比较容易发现带倾向性的问题。因此，有些教师主张对学生作文只抽改一部分，然后针对某些普遍性的现象，着重做好讲评，我认为这是合理的、恰当的。但是，杂记却不同。因其题材、文体可以自由选择，每个人的构思、布局、语言风格等等也会迥然不同。因此，如果仅抽改某一部分，势必不能了解全貌，也削弱了指导的作用。所以，我主张，杂记要求每篇必改，对学生来说，老师精到、生动的批语，能够激发他们写作的兴趣；同时，针对老师的批语，又会促使他们再度审视自己的杂记。一旦老师重视他们的杂记，他们也会重视自己的写作。而且，不少学生也希望通过老师的批语，对他们在生活和学习中所遇到的一些问题作出一种答复或进行探讨。这无疑给教育者提供了一种在其他场合难以达到的进行思想教育、写作教学的途径。自然沟通了师生之间的关系。同时，老师的评语写作，也给学生以鼓励和鞭策。我过去的两位学生，曾先后将他们在报刊上发表的作品寄给我，并念念不忘我过去在他们的作文中所写下的批语。这说明中肯、热情的评语，甚至能影响一个学生今后的生活道路。

　　评语的内容，结合着学生杂记的内容和写作特点，自然可以无所不谈，无拘无束。根据自己的体会，大致可以从这三方面入手：

一、从思想意义、思考方法上谈。 正处在人生黄金时期的中学生多梦而多愁。他们有许多美丽的梦想，从书中、影视中、幻想中追寻人生的未来，构造理想的王国。但现实中的许许多多现象，又使他们失望、迷惘、痛苦。这一矛盾，是他们尚还幼弱的思想所无法了然的。他们把这些思想情绪和观点充分地倾诉于自己的杂记，迫切地希望得到老师的解答，指点和评价。这就要求我们在评语中作出诚恳的分析、公允的阐述，正确引导学生走上人生之路。如有一女生，写到她去参加一个已踏上社会的同学的生日晚会。晚会上，来了不少和自己年龄相仿的社会青年，他们打扮入时潇洒，服饰新潮华贵，谈吐大方活泼，所送生日礼物都很贵重。而这恰恰与我这寒碜、木讷的"丑小鸭"形成鲜明对比。在众目睽睽之下，我手足无措，要送的礼物——一本塑面笔记本恨不得把它扔掉。后来，我偷偷溜出，在楼梯上我碰到了一女孩，她叫了我一声"阿姨"。我突然间觉得我已经长大。在昏暗的灯光下，我心乱如麻，竟迷了去路。作者最后发出："天哪，我该走哪条路"的疑问。这是许多中学生在商品经济环境中所面临的一个令他们困惑、焦虑的难题。在评语中，我结合自己的认识，从商品社会的特点、精神与物质的关系及展的趋向几个方面进行了分析和阐述，使她从自卑、迷惘的泥淖中抬起头来，看清自己的努力方向。

还有一位学生，读到了报纸上的一则新闻：一位与丈夫离异了的女工，带着一个八岁的孩子，又被工厂放长假回家，六年来每月只有四十二元生活费，在捡煤渣、拾菜叶仍难以果腹的情况下，毅然抱起孩子跳楼自杀。这位同学读了这则新闻以后，悲愤交集，模仿鲁迅《纪念刘和珍君》的笔法，写下了一篇情绪激愤的杂记。我首先赞赏他关心社会生活，对普通人的不幸充满同情心和正义感；同时也肯定他能学习鲁迅笔法，文章写得舒畅淋漓、充满真情。在谈到社会根源的问题时，我着重向他阐述了社会制度与社会弊端之间的关系。社会弊端是由许多原因造成的，其中当然有社会制度不够完善的因素；而我们揭露社会弊端的目的是为了进一步促进这个制度的完善，决非否定这个制度。从而澄清了存在于学生思想中的一个原则问题，使学生肩负起自己的社会责任。

以上所举，仅是两个较为典型的事例，学生笔墨所及，则要广泛得多，复杂得多。这就要求我们能运作正确的思想方法，以理服人，引导学生树立正确的积极的人生观。

二、从写作的规律及文艺鉴赏的角度来谈。相对来说，学生的生活面比较窄。但是，他们通过阅读书报、观看影视，获得大量的生活信息，丰富他们的知识和心灵。因此，这就涉及到如何引导学生正确阅读作品，提高艺术鉴赏力的问题。同时，结合写作规律，在提到"读万卷书"的同时，也应重视"行万里路"的问题，也就是如何深入生活、观察和思考社会现象。前一段时间，中学生中曾出现过"琼瑶热"、"三毛热"、"岑凯伦热"和"武侠热"等，有些学生在杂记中竭力推崇，认为可读性强，"能打动人"的就是好书；并列举某些作品情节曲折生动、人物个性鲜明、语言富有特色及作者的历史文化修养等例子来印证，认为学校应解除禁令，让学生自由阅读这类作品。我从文学作品鉴赏的角度在评语中指出：我们不能否认在言情、武侠小说中，确也有一些在思想和艺术上表现得比较出色的作品；但从总体上看，这类作品大部分格调较低，而且远离生活，编写粗糙，甚至故弄玄虚。所以，我们为了扩大知识面，可以选择有代表性的阅读一二，千万不要为大部分平庸之作所迷恋。同时，我还从作品的生命力及价值角度，与世界经典作品比较，明辨阅读的不同收益；从而使学生明确了阅读的目的及选择标准。（像以上这类典型性的问题，我在讲评时，让学生共同讨论，通过分析探讨，提高全体同学的认识水平和鉴赏能力。）要正确、深刻地鉴赏艺术作品，就要求具有较强的理解、感受能力。而理解和感受能力与人们的生活经验和艺术修养密切相关。因此，在杂记的评语，我有时适当介绍一些有关鉴赏和文艺评论知识，并推荐一些相关的文艺书目供学生参考，尽可能扩大学生的知识面，提高学生艺术修养。

我们不反对学生在杂记中进行一些人物、情节的虚构尝试，但有些学生在没有长期的写实练习和扎实的生活基础的情况下，凭空虚构一些生活故事，结果写得不伦不类。情节程式化、人物脸谱化，任意拼凑、"借用"细节。对于这类杂记，我就严肃指出：没有丰富的生活基础作后盾，没有扎实的写实根基，就不可能造起艺术之塔。虚构并非瞎编乱造，它是对多种生活素材的集中和概括，是作者长期观察体验的结晶。并且，我注意选取班中与他们题材相同但写得丰富、生动的同学的杂记进行对比，指出优劣，使他们得到借鉴，找到写作要津。比如同样以农村生活为背景，写出的杂记却迥然不同。一个只是浮光掠影地写农村面貌，对人物的描写也停留在表面，立意肤浅，没有独特的感受。而《小李婶》、《小村的人》等系列杂记则要生动得多。小李婶是作者的一位近邻，她既有一般农村妇女勤劳、善良的特点，又有自己独特的个性，在农村中具有一定的代表性。作者在长期生活积累的基础上，通过对丰富的生活细节的选择、提炼，生动刻画了这一典型形象，读后令人难忘。《小村的人》系列杂记，以某一农村茶店为场景，通过茶客们饶有兴趣的品茶、谈茶、制茶和一系列人物性格微妙变化和对比刻画，既写出了农村传统生活的情趣，又暗示了社会生活的发展变化；语言诙谐风趣，笔墨集中细腻。具有较浓的生活气息。那对农民心理性格的娴熟把握和对制茶、品茶知识的谙熟程度，确非一日之寒。后来在讲评中，我又把这两类作文作比较分析，使学生初步掌握了写作的基本要求。

三、从指导写作的技巧、方法的角度来谈。探讨、指导写作的方法和技巧是写作评语的一项重要内容。我对于批改中发现的在立意、构思、布局、描写、细节、语言等等方面确实富有新意或匠心独运的杂记，就倍加赞赏并给以热情的鼓励。同时，还及时推荐给同学。比如《刺棘》一文的虚实结合的写法及深刻的立意，《我的爸爸是工人》的抒情笔调及欲扬先抑的手法，《深秋撷思》的简炼、富有诗意的文笔。《雨中人》情景交融、感觉带动画面的尝试，《人生三部曲》的意识流动及梦幻色彩，《六人一台戏》的巧妙构思，《谈厕所》、《谈宿舍》的选题角度，《海阔天空》系列杂记的现代心理及生活气息，《探访波尔星》的奇特想象，《给孙大圣的信》的思想深度、犀利文笔，《我的小房间》的说明顺序及生活情趣，《伐木者》、《墓志铭》（诗）的跳跃与变形等等。在我的批语中总是坚持以肯定和鼓励为主的原则，不忽视每个人的微小进步。使同学们在我微笑的笔下得到鼓舞，树立信心；使他们羞于用平庸之作来搪塞、交差。并且通过对优秀杂记的讲评、介绍，丰富了大家的写作手法。启迪他们的思想触角。对趣材狭窄、思想闭塞、手法单调、文体单一、语言贫乏的杂记，则采取引导、启发、介绍、探讨等多种方法，拓宽学生的视野。评语尽量做到委婉、中肯，避免挫伤学生积极性，使他们失去写作的信心。并且，在总结同学们杂记中的种种经验的基础上，写成《杂记的题材类型》一文，供学生们写作时参考。

评语的文字多寡，完全按照"有语则长，无话则短"的原则。这样写起来轻松，文字也流畅。反过来看，作为语文老师，经常写作评语，对自己的思维和文笔也是一个锻炼。从我一年多来所写的七万多字的评语来看，确实感受到了这一点。评语的形式也要灵活多变，不拘一格。比如可采用点评式（一边阅读，一边批注，随想随写）；阐述式（对杂记中提出某个观点或现象发表自己的看法，加以评论）；分析式（针对文中写作上的一些优缺点，作些分析、概括、揭示）；抒发式（对有同感的看法、观点或精彩的地方，表示肯定和赞赏）；探讨式（对于某些社会现象或尚未有结论的问题，采取商榷、研讨的态度）；介绍式（针对学生某一方面的知识缺陷、片面观点给一些必要的补充和引述）；比较式（可作同类的比较，也可作思想观点、引用材料的比较）等等。

当然，要全面提高学生的杂记写作水平，光靠写评语是不够的。还要结合讲评和其它多种形式。上面已经谈到的针对某些带普遍性的思想情绪，同类杂记的不同写法等作些专题讲评，就说明这一点。其它譬如还有朗诵优秀杂记，在学生中开杂记讨论会，编写杂记小报，推荐优秀杂记参加评奖，在报刊上发表等等形式。同时，还需要我们在今后的作文指导中不断探索，找到更多、更有效的形式。

【评语选附】

《她和他的故事》：写的是一个极敏感的题材，两个人志趣、性格接近，谈话投机，学生生活上又能互帮互学，自然多了共同的语言，如果能够珍惜这种友情的纯洁性和可贵性，并以此作为学习的动力，那自然是一件大好事，可世俗的偏见总是把男和女的接触神秘化，总是津津乐道地大肆渲染和夸张，这倒是一种极不正常的心理。结果，两人在舆论的影响下，都陷入了一种迷惘、自惭的泥坑，认不清前面的路是一条正路，因而相互讳莫如深，并逐渐疏远，心存芥蒂以至于痛苦、寂寞、失落……希望同学们能正确认识和对待这个问题。本文描写细腻、自然，感情真挚，行文流畅。

《差生的苦恼》：论点明确，有一定的逻辑性，能运用辩证观点，在论述主旨时，又不忘其它枝节。并能运用类比、正反论证和事例论证的方法加强说服力。本文的论题具有较强的现实性和针对性，很值得我们教师的重视。《讨钱——"领工资"》本文触及学生生活的一个侧面。为消费者的学生，自然没有经济收入。随着人们生活水平的日益提高和父母们"望子成龙"、"望女成凤"愿望日趋强烈，学生手头也宽裕起来。不少人互相攀比，大手大脚地化钱，变着戏法要钱，这自然助长了他们从小讲究吃穿，随意地铺张浪费的习气。文中所记，就是一例。本文心理描写细致、真实。生动刻画了寄宿生们从开始张口要钱的拘谨、内疚和慌张到后来的逐渐随便、任意地要钱的一系列心理变化。

《风雨中的人》，风雨的天气，也许是一种假设，一种象征，在特定的氛围中，每个人都会产生孤独、寂寥的感觉，特别是多愁善感的青年人。在文中，作者有意把自己这种缺乏生活阅历的无病呻吟与那个真正生活在风雨缝隙中的残疾人形成对比。通过细致的心理和神情的刻画，剖析了自己卑微而渺小的心灵。那个在风雨的剥蚀中变得冷漠，心灵失去光泽的人，使我受到极大的震撼。终于唤醒了那渐渐隐退了的同情性和良知。

《我的小房间》：很多中学生都感到生活单调，缺乏色彩。每天两点一线，每个学期无数次重复上课、考试这两种简单的节奏。确实，改变这种状况是目前学校和教师面临的一个重大课题。同时，现代中学生也应该学会如何用自己的双手来创造自己的生活，如何使生活变得丰富多彩。《我的小房间》一文，流露出现代中学生对美好生活的向往和追求，生动地记叙了如何作自己的双手创造一个舒适、美观的学习环境。使单调、艰苦的学习变行那样富有情致。也许同学们会从这个自寻其乐的事例中得到启发。

《荆棘》：本文采用象征手法，以极平凡而普通的荆棘为着眼点，记叙了一次上坟过程中的见闻及所引起的感慨。采用联想和对比手法使荆棘这种植物与那普遍的劳动者形成对应，抒发普遍劳动者平凡而伟大、朴实而坚韧的品格的赞美之情。本文语言流畅，抒情性强，大幅度的抒情性议论，都以生动的描述为依托，紧扣题旨，使人读后不感空泛和牵强，远材妥贴、自然，从死去的人到活着的人，从路边的荆棘到坟头的荆棘，揭示了平凡创造历史的真谛。

杂记的讲评与讨论

一、讲评与讨论的意义及作用

学生的杂记写作，往往有这样一种情况：刚开始练习杂记时，大多热情很高，觉得这种作文形式少拘束，较自由，有什么写什么，写起来顺手、舒畅，有内容可写。所以头几篇常常是图文并茂，洋洋洒洒。但一段时间以后，就会发现，有此同学篇幅短了，字迹潦草了，内容老套了，文笔生涩了。可以看出，有些完全是为了应付交差，少数甚至干脆逃避不交。出现上述现象，我想，也许有作业量重，或缺乏写作素材等原因，但关键还是兴趣问题。开头学生对写作杂记感兴趣，是由于学生对杂记这种形式感到新鲜。而几经接触后，新鲜感就消失了。再加上学生的见闻有限，写了几篇之后，渐渐感到似乎已无话可说或说不出什么新鲜的东西了。

如何保持学生写作杂记的浓厚兴趣和旺盛的写作热情呢？如何开拓学生的生活视野和写作思路，始终使他们觉得"有话可说，有话要说"呢？我觉得坚持正常的、内容具体形式多样的杂记讲评和讨论，是激发学生写作兴趣，开拓学生写作思路的有效手段之一。而我们不少教师，往往对讲评的重要性认识不够。讲评时只是按批改时的大致印象或蜻蜓点水或笼而统之地说几句。既缺少分析与归纳，又无所谓主次轻重，方法又比较单一。所以讲评就成了作文教学中的"过场戏"。有的时候甚至干脆"跳过场"，省略不讲了。所以，很难收到良好的教学效果。而学生对杂记写作的逐渐冷淡厌倦，也是在情理之中的了。

因此，我们应该认真对待杂记的讲评课，把杂记的讲评看作是写作教学的"重场戏"，根据我所接触到的一些老师的教学经验和自己的一些教学体会，我觉得：内容具体、形式多样的杂记讲评与讨论，至少能带来如下作用：

之一：能够将在杂记批改中获得的各种信息及时反馈给学生，特别是对发现的优秀之作包括在某一方面较有特点的作品，给予及时的表扬、鼓励或加以宣读，使学生从中受到鼓舞，提高杂记写作的积极性，重视自己的每一次写作实践。

之二：能够通过相互的借鉴、启发、吸收，扩大学生的写作视野。拓宽写作的路子，丰富自己的题材类型和表现方法；同时通过相互比较，学会区别优劣，认识短长的方法，从而提高学生的写作能力和批评水平。

之三：通过学生在教师指导下的讲评和讨论，逐渐培养自己发现问题、分析问题、解决问题的能力，学会说明、论证、归纳、驳难等方法。这样，不但锻炼了口头表达能力，而且也使思维能力得到提高。

之四：能够通过讲评和讨论，使学生对杂记中所涉及的一些社会现象和社会问题有一个全面的正确的认识，纠正某些偏激或模糊的观念，从而提高学生认识社会、认识事物的能力。

二、杂记的讲评与讨论的形式与做法

形式：（1）教师讲评（2）学生讨论与讲评（3）学生自评。这里把教师讲评与学生讨论和讲评并举，目的是：（1）使讲评形式多样化，有利于提高学生的兴趣；（2）使学生变被动为主动，增强参与意识与自我认识能力；（3）使学生在实践中得到锻炼，并始终处于积极的思维状态。要搞好杂记的讲评与讨论，须坚持这样两条原则：一是讲评和讨论的内容要具体、恰当。所谓具体，就是要有明确的目的要求。既要有整体的设计与把握，又要突出重点，并时时联系学生的具体实际。所谓恰当，就是要结合写作要求和学生的实际水平并充分调动学生的积极性。教师讲评褒贬适度。重在鼓励；学生讨论宜于充分，重在引导。二是讲评与讨论应该坚持形式多样。做到教与学的结合。讲评与讨论的结合，写与议结合，使学生不但有写的愿望，而且懂得怎写。形式多样还包括讲评和讨论的内容时有变换，时有更新，角度多样，不拘定式。

1、教师讲评。这是一种常规的讲评形式，为了改变过去泛泛而谈的现象，我重在讲评的内容上花力气。争取每次讲评能够突出重点。有所侧重。每次讲评一般分为两个阶段。先就本次批改情况作一概述。着重表扬本次杂记的优秀者和有进步者。然后利用较多的时间，结合每次杂记的具体情况，着重讲评、谈论一二个问题。

（1）倾向性问题的讲评。学生在杂记写作中，有时会出现一些共同的、带倾向性的问题，如某一题材的写法上，某一观点的论述上，某一现象的剖析上，某一手法的运用上等等。这些问题，有时会出现在同一次杂记中，也有时会连续在多次杂记中出现。这要求教师在批改时，作好记录。并选择适当时机加以讲评。如思想认识方面，以"代沟"为例，在杂记中，有的学生谈到对父亲偷看日记、书信的愤慨，有的谈对父母"唠叨症"的厌倦。也有的表示对父母严密监视自己学习行为的不满等等。为此，我在讲评时，摆出了上述现象，并着重谈了自己的看法。我认为，父母的言行，确有不当的地方，但有一点是肯定的，即大都出于对子女的关心、爱护。所以我们还是应以谅解的态度去对待这个问题。一味指责，只能使矛盾激化，隔阂加深。当然，对于父母的不当行为，我们可以诚恳的态度提出批评。置之不理，不是解决问题的办法。我们应该看到，由于我们对父母的逐渐疏离，也是造成父母不理解不放心的一个因素。课后，不少学生表示认同老师的这种分析。

在思想认识上，学生谈论较多的还有如对初中同学辍学经商的看法，对分快慢班的心理反映，对老师的教学方法和职业行为的逆反心理。对商品经济的厌倦和不理解等等。这些需要我们教师放下架子，和学生作平等公允的推讨，使学生的认识水平逐渐走向成熟，也可以通过讨论的形式，以求认识的明确。

在写作方法上，也会经常出现一些共同性问题，如写影评，开始学生的写法基本上是先要复述一下故事情节。然后加入几句简短的议论，这是学生不懂影评的写法所致，我就利用讲评时间，介绍影评知识，朗读影评佳作。此后，学生的影评就大不一样。再如题材，学生觉得自己生活单调，阅历浅，没什么可写的，因此作文中的材料不是老生常谈，就是干巴巴的。我利用学生杂记的例子说明我们"不是缺少美，而是缺少发现"。我归纳了几种学生杂记的题材类型，旨在引发学生的创作思路。

如读书型（如：《我读鲁迅》《读〈江淮无后方〉有感》）、知识型（如《一种新的世界观》《计算机病毒》）、新闻型（如：《市场面面观》《菜场一瞥》）。学术型（如：《论薇芜君》《如何开发岛屿经济初探》）、影评型（《伟大的温柔评〈烛光里的微笑〉》）娱乐型（《围棋》《听齐秦〈大约在冬季〉》）、游记型（《普陀山一条街见闻》《再游慈云庵》）、记实型（《军训日记》《搬家的风波》）、描述型（《三外公》《八月桂花香》）随笔型（《雨天随笔》《由学生造句想到的》）、琐忆型（《小时候》《忘不了她》）、家庭生活型（《给孙大圣的信》《月球见闻》）、童话寓言型（《电话奇遇》《铅笔盒的回

忆》）、抒情型（《风的随想》《暴风雨之后》）、书信型（《给老师的
一封信》《致姐姐》）、小说型（《风雨中》《红鼻子作家》）、杂感型
（《"厌学风"背后的沉思》《吵架的学问》）等等。以上说明学生的
题材范围还是有充分开拓的领域，通过介绍和说明，对打开学生的
眼界，起到一定的作用。

（2）对比性讲评。每次以两篇同类杂记作比较性分析，使学生
在比较中学会鉴别，掌握写作的一些基本规律和表现方法，通过同
一题材或同一文体在立意、选材、结构、语言、表现手法等方面的
差异，寻求两文高下优劣的原因，既使学生熟悉了相互比较的方法，
又使今后的写作有了借鉴的例证。

如同样以农村生活为题材，《乡村巨变》只是浮光掠影地写农村
面貌，立意肤浅，角度落俗，对人物的描写也只停留于表面。而
《小李婶》则生活细节丰富，人物有血有肉、丰满生动，语言也很个
性化。两位作者虽都出生于农村，但观察事物的粗细、提炼材料与
思考问题的深浅却大不相同。又如同样写游寺庙，《普陀山一日游》
仅写了一天的游历过程，而记叙描写无主次详略之分，甚至把在旅
馆里收看电视的内容也作为游记的一部分，感受肤浅，落笔随意，
完全是记流水账；而《再游慈云庵》一文则不同，开头先交代以前
游庙的感受，"游了那么多庙宇，见到的佛爷却如一人，难怪乎"天
下和尚是一人"，再加上拜佛必烧香，烧香必捐钱，着实令人生厌。
再写本次游庙的心情、原因，这次游庙本不想去，但那儿几位深受家
庭"教育"，考大学心切的"仁兄"，硬拉软磨，就被逼上山。既有
独到的心态描写："正赶上和尚诵经，几位仁兄居然神情肃穆，可谁
也不肯先磕第一个头，不知是哪位仁兄，故意摔一跤，混乱间匆匆
磕了个头，嘴里咕哝了几句，便逃也似地避开了，引得我们哄堂大
笑"；又有细致的环境和语言描写。而最后下山时的心理交代和议

论，起到了点题深化的作用，"几年前这里还是荒山野庙，现在却游人如织，香火辉煌，我总觉得那粉饰遍地的土黄色，似乎是一种沉重的压力，压得我喘不过气来。"如果说人们从高山峻岭中感到一种美，那我从这里感到的是一种危机。语气沉重，发人深省，全文结构紧凑，表现多姿，立意独到，上下两文分析对照，优劣自辨。

（3）典型杂记的讲评，每次选择一篇具有典型性、代表性的杂记作细致分析、讲评，选择的杂记可以是佳作，可以是病例，也可以是优劣参杂，却有代表性的杂记。好的杂记通过分析，起到示范作用；有毛病的杂记，指出弊病，"以引起疗救的注意"。优劣参杂的杂记，好处说好，坏处说坏，修改弥补，臻于完善。如文章短小可刻印给学生，师生共评，这种师生一起"解剖麻雀"的方法，往往比学生自己写一篇更有收益。

2、学生讨论、讲评。讲评的目的，主要是指导学生的写作实践，教师的讲评，虽然也能起到指导的作用，但总的来说，学生还是被动接受。教师的观点、分析方法是一个教师思考的结果和水准的表现，学生只有亲身投入讲评和讨论的实践，用独立思考去发现问题、分析和解决问题，才真正做到还理论于实践，在实践中培养能力，真正体味创作与思考的乐趣。

（1）杂记讨论会。每学期选择一二位在杂记写作中颇有成绩的同学的杂记，挑选若干篇有代表性的印发给学生。然后围绕几个议题进行讨论。也可以选择同类题材的若干位同学的杂记，围绕某类题材的文体特点进行评议，从中加深对某一题材在写法上的把握，如《包洁琼家庭生活型杂记讨论会》。下面以《毛卫红杂记讨论会》为例。作一些具体说明。

毛卫红同学平时写作基础较好，杂记写作比较有特色，并已有数篇见诸报端。她杂记的总题叫《海阔天空》意即力求其杂记取材广泛，写法自由。她的每学期杂记都编写目次、后记和内容提要。我在开讨论会之前，把她五十一篇杂记目录和《冬天的故事》《胖子和苍蝇》等五篇杂记誊写或刻印给学生。讨论会之初，先由毛卫红简介《海阔天空》写作的一些背景材料、写作设想、过程、体会及对其杂记的评估，然后请"四人小组"（前后桌四位同学组成）的组长前来选取我根据毛卫红杂记的特点设计的六个议题，每两组讨论同一议题，以便相互补充，又能比较出见解的深浅。这六个题目是：a、谈谈毛卫红同学杂记的语言特点 b、从毛卫红杂记目录和所印五篇杂记，看她的题材类型和选材方法 c、如何评价毛卫红五篇杂记中所体现的主题思想 d、评毛卫红笔下的人物 e、谈谈毛卫红的描写手法 f、谈谈毛卫红杂记的若干欠缺和我们的期望。要求在评析过程中，结合五篇杂记适当举例。并指定一组作总结发言，用 10 分钟时间供大家阅读讨论，组长收集意见，组员准备补充。在这段时间里，各组可以派人向毛卫红询问有关写作细节，每两组发言结束，教师作适当点评，最后留出作业：选择毛卫红的某一篇杂记，写一段评语，讨论会气氛热烈，发言者集思广益，分析细致深入，因两组讨论同一议题，形成竞争态势，所以每个成员都有压力和责任感，水平发挥超乎寻常。

（2）热点、现象讨论会。社会生活中会有很多热点、现象令人关注，如"托福热""三毛热""卡拉 OK 热""股票热"等等。由于影视、报刊的宣传和传播，这些热点也成为中学生们经常议论的话题，而且很自然地反映在杂记中，如何正确认识这些现象，把握当前人们的各种心态，使学生了解社会，提高认识能力，我们想通过热点讨论的形式，达到教育、教学的目的。

试以"毛泽东热"为例。近年来，"毛泽东现象"成了人们经常谈论的热门话题。大学生中的毛泽东思想研究会，影视中的毛泽东形象，书刊中的毛泽东传记，居室车厢里的毛泽东画像，街头巷尾的"红太阳"乐曲……形成了声势浩大又相当持久的"毛泽东热"。中学生对毛泽东的过去了解不多，在这股热潮中他们只是出于新奇或凑凑热闹的心理，为了使学生懂得那段历史，引导学生正确评价历史人物，我这样安排讨论会的内容：首先，我指定在杂记中谈论过毛泽东的十位同学，分别按以下 10 个题目从不同侧面介绍毛泽东：（这些题目学生在杂记中都有涉及）（1）毛泽东的青少年时代（2）毛泽东的爱情与婚姻（3）毛泽东的道德与文章（4）毛泽东的功与过（5）毛泽东的家庭与中国革命（6）毛泽东轶事（7）毛泽东的个性与爱好（8）毛泽东的人际关系（9）毛泽东与抗美援朝（10）毛泽东与文革。介绍过程中同学们按见闻所及可适当补充，然后以《我心目中的毛泽东》为题作即兴发言，谈对毛泽东的认识和看法。教师作好小结，最后以《红太阳盒带及其它的效应好不好》为题，开展辩论。以上形式，想以提高学生的思想认识，开拓知识面为目的，结合杂记开展讨论，并通过对某种社会热点的讨论与思考达到某种共识所作的一种尝试。我想，它的成效可能比一般性的讲评要大一些。

（3）杂记小报讲评会。每学期要求学生选择自己杂记中的佳作编写 1－2 篇杂记小报，然后将杂记小报展览出来，供大家阅读评论。在讲评课，要求大家围绕小报的内容与形式展开讲评，针对某一张小报亦可，全班综合性分析亦可，要求目光敏锐，有独到见解。

如有位同学以独特的眼光发现了一张题为《求知》小报与众不同的特色。她在讲评中读到这张小报的七篇文章无论描写、抒情、议论，总带着深刻的思考，写《落日》，看到太阳柔和的光线，她写道："真不敢相信，照在撒哈拉大沙漠上的正午的太阳就是它，这就所谓的"多重性格"吧。又想到日出日落本是一样，只是人们的视角不同而已。她还从日落中体味到人生的不满足，从自然现象联系到社会、人生的哲理，表现出作者的独特视角和深沉思索。写《"反思"的反思》，她写出了这样深刻的见解：如果反思仅仅是责难。反思又有什么价值。反思的目的是为了前进，否则，反思便是一种危机。"如果一味在埋怨中度过，则后人又将为我们而悲哀了。"见解新鲜，思考深入，写《我的同桌》除生动的细节描写外，还这样思考："一个人仅仅没有坏心眼，那是远远不够的。"在《天空和我》中她感到"一种能一眼看透的东西，又有什么价值可言"等等。这种从一个角度深入解剖，抓住特色，细致分析，对学生写作是颇有启迪的。

3、学生自评。评论别人的杂记是一种眼光，而评论自己的文章需要另一种眼光，如何把评人与论己结合起来，把写作与思考、理论与实践结合起来，真正做到在落笔前胸有成竹，落笔后居高临下，能够用成熟的、老练的眼光审视自己的习作，我想，学生自评杂记，不失为一种值得尝试的途径。

（1）解答提问式。学生中有一类杂记写得较有特色和个性，但学生见仁见智颇有争议。这类杂记可以通过讨论来加深学生思考，又有利于写作的借鉴。而由作者来当场解答学生的提问，是另一种讨论的形式，颇受学生欢迎。通过问答，一方面使我们了解到作者对写作的思考过程，同时又引导学生正确掌握评价文章的尺度和方法。

如《完人》这篇杂记，反映的是军队题材，有一个长年管食堂财务的老幺叔，眼看第二年妻子就可以随军了，孩子的农村户口也可以得到解决，却不料当年秋天的转业中有他的名字。被家室拖累而穷怕了的他，不顾一切地大闹团部，而当上级考虑他的表现和实际困难，划去了他的名字以后，从不沾酒的老幺叔又哭又叫，大骂自己丢人，然后悄悄背起老棉絮回家去了。第二年在民兵实弹训练中，老么叔为了保护民兵而光荣牺牲，而当部队整理他的先进事迹的时候，发现他曾挪用过公家的一百斤大米，对这篇有争议的文章同学们在讲评课中向作者提问：（1）本文的格调是否太低，部队中难道有这种灰色人物？（2）本文的主旨是什么？是歌颂还是揭露？（3）本文有无典型性，我们应向本文学习什么？本文作者利用自己部队生活的见闻（作者为部队子弟）和自己的一些思考，较好地回答了这些问题，对涉及部队的一些现象和社会上对一个人物评价的弊端，客观地表达了自己的看法。

另如一女生，在两个学期的杂记中，以连戴形式写了一个言情中篇《风雨中》，字数达2.7万。从故事情节、人物心理描写等方面看颇具特色，而且具有较强的可读性，当然故事是虚构的，模仿的痕迹较深，不少学生向她提出"你的心理描写如何能写得这样真实曲折"等等问题。在她回答了同学的提问后，我作了一些补充：（1）作者能够写出这样一个故事，且文笔流畅，颇有特色，说明作者有一定文学才华，如能坚持，是可以有所成就的。（2）中学生还是以表现自己熟悉的生活为宜。（3）写作基本功的训练，还是从短文入手为好。（4）发挥自己的优势，且不断吸收创新，通过这种形式的探讨，使学生能够互相取长补短，澄清写作上的一些基本问题。是有利于杂记的写作和思考的深入的。

（2）自我评估式。选择若干水平中的同学，按自我评估要求，事先作些准备，然后按下列程序进行评估：（1）按一定要求对自己的杂记估分。（2）说说自己杂记的优缺点，并说明理由。（3）谈谈如何修改，朗读修改后的杂记。（4）师生补充评估意见。这种方法对学生写作态度的端正和自我认识能力的增强较有帮助。

（3）经验介绍式。约请杂记写作突出的同学谈谈写作杂记的体会经验和自己杂记的特色。同同学之间社会阅历、生活经验、学识水平相近，容易吸收和借鉴，能够触发学生的写作积极性和创造性，而且当场现身说法，以例为据，颇有启迪作用。

一位同学以写作家庭生活型杂记见长，杂记生活气息浓，细节生动、构思独特，她介绍了自己如何去观察生活，发现题材的经验。她认为自己最重要的是热爱生活、热爱家庭，并善于从普通的生活琐事提炼出蕴含深刻的主题。如《外婆的鞋》是从自己与妈妈为外婆买鞋这一桩小事中发现了一个生活的道理的。买外婆的鞋可真难，她要求苛刻：要便宜、要实惠、又要舒适。结果跑了十几家鞋店还是一无所获。后来终于买到了一双灰色旅游鞋。这双鞋其他都合适，就是多了两条红边，外婆起初说什么也不肯穿，后来把红边涂黑。外婆才答应穿。开始出门，外婆老低头瞅那双鞋，觉得很不自在。日子多了就习惯了，而且当红边又露出来时，外婆再也没把它涂黑。这样的事情，平时尚不留心，是容易溜过去的，我把它抓住了，而且加入了自己的思考，又如《家庭三重奏》写打扫家里卫生。我和姐姐把家里的破烂全搬出来，扔到一边，母亲来了，把破烂分成两堆，要的和不要的，奶奶来了，又把母亲不要的东西都捡回去了。本文从家庭琐事着笔，写三代人的不同观念，以小见大，反映社会时代的变迁，是自己生活和思考的结晶。像这些同学通过对自己题材的来源，对生活的思考和特色的介绍，给人以很大的启发，他们通过现身说法，以例为据谈生活、谈思考、谈写作基础的培养，谈表现手法的借鉴，深入浅出，平等亲切，给同学以生动的教益。

刍议 96 高考作文题兼论高考作文的"立法"

    对于今年的高考作文，据参加过阅卷的老师反映："能用比较写成画评的文章不多，而能从欣赏角度对漫画的内容形式说出点道道来的作文就更寥若晨星。"据此，有的老师就批评考生缺少艺术、文学修养，缺乏漫画创作的基本知识，美学知识，文艺理论等，缺乏应有的理解力、思维力、想象力、理想力和开阔的知识视野。

    诚然，一次高考作文的失误，确实应该从学生方面找找原因，以便今后使学生加强学习，提高各方面素质；但是，一道作文题能按要求完成者"寥若晨星"，大部分学生"试图比较，但不知比较从何下手"，难道这种现象是正常的吗？难道我们不可以从出命题身上找找原因吗？

    作为一名高中语文教师，在多年的教学实践中，感受最深的一点是，我们这门学科"吃力不讨好"。个中原因我想不全是学科本身的问题，主要还是高考"指挥棒"作祟。高考不考课文，所谓的"大语文"，范围那么广，怎么复习？所以教学只能"捕风捉影"，不能对症下药，高考复习成了"无纲"、"无序"、"无趣"、"无底"的"四无作业"。高考作文亦是如此。随意性、模糊性操作，使作文指导成为无目标操练。命题者与教学者所做的游戏是"捉迷藏"，而这个游戏的胜利者一定是命题者，因为"谜底"永远找不到，而教学者明知结果会怎样，但还是那么兢兢业业、亦步亦趋地"找"，真是难为了他们了。我认为这种现象是不符合教学规律的，也极不符合语文教学的发展和改革方向。

今年的高考作文题就是随意性操作的"杰作"。对两幅漫画进行比较，其不合理性有三：

1. 1983 年高考出现过对漫画作评论这样的作文题形式，今年的作文题表面看起来与那次类似，但审题的难度却大不相同。"挖井"一文，题意的认识虽有难度，但符合学生的认识水平，可从学习、生活中找到例子与之对应，题意的把握可做到一步到位。而今年的作文题须对漫画作两次审题，而且每一幅都要经过两度认识的步骤：从医疗事故推及到医务人员不负责任的工作态度，再从医务工作联想到社会上缺乏职业道德或缺乏正确的是非观等种种弊端。而且这种社会现象与学生的生活和认识水平存在着相当的距离。难怪学生会犯"辨不清文体""看不准或看不懂画意""错解题意"等毛病。

2. 漫画作为一门独特的艺术，具有自己特殊的创作手法和表现手段。它常常运用夸张、变形、以小见大等手段来表达自己的思想，达到讽喻社会弊端的目的。因此，它比起一般写实性的绘画来更具有曲折性和思想内涵。所以好的漫画要把握它的题旨须经过读者的一番思考才能体味到它的意蕴。而如考生因缺少一定的生活经验和社会阅历，对漫画内涵的把握具有相当的难度。而从艺术角度来讲，要考生懂得漫画创作的基本知识、美学知识、文艺理论等，就更不切实际。即使是中文系，也难将文学、艺术等学科的所有知识全部精通。

3. 要求考生从漫画的构思立意、画面布局、夸张讽刺手法的运用、作者情感的表达、漫画的社会效果等方面作比较，同样不符合学生的实际。即使是对一幅漫画作评论，也具有一定的难度（83 年"挖井"一文就已有不少考生离题），而两幅漫画的比较，则更超出了考生的实际能力。依我分析，两幅漫画思想意义是基本相同的，因此，作比较的重点是要放在艺术手法的区别上。而哪一所中学开设过漫画教学的？显然是命题者的一厢情愿。另外，两幅漫画都有其独特的艺术魅力，只是在创作的风格上有所区别，一定要分出个高低上下是较困难的，这正如达·芬奇之于齐白石，你说孰优孰劣？

从考试的实际情形来看，本次作文题也是不尽人意的。考试出来，很少有几个考生对自己的作文有把握感到满意的。绝大部分是"吃不准""碰运气"。因此，这样的作文题很难准确反映一个考生的真实作文水平。另如，我所任教的 96 届高三毕业生李×，从小学到高中，学习成绩一直名列全校第一，高中三年，总是以各科总分高于第 2 名二三十分而名列榜首。语文是她的强项，且作文一直以思维敏捷、语言练达为师生所称道，有多篇作文发表或得奖。理应这样的学生高考作文没问题，但不料恰是栽在作文上，语文成绩竟没达到及格。这样的例子绝不是个别的。这种"优劣倒挂"的现象只有语文最为常见，难怪有人不重视甚至看不起语文。

为此，我提议，应该加强语文的"立法"工作。唯其如此，才能避免高考出题的随意性，模糊性操作，有利于教学工作的稳定性、有针对性和可信度。纵观这些年来的高考作文题 ，应该说大部分是好的，符合学生实际的。但也有一些不尽人意。如《习惯》，无文体限制，缺少对比度；《近墨者未必黑》太俗、太熟；"鸟的对话"，缺少实用性；今年的漫画对比太难等。所以，制订高考出题的尺度至关重要。我想主要从以下几个方面"立法"：

1. 有度。就是要求难易适中。既要紧扣大纲的要求，又要一切从学生的实际出发。在充分了解学生的知识、经验、能力和思想的基础上，有针对性地拟定题目，要努力做到让学生有话可说，有话要说，具体地说，作文范围应为多数学生在以往学习、生活中所感受、体验过，不超出他们的生活经验和思想层次。题目的主旨也应为多数学生所理解和把握的。不要怕题目不难不偏就会影响高考的选拔或容易让考生猜中。在考场这个特定的环境中，常规题目才能让多数学生水平发挥正常。丰富多彩的社会生活是作文材料取之不尽的源泉，哪能轻易猜中，何况即使猜中也不一定就能写好。以上所述无非是强调作文题目不要故意地给学生审题设置种种障碍。因为审题这一关牵连着全文的成败，而作文水平的优劣主要的还是要看它的构思、分析、语言、所以仅从一次审题的失误不能断然肯定该生的作文水平差。

2. 有范。就是对作文的内容和范围有一定的规定。就高中学生的思想认识水平和学识水平而言，我认为高考作文的范围应限制在学生思想认识方面。唯其如此，才符合学生的实际情况，才可能让学生感到有话可说。要竭力避免要求学生讨论那些专业性学术性过强过偏的问题，如艺术理论、艰深文言、法律条文、外交辞令、尖端科技、哲学论著、文学流派等等。高中教育毕竟是基础教育，高中学生掌握的是基础学科的最基本原理，最基础知识，所以要求他们谈论漫画创作、美学知识、文艺理论，岂不强人所难？所以，我认为高考作文要防止专业化倾向，不应讨论需要专业知识才能搞清楚的问题。

写作，归根结底，就是对客观生活，对事物的一种认识活动，写出的文章，就是这一认识的结晶。生活经验和思想认识方面的内容非常广泛，大到爱国，小到修身，林林总总，包罗万象。那些恰当的题目或材料不但可以从伦理、道德、人格、品质、心灵等方面，高扬真善美，而且可从处理具体事例或论述观点中看到学生认识、分析和解决问题的能力。同时，学生在写作上的审题立意，选材举例、叙述议论、谋篇结构、谴词造句等方面的能力也会生动地展现出来。这就为作文水平的评判提供了依据。在选编议论文题目的时候，我认为应特别重视那些能启发学生运用马克思主义的认识论、辩证法来分析和解决问题的思想方法。因为这是学生今后认识和解决一切问题的钥匙。

3. 有制。我认为高考作为应相对固定作文的字数、篇数和文体，"变"应寓于"不变"之中。相对固定的形式，对作文教学的稳定性、针对性，对发挥学生的正常写作水平，对增加历届作文的可比性、规范性，对提高学生的写作兴趣，克服侥幸心理，对加强学生的思想教育，无疑都起到重要作用。

根据这些年来语文教学界的积极探索，很多教师对以下作文形式基本表示认同。我认为可作为高考作文的固定模式。

（1）作文分大小两篇。（2）小作文，字数在 200 字以内，大作文字数在 600 – 700 字之间。（3）小作文 20 分，大作文 50 分。（4）小作文的文体宜灵活，如情境作文、说明文、对话、续写、片断描写、应用文、新闻书信等。大作文的文体一般应以议论文为主。为什么大作文宜写议论文？中学阶段记叙文和议论文是最主要的两种文体。从学生今后的发展看，记叙文除当作家外，一般能写通顺即可。而在高层次的教育、研究中，则主要运用的是议论和说明两种文体。而且，一个人思维水平的高低，往往能从议论文的审题、立意、论述、结体、语言等方面得到检验。高考是选拔性考试，从议论文的写作是能够检测一个人的思维水平的。

4. 有则。就是有规范的评分标准。因高考评分标准已相当完善，且已着手从立意、谋篇、语言等不同角度考察，然后进行综合评分，这里不再赘述。

创造性思维在作文创新教学中的运用

学校是培养创造性人才的重要场所之一。中学语文教学的作文训练为培养学生的创造性思维能力开辟了广阔的天地。语文教师大可充分利用这块宝地，多方面引导学生拓宽作文思路，提高作文水平，培养学生创造性思维能力。

一、培养直觉思维，提高观察能力

观察能力的培养，是作文教学的重点，也是培养学生直观思维的最佳途径。培养学生的观察能力，就是提高学生的生活感受能力，如何指导学生形成这种感受力呢？我以为主要应该把握以下五个环节：1、观察前要有明确的观察目的、内容，要确定合理的观察顺序、方法。2、观察时要做到边看过听，边看边记，边看边做，特别是边看边想，使思维积极参与活动。3、观察必须细致，不但要亲眼看，而且要深入看，看外表，看底里，反复比较，反复追寻，反复思索。4、分清观察的主要现象和次要现象。观察时，不仅要观察奇特的、有趣的，更重要的是观察主要的对象。5、要启发学生，"把它的现象只看作入门的指导，一进门就要抓住它的实质"。要善于系统总结观察的结果以及各种变化之间的联系，通过分析对比，归纳综合，提高到本质与规律上来认识。掌握这个观察环节，经常以敏锐、新颖的视觉观察客观事物，往往就会有所创新，学生的直觉思维也会在创新中得到较大提高。

二、培养求异思维，提高独创能力

生活丰富多彩，是写作的源泉与活水。语文教师可因时制宜地引导学生观察生活，不仅要动用视觉、听觉、嗅觉、味觉和触觉等细品客观外物的表象，而且要动用心思滤出事物的本质，以求有独到的发现，能写出新颖的内容，反映深刻的主题。即使写身边的平常事物，也要力求挖掘出其属于本质但有别于常人所写的东西，达到标新立异。例如有一位同学以常见的乌云为题材，在《乌云的联想》中写道："……乌云带来暴风，暴雨洗涤大地上的污垢，雨后大地洁净无比，壮丽河山更加妖娆……万物生长靠太阳，但也缺不了水。乌云虽然丑陋，满身乌黑，但它给万物提供水分和生机，为大地创造生命与财富。我要高声赞美那些外表丑陋就像乌云那样外表不美但心灵、行为美好的人们！"如此立意，有独到之处，情感也十分真切。这是学生创造性思维的火花。

三、培养发散思维，提高联想和想象能力

黑格说："最杰出的艺术本领就是想象。"想象可以弥补和突破作者的种种局限，将可以联想到的宇宙万物的各种表象，无论古代的、当代的、天上的、地下的、有生命的、无生命的，重新进行生动、新颖、独特的组合，化无为有，化腐朽为神奇，创造出一个别开生面的世界。想象能使我们突破传统观念的束缚，弥补生活经验的不足，把超现实的想象作为一种自觉的艺术思维来运用，从而使文思敏捷流畅，下笔纵横捭阖。想象可以使不同类的事物之间进行奇特的分解和综合，从而形成一种在现实中不可能出现的新形象。比如《西游记》中的孙悟空是人与猴的表象结合，白骨精则是恶妇与骷髅的结合，这样勇于突破自然事物的樊篱，建构崭新独特的形

象，从而更加深入人心，获得生动感人的艺术效果。思维的发散性，主要就是要产生新的思路、方法、程序、模式，由此物而联系到彼物，但在具体运用中，往往会受到思维定势的阻碍。如在写《助人为乐》中总是选用"扶盲人过马路"，"优秀生帮助后进生"之类的例子，甚至在某年以"顽强"为题的高考作文中，有位考生和他的父母开了一个大玩笑，说他的双亲在一次车祸中死亡，因此他不得不顽强学习。不知他的父母作何感想。另外有一位考生写他小时候不小心触电被锯掉双手后，进行顽强的拼搏，用脚写字的事。但据这个省的招办负责人说，这一年根本没有考生用脚写字。诸如此类的例子，屡见不鲜，主要是一种思维定势的问题。可见，创作中需要不断地走出平常，打破惯性，运用创造性思维，在文章立意、谋篇布局、艺术表现等方面推陈出新，标新立异，获得更高的起点，更完美的杰作。再举2000年高考作文为例，"答案是丰富多彩"，从题目看就打破常规，而考生的作文也真正做到了"丰富多彩"，柯素先生评价这套试卷是一份改革力度较大的试卷，尤其是作文，有发散性，创新性，它将激活当前中学作文教学陈旧的定势思维，而两极评分制的起用又会使一批有创见、有文采的文章脱颖而出，从而改变考场作文"千人一面"的局面。

四、培养变向思维，提高变通能力

变通力指的是能从多种角度、多种方向思考同一个问题的能力。在围绕中心写作时，顺向单一、思路闭塞写不下去或虽勉强凑合写了但内容贫乏的情形是时有所遇的。怎么办？另辟蹊径，让思维转个向：或把思维伸向与之相近、相反方向的领域以对比突出；或通过引述与之有关的故事、传说以增强情趣或借助与之有关的寓言、童话以开拓寓意；或联系与之有关的其他学科知识以丰富内容等。

作文教学研究

通过变向思维，不仅茅塞顿开，而且思路新颖，出人意料，给人别有洞天之感，甚至还能将有关知识连线成面，合面为体，形成网络结构。变向思维放得开，收得拢，常可运用散文的写作。如习作《榜样》，有的习作者由于受时间或空时的制约，"榜样"的所作所为未必都能亲眼所见，单靠正面描写内容就可能极有限。这时，便可转向进行侧面描写：或借着他人所见，或根据"榜样"所受表彰、所获荣誉等侧面反映；补充刻画，使"榜样"人物形象丰满。至于写景状物类游记，在直接描写景物之中插进与之有关的故事、传说以增强情趣，充实内容也是常用之笔。变向思维还可以运用于议论文中正面论证之后转向反面论证、比喻论证等，以及说明文中其他学科知识的渗透，多种说明方法的运用等。变向思维的运用，不仅会极大地丰富作文的内容，而且将有效地培养学生创造性思维的变通力。

五、培养辩证思维，提高缜密能力

缜密力是创造力的重要组成部分，它不断补充新概念，构思更完整，更严密。作文训练中可以引导学生运用辩证思维，讲究严密、准确表达，避免歧义，避免片面或绝对化。如就"勤奋与成才"的关系，让学生进行议论文写作训练时，提醒学生：论点要正确，论据应充分，论证须严密。并以"只要勤奋就能成才"与"只有勤奋才能成才"为充分条件与必要条件，让学生思考两者的严密程度。学生思考后发表见解：前者欠严密，如象矮个子人练跳高，尽管很勤奋，也难登冠军之台；腿脚不便的人更与跳高冠军无缘。因而否定前者为论点。类似这样的训练还可以在作文讲评时摘举习作中的正反例子让学生思考并各抒己见，明辨是非。这样便会促进学生在写作时重视辩证思维，严密表达，避免疏漏，从而增强思维的严密性。

实践证明，教师如能有意识地进行多方面因势利导的作文训练，必须有效开拓学生的作文思路，提高学生的作文能力，并且培养其创造性思维能力，这对他们未来创造力的发展将起到积极的作用。

总之，我们在作文教学中，要充分发挥学生的主观能动性，自觉进行创新学习，从而培养他们的创新意识、创新思维、创新能力，进而提高学生的综合素质。

新课标与作文教学

一、作文教学的现状

现状一：学生书写能力差，卷面马虎。其原因：一是学习负担重，时间紧，没有耐心写好字；二是老师要求不严，指导不力。

现状二：写作"无米下锅"，文章语言干巴，内容空洞。绝大部分中学生阅读面狭窄，整天被困与数理化的题海之中，无暇光顾优秀作文及文学作品；一些家长甚至老师不准学生"读闲书"、看电视，扼杀了学生读书和"猎奇"的途径和兴趣，造成学生大脑贫乏。另一方面，学生的生活相对单调、枯燥，也是其中的一个原因。很多家长认为只要孩子读书好，其他一切都可包容。所以，有些学生虽然有着数理化的大脑，但对待社会人生的认识，却幼稚得很，言行举止还停留在小学阶段。所以，要求他们的大脑产生深刻的思想和丰富的表达就很难了；写起文章来总是重复一些小学、初中用过的陈谷子烂芝麻，毫无新鲜感，且思维层次停滞在幼稚阶段，对一些现象、观点不能进行深刻透彻的分析，没有自己的独特见解。文章语言干巴，内容空洞是情理中的事，这是作文教学中的一个瓶颈。

现状三：教师指导不到位，带有随意性，写作的序列性不强，写作的次数过少。作文教学中，常常会见到这样一种令人担忧也令人深思的现象：在每学期初制订教学计划时，其他学科的计划性比较强，只有语文科中的作文教学计划，只是粗粗地计划写多少篇，至于写什么，怎么写一切都不甚了了。更为严重的是，这种现象还不只是个别学校。于是，教师"脚踩西瓜皮，滑到哪里算哪里"，什么时候想起来写就写，或者是什么时候备课没备好，就改上作文课，还有时候是看到一个好题目就心痒痒也来写写。诸如此类，不一而足。一个学期写五六篇作文的有之，只写三四篇的也有之。有的教师想，作文教学反正大家都差不多，没有什么灵丹妙药，写来写去提高不了多少，还是弄基础知识题比较容易得分，于是，作文教学也就放任自流了。作文教学的随意性与无序性已到了非常严重的地步。作文教学的无计划无系统必然导致教学的高耗低效甚至失败。

现状四：作文批改粗略，评语笼统空泛，千篇一律；作文讲评简单，指导不得要领，流与形式。出于作文教学功利性的目的，于是，从初一到高三，话题作文一统天下，甚至，连小学生也开始出现话题作文了。由于话题作文的一统性，必然导致作文讲评的反复性。学生重复联系，教师重复讲评，教师讲来讲去就那几点，学生练来练去总感觉是在原地踏步，没有提高。翻翻学生作文的评语反反复复总是"不符合话题""文体不明""语言较有文采或语言比较枯燥乏味""结构清晰或结构不合理""叙写生动或缺乏生动传神的细节描写""论述思辨性较强或论述不够辨证"那几条。至于如何才能做到文体分明，不同的文体有哪几种基本的结构，具体写法上应注意写什么等等，则缺乏专门的指导。

现状五：中考和高考作文评分的模糊性和不准确性，也导致中学教师对作文教学的不重视。中考或高考批卷的教师，因作文数量多，批改时间紧，作文雷同卷多，加上部分新手，批改经验不足，所以，出现部分作文卷评分不准，相当一部分出现"趋中"现象。使作文好坏难分，距没有拉开。损害了部分教师加强作文教学的积极性。当然，出现话题作文这种形式后，学生因审题失误而导致作文"翻船"，或者平时作文佼佼者在考试作文时意外"落水"的现象，则大大减少了。而作文的总体评分比过去较为准确了。

现状六：教材的作文练习部分，一是缺乏有新意有内涵的新题设计，都是什么"我的老师""难忘的假期生活"之类；二是从"感受生活"到"思考生活"，再到"想象和联想"，"再现客观事物""表现主观情感"等，与学生的生活实际脱节，（有同学说，我对社会生活还不能像成年人那样拥有比较全面的认识，"感受生活""思考生活"谈何容易？而且两者也没有多大的区别，写作时还是一头雾水，无从下手又深怕离题。）缺少鲜活的事例和入情入理的分析，分类存在机械和教条的倾向。使教师的教学难以直接取用或拓展，存在一定的难度。

二、语文新课标对我们的要求

新课标的出现，是冬天里的一把火；是黑夜里高悬的一盏明灯；它为语文教学找到了力量的源泉，为语文教学指明了前进的方向。新课标关于作文教学的意见，不仅概括了最新的作文教改成果，而且较为准确地概括了写作的本质和规律。每一处表述都会让人有茅塞顿开、柳暗花明般的兴奋。

"为学生的自主写作提供有利条件和广阔空间，减少对学生写作的束缚，鼓励自由表达和有创意的表达。"看起来，这是"关于写作"中的一段简单表述，其实，正是写作教学全新的理念呈现。

1、自主写作。新课标中，"自主写作"被作为一个核心概念提了出来。如果不是我们的社会已经初步确立了文明、民主与法治的方向，"自主写作"这个说法就不可能得到认可。"自主写作"是对传统的"被动写作"、"为别人（老师）写作"的一种否定，是对写作功利主义的一种否定。"自主写作"强调写作是学生自己的事，是生活学习的需要，是成长和发展的必需，是生命运动的重要组成部分。如同人要吃饭、睡觉一样。学生一旦形成了独立写作的意识和习惯之后，我们还愁学生的作文能力不会提高吗？"自主写作"为写作主体正名，恢复了其本应有的地位。与之同时，把教师从越俎代庖的支配地位上请了下来，回到自己引导、指导、帮助的本来位置上。

在"自主写作"有了市场之后，教师应该做的只是为写作主体"提供有利条件和广阔空间，减少对学生写作的束缚"。

"有利条件"首先是让学生的作文有话可说，不要用命题限制学生的表达；其次要对学生自己的独特感受和体验予以尊重，对学生富有个性的表达予以尊重，不能以己律人；再次要尽可能提供表达和交流的情景，让学生在具体氛围下，尽情地表达和交流。"广阔空间"，一方面是生活的空间，学生总是"三点一线"，是难以关注校园以外的风景的。把学生从狭窄的课堂和繁重的课业负担下解放出来，使他们走向大自然，深入社会中，去观察、体验，增进人生阅历。另一方面是阅读的空间，总是非考试书不读，而不能走进阅览室，亲近名著、报刊，是无法写好文章的。要想方设法使他们有时间走进图书馆，好读书，读好书，扩大视野，增长见识，丰富素养。"世上几百年旧家无非积德，天下第一件好事还是读书。"阅读品位决定写作的品位。再一方面，要激活他们的思维，挖掘他们的潜能，放飞他们的心智，让他们用自己的灵魂与世界对话，与自然对话，与大师对话；与同辈沟通，与师长沟通，与自己沟通。

2、自由表达。与"自主写作"相关的又一个核心概念是"自由表达"。要实现"自由表达"，第一个前提是"减少对学生写作的束缚"。写作的这样那样模式和套路是束缚，让孩子写成人的话也是一种束缚。从某种意义上来说，命题作文这种题型也是束缚，文章写成后一定要由教师来评价也是一种束缚。千万不要用形式的东西去束缚思想的自由表达。形式是由内容决定的，作文只要言之有物，表达真情实感，即使与教师的意见不一致，也应该得到肯定。第二个前提是要营造自由表达的氛围。儿童涉世不深，社会化水平不高，常常说一些幼稚的话语，表达一些富有儿童情调的心境，甚至是儿童思考所得的观点意见。这正是儿童天真无邪、憨态可掬、童趣洋溢的表现，更是童言无忌的体现。教师不但不能随便否定说"不行"，而且还要热情鼓励，充分肯定。给学生提供宽松、民主的土壤，逐步引导学生树立"真实、真诚、自然地表达自己"的观念。第三个前提是充分尊重孩子的个性化表达。据专家们研究，学生有两套语言系统，一套是"正经"话；一套是与伙伴们交流的悄悄话，即伙伴语言。我们必须努力沟通两套语言系统，让规范性的语言与富有个性的、生动活泼的伙伴语言结合起来。当然，首要的前提是尊重孩子个性化的表达。

3、有创意的表达。"自主写作"与"自由表达"的必然结果是学生"有创意的表达"。只有确立了学生写作的主体地位，才能期望"有创意的表达"的出现；只有真正做到"自由表达"，才能实现"有创意的表达"。每一个孩子本来就是一个诗人、一位画家，他们眼里的世界如诗如画，他们对世界的表达肯定是个性化的、有创意的。可惜由于更多的成人的干涉，使得孩子们一天天失去了诗情和画意，这是教育的悲哀，也是民族的悲哀。作文教学一定要激发学生创新的勇气。让学生在习作中自然而有创意地表达自己。孩子虽小，但随着他们自身的成长，他们对许多事情已经有了自己的想法和见解。可他们为什么不习惯用自己的语言表达出来呢？主要是怕别人笑话，怕没有价值。其实，一切独立思考的成果都是有价值的，即使幼稚；因为是属于自己的，也就具有了他人的思考不能代替的独特价值。因此，我们应当大力倡导孩子在作文中多写"我想""我认为"，当孩子说出有创意的话时，要用"这是你的""这是你的独立创造"等话语来鼓励，久而久之，孩子就会养成有创意地表达的习惯。

写作，是成长的珍贵日记。成长的过程越曲折，你的文章就越有波澜；成长的阅历越丰富，你的文章就越充实，苍白的人生写不出斑斓的文章。写作是性灵的自然流露，思想的表达不需要程式；写作本应该文如其人。写作，是对生活的一种审美，写作的过程就是对生活的审美过程。作文，是表达对生活的一种认识和评价，是表达一种审美感受。写作是一种对话。写作的过程就是与自己、与他人、与社会、与自然的对话的过程。在写作中理解生活，在写作中认识社会，在写作中发现自己，在写作中走向崇高。在这种认识、审美、对话的过程中，让每一个写作者充分发现自身的价值，积累思想，升华自我。写作，更是一种创造。写作的过程就是思想酿造的过程，像蜜蜂酿蜜，采的是花粉，酿出来的是蜜。写作与做数理化试题正确答案只是一个正好相反，永远是一千个作者就是一千个解答，就是一千个心声。我们的作文教学就应该更多地为中学生提高创造的园地，让他们成长为千姿百态、摇曳多姿的创造之苗。

三. 对落实新课标精神的思考

新课标终于出台了，于是万众欢欣，认为语文教学的春天终于来到了，桃红了，柳绿了，瓜果飘香的季节不远了。其实，这不过是我们的一种美好的理想。新课程标准的颁布与落实之间仍需要一个过程，新课标的精神、理念要转化为实践不是一朝一夕就能完成的，这是一项系统工程，涉及方方面面。新课标的颁布，可以说只是刚刚迈开了"万里长征"的第一步。

1. 目标与现实之间的差距不能实现零距离。这次新课标的颁布，可以说是揭开了新中国成立以来的第八次基础教育课程改革的序幕。本次课改与历次不同，确立了鲜明的课改理念和最高宗旨：以学生发展为本，一切为了每一个学生的发展。把促进学生的发展作为教育的目标和方向。这一点是值得肯定的。因为它摒弃了以往过分强调语文课程的政治价值，为政治服务；也不再是单一注重传授知识，强调语文课程的应试价值，为应试服务。然而，这标准、理念固然不错，至于如何发展，在教学过程中能否落实，还是个疑问。一是社会上的某些观念，并没有与语文课程改革的理念同步，如"学科教学要进行德育渗透""文道并举，文以载道""语文教学要把德育放在首位"等等，这样的高调还未完全废止；二是作为人才选拔的中考、高考制度依然存在的情况下，人们只有慨叹"人人都说新课标好，惟有中高考改不了"。中考、高考指挥棒的存在，使新课标的实施步履维艰，因为应试的功利性是与课程改革的目标相矛盾的。你去搞"人文性"，你去讲"个性化写作"，"自主写作"，"自由写作"，到头来，你在中考、高考中，连审题这一关也过不了，更不要说围绕主旨展开叙述和议论了。三是一所学校如果上下思想不同步，数理化与语文不同步，新课标的精神仍然不能得到落实。大家知道，语文虽说属于"三大科"，但其实在一所学校的地位还不如"三小科"（理化生），原因何在？理科赚分容易。语文搞得要死，见效甚微。这正是语文有人文性。如果语文只讲求工具性，那么语文教学不至于这么"悲惨"。其次，数理化作业与语文作业的批改量很不成比例。就一份高考试卷来说，两个班的数学试卷三四个小时就可以搞定，而语文最少也要两个工作日。现在的情况是，出题的教师不改试题，语文试题越搞越复杂，改起来就更加麻烦了。在这种情况下，数理化按兵不动，语文课改怎能成气候？四是社会、家庭的评价标准。他们的思想观念不从应试教育的怪圈中脱离出来，还是惟分数是重，那么，你实施新课标，肯定得不到支持和赞赏。所以，要落实新课标的精神，不仅需要语文教师的不懈努力，还需要大环境（社会）和小环境（学校）形成共识，齐心协力方能奏效。这是一个长期的过程。

2. 教学观念的转变和学习方式的变革不能一蹴而就。在这次教改中，许多人也意识到作为课堂教学一方的教师的重要性，因而把"转变教师观念"放到首位。我们应该知道，观念不是人固有的，是长期受社会、环境、他人、书本及自身素质的影响，逐步在人的头脑中形成的，因而它的转变也不是一个指令就能纠正过来的，而且这还牵涉到具体的人对外界变化的适应程度。所以不能将教师当作孙悟空"让变就变"。

而对于学生，新课标中也多次提到"要倡导自主、合作、探究的学习方式"作文要"鼓励学生自由表达和有创意的表达"，有的老师呼吁"张扬学生的个性""放飞他们自由的心灵"，意思再好不过，但我们要看到，我们的许多学生从小就是被"灌"大的，就好比"笼养的小鸟"，突然要将它放飞，有的小鸟根本就不愿出笼，有的小鸟出去又飞了回来，最惨的是有的飞出去却因不会觅食而被饿死。

另外，新课标刚刚颁布，就听到全国各地涌现出许多代表新理念的"观摩课"，五花八门，其中，也有成功的课例，体现了新课标的精神，但我认为这是教师和学生长期探索、实践的成果，新课标只是给了他们展现的机会；并且这样的成果不是每一位教师可以通过一两节观摩课得来的，更不能不顾自己的学生的实际，一味地去"东施效颦"。过程，是事物发展变化的连续性在时空中的表现，所以应该给广大师生以足够的时间和空间去转变观念，变革学习方式。

3、新课标也有某些不够完善的地方。在前面我们已经提到，新课标关于写作部分有这样的文字表述："为学生的自主写作提供有利条件和广阔空间，减少对学生写作的束缚，鼓励自由表达和有创意的表达。"这里面教师的作用是什么？一是为学生自由写作提供条件和空间，二是鼓励学生自由表达和由创意表达，三是减少教师对学生的束缚。很显然，这里强调教师尽量不要参与学生的"自由写作"，以免束缚学生的思维。至于提供和鼓励都是旁观者的行为要求。那么，学生作文要不要教师指导？很多教师写文章，也是要么从学生的角度来谈，"袒露发乎心灵的真情，张扬个性化的认识感悟""挣脱'定格'的樊笼，在自由的天空放飞思维之鸟""摘下语言的伪圣面具，熬制个性化语言的老卤"等，倡导学生自由思维和写作，一笔不提教师的作用；要么把教师的作用雷同于导游一样："引导学生走进生活，走进自然，积累素材""引领学生热爱自己，热爱生活，蓄积能量""带领学生品评艺术珍品，感悟创新之美"，闭口不说教师的在学生写作形式与内容上的作用，总之，它的意图是"作文不是教师教出来的"，让学生自由地去创，只要以"我手写我心"，发乎真情，传达了自己的内心感受和思想就是好文章了。这意思当然不错，有些名家就是这种观点。我的意见是作文还是要教师参与指导，否则，教材中也不要编怎样"感悟生活"，怎样"想象和联想"之类的知识短文了，这不也是指导么？另外，我们从实践的例子来看，有些自由文写得好的学生，不会写议论文，不会写实用文，考试作文文不对题的情况，普遍存在，这又说明什么？其次，新课标在前言中提到，语文要做到人文性和工具性的统一，但在学生写作方面，过分强调人文性写作，即自由写作，而忽略了工具性的写作的要求。人文性的自由写作其实就是一种文学创作的萌芽，它积极倡导学生进行文学性的写作，但生活中，人们大量接触的还是实用性的文体，有几个人会走文学创作之路？所以，中学教学加强学生文体意识，加强语言的准确、连贯、得体，加强思维的严密、周到，加强文章的思路和对命题的准确把握等等的训练，也是必不可少的，有时甚至显得十分重要。我们也不要把话题和命题作文的形式说得一无是处，好的话题和命题，也是关注社会、关注人生、感悟生活的，他要求学生对社会、对人生要有深度思考，对心灵要有真切触动，对事情要有正确选择，并在思考、触动和选择中悟出蕴涵的深意，讲出感人的哲理。因此，进行这样的作文训练，同样能提高学生的人文素养，提高学生认识社会、认识人生的能力，同样能充分表达学生的思想感情，我们为什么说只是束缚了学生呢？

四、作文教学改革"路在何方？"

尽管我们白璧指瑕，看到了新课表完美中的微不足道的斑点，或值得我们进一步探讨的地方，但新课标的先进性和方向性，毕竟为我们今后的努力指明了道路。它强调写作教学要让学生用真情实感表达对社会、对人生的独特感受和真切体验，重视培养学生的创造性思维，鼓励有创意的表述，为发展健康的个性，逐步形成健全的人格奠定基础。这些都是对我们今后的语文写作教学提出的领性意见，揭示了作文教学的本质规律，从培养人、解放人的高度着手，具有高瞻远瞩的目光和力挽狂澜的气魄。

那么，在现阶段，我们如何在新课标的指引下，结合本地本校的实际，搞好我们的写作教学呢？

1、倾诉与聆听。在现实的语文教学中，教师往往认为所有的预期效果取决于教师本人，即将师生之间本来应该共同承担的责任，全部归到教师单方面来承担。这种以教师为中心的"我向意识"表现在作文教学上，把写作看成是一种纯技术，只要指导学生操练就行了，全然不顾写作其实是"生命倾诉"的特点。这种"我向意识"的作文指导使得作文教学成为一种架空的僵化的模式，成为一种耍弄技巧技能的游戏。若学生的作文中稍有个性的张扬、形式的不拘，做教师的就要"孜孜不倦""苦口婆心"地"删其密，斫其正，抑其稚枝"，使之成为合乎规范、合乎模式，成为"放心"作文。这样的作文，教师是"放心"了，而学生的"心"却丢了。他们的欢乐、痛苦，他们的烦恼、疑问、感悟找不到自由的空间抒发，本可以成为心灵漫游的自由空间的作文，成了思想的牢笼，如果不是有考试的强压，谁又会自投罗网呢？学生虽然在知识、经历等方面不及教师丰富，但每位学生都是一个独立的生命个体，他有自己的世界，自己的眼睛，自己的思想。我们不能强迫十七八岁的年轻人无视自己，去按成年人的眼光、思维方式去认识世界。处于中学阶段的学生的心理还不成熟，理想和现实的矛盾常使得他们时而豪情万丈，时而灰心丧气；时而斗志昂扬，时而又多愁善感，称之为"心理断乳期"也好，称之为"叛逆期"也好，这个时期的学生在"花季雨季"中不可避免地会有许多困惑、烦恼、思索。他们自以为长大了，而大人却将他们当成孩子；他们自以为能担当起主宰世界的重担，而人们却不以为然。他们有一种孤独感，渴望有朋友能和他们分享快乐、悲伤、烦恼、宁静；渴望奶奶感有人给他们指点迷津。当他们把自己的生活，把自己的情感倾诉笔端呼唤某种应答的时候，作为教师的我们如果仅以"主题不明确""层次不分明""结构不完整""语言不简练"来评价批改作文，这怎么能达到指导作文的目标呢？

　　作为语文教师，我们是否应该反省一下：我这样要求学生，如果是我自己，我能达到这个目标吗？我的作文指导是建立在切身写作体验的基础之上的吗？于是，我想，我们不妨换个角度，换一种方法来对待已我们逼入困境的写作教学——教师由"全能全知"的指导者、命令者转变为学生的真诚、平等的"聆听者"。所谓"聆听",指的是交流双方在平等的基础上敞开心扉,听者真诚地倾听说者的心声,在倾听中增进双方的理解、信任。作为教师,应在聆听中捕捉学生需要指导的方向,在其需"愤""悱"的时候,给予及时的启发点拨;在你与学生感情和见闻共鸣的基础上,方能以你的阅历、知识和思想,以你的写作经验去指导他。学会聆听,就是要求我们在写作教学的实践中,不要给学生写作设置太多的框框。郭沫若和宗白华在探讨诗歌的创作时说:"诗是写出来的而不是做出来的。"这就是说,真正的好文章来自作者心中的流淌和喷发。叶圣陶说:"作文贵有新味,最主要的是触发的工夫","觉得与平日读过的书中某处有关系,是触发;觉得与自己的生活有交涉,获得一种印证,是触发;觉得可以作为将来某种理论说明的例子,是触发;对于目前你所经验到的事物,发现旁的意思,也是触发"。当学生把这种触发用笔真实地记录下来,哪怕笔触是稚嫩的,技法是粗疏的,那也是一篇好作文。因为它源于心灵,是合乎作文的原始含义的。

2、阅读与思考。张志公先生说过:"贫乏,是语文能力的致命伤。"是的,一个贫乏的脑袋只能是一个贫乏的世界,而贫乏的世界所生产的只会是单调、苍白、无力的表达。有人说,贫乏主要是由于中学生生活贫乏。中学生生活圈子太小,活动空间有限,生活内容相对单调。而我认为,中学生作文贫乏,主要的还是缺少阅读和思考。要说生活单调,没有比残疾作家史铁生、张海迪更单调了,但他们写出了如此丰富生动的作品。盲人作家海伦·凯勒,看不见外面的世界,她的生活可谓单调,但她凭着敏感的心灵和丰富的思想,照样写出了伟大的作品。中学生现在生活单调但并不贫乏,他们感受这个世界的渠道比以前丰富多了。所以,我们在倡导学生投身生活，感受生活的同时，要特别强调阅读和思考的重要性。阅读，能丰富你的学识和心灵；阅读，能培养你的气质和性情；阅读，能提高你的认识和思维；阅读，能增添你的文采和才情。阅读，应该作为中学生提高写作水平的重要手段。其次是思考。中学生作文贫乏，很重要一点是不会思考，或没有思想。对外界事物没有感悟，不会分析、挖掘，提不出意见和见解，没有鲜活或深刻的思想，有的只是人云亦云，或无关痛痒的议论一番，或肤浅地附会几句，或顺着题意喋喋不休的绕圈子，也是学生作文的常见病。所以，要使学生的大脑丰富起来，必须首先做好阅读和思考的指导工作。

以人为本，把阅读的时间和主动权交给学生，走作文的正道——广泛阅读，增强语感，丰富文化底蕴，积累素材，建立知识储备的仓库，同时认识客观世界，感悟生活，引作文之活水。

阅读的材料，一是《语文读本》。阅读《语文读本》可实行点读法：延伸性的文章在学习课文之后马上读，趁热打铁，与课文中的知识挂钩，以加深对课文的理解，拓展知识面；知识性的文章要求学生 写出阅读提纲，归纳出知识要点，默记数遍即可；鉴赏性的文章要求学生自由快速阅读，根据老师指出的鉴赏要点，学生自己去领悟。二是时文选读。为了让学生吸收多元文化，培养学生现代意识，可以从各种报刊杂志上精选一些文章，编发《时文选读》，学生大都对《时文选读》兴趣浓厚，阅读效果会更好。（技校老师尝试全班学生阅读《读者》并开展一系列的阅读写作活动，我觉得很成功，值得推广）。三是坚持每节语文课前记几句名句，背一首古诗词，只有多读多吟，才能获得写作必备的起码的文字功底。四是利用寒暑假，落实每个学生至少读两部名著的任务。只有读那些真正意义上的书，写起文章来才能信手拈来，且用词恰当，语句流畅，内容充实，析理深刻。

关于思考。首先要有思考的意识，养成良好的思考习惯。遇到问题多问几个为什么，不轻易放过一个疑点，不轻易对事物下判断，凡事都要经过大脑的思考。在阅读教学中，采用探究式教学方法，有利于培养学生养成良好自主学习和深入思考的习惯。其次，要培养学生一些思维的能力。培养学生的分析能力，首要是要学生能够深入理解所要分析的事物。分析的过程，实际上就是对事物内部所隐含的各种属性的剖析过程。如果对这些属性不理解，便无从对这些属性作出分析。其次，要教学生能从需要出发，善于选择合适的角度进行分析。培养学生的综合能力也很重要，要教学生注意综合的全面性，否则容易犯以偏概全的毛病。比较，是认识事物的一种重要方法，没有比较，就不可能鉴别出两中事物的异同。培养学生的比较能力，首先应该叫学生明确是比较事物间的共同点还是不同点，有时需要与另外的事物作类比，有时需要与另外的事物作对比，有时需要类比和对比综合使用。其次，要选择好两事物的相比点。另外还有抽象和概括能力，判断和推理能力等等。除此之外，审美思维能力，创造性思维能力的培养也很重要。还要掌握一些思考的方法。比如辨证思维的方法（一分为二看问题，坚持两点论，又有重点论；事物都是有联系的观点；事物都是发展变化的观点），透过现象看本质的方法；由此及彼，由表及里的方法等。

3、自主与指导。利用周记、杂记之类，让学生自由写作之外，我觉得教师的指导作用不可削弱。在作文教学中，教师必须起主导作用。必须有明确的教学目的，必须有严格的教学计划，必须有科学有序的教学内容，确保完成教学大纲对各学段所规定的作文教学任务。不能简单地、随意性很大地让学生自由地写作来代替作文教学。对作文教学的一般要求，应该教学生会写作文，而不能要求教每一个学生都能创作出精彩的作品来；作文教学还有一种特殊的要求，就是培养少数学生能够写出优秀的作品来，即使这些学生，也首先应该按照老师的要求进行写作的练习，而后才是自由地写好作品。梁启超先生在《作文教学法》一文中说："文章做得好不好，属于巧拙问题，巧拙关乎天才，不是可以教得来的。如何才能做成一篇文章，这是规矩范围内事，规矩是可以教可以学的。"现代教育家王森然先生在《作文与实验》一文中说："创作就是自由作文，自由作文和出题作文比较起来，意思可以自由，作品每每发现出人意料的优良。可见出题作文是练习的工作，创作是成熟的发表。"作文教学和其他学科教学的普遍规律一样，需要作业练习；作文教学自身还有其特殊性——其他学科的作业练习大都是为了巩固所学的新知识，而作文教学的重点不是知识传授，而是通过练笔来提高写作能力，所以作文的练习就显得尤其重要学生需要象完成其他学科作业一样按时完成作文这项作业。但作文又不是一般的作业，而是一种特殊的作业，它的特殊表现在创造性上，是一种创造性很强的作业。

作文可以指导。以前，教师对指导记叙文、议论文比较得心应手，对最近几年出现的话题作文感到无从着手。因为话题作文千变万化，如何展开系列训练呢？经过一些教师摸索，话题作文的训练还是有规律可循。比如分这样三步来进行话题作文的训练：（1）审题、立意，（2）组材、结构，（3）语言文采。话题作文的话题，可根据内容分为多种类型：寓意类、故事类、思辨类、行为类、语言类等。审题的第一步主要分析话题和材料之间的关系。有些材料只为引出话题，没有实际意义，只要抓住话题就行了；有些话题要与材料结合起来考虑，材料是话题的拓展或延伸，或为话题设置的限制，抛开材料只抓话题，会造成立意的偏离；有些话题是总，材料是分，可根据材料的几种观点，或选择或综合进行立意；审题的第二步就是要从话题和材料的分析中提炼出作文的观点，也就是立意。有些立意就是抓住话题进行判断，推论出文章的观点即可；有些立意要经过一番去伪存真、慎思明辨的工作，让它露出"庐山真面目"；有些要将内容比较宽泛的话题找一个小巧的突破口或加以某些限制，做到大题小做；有些正反两面均可立意，要选准一面适合自己又容易下手的；有些可多层立意，要深入分析，揭示内在深层含义；有些故事浅显却富有寓意，需要提炼和归纳。第三步是确定作文的重点或重心，这一点容易为学生所忽视，写得面面俱到，却如隔靴搔痒，不得要领，不能抓住文章的要害处下笔。

组材和结构也有方法。组材主要训练发散思维和联想想象的能力，其次要训练从具体的事例中提炼观点的能力，然后是训练分析判断材料和观点的关系、选取与中心有关的材料的能力，最后是训练根据一定的逻辑关系组合材料的能力。此项训练也可逆向进行：先有文章的中心观点，然后按一定思路扩展为若干个分论点，接着按分论点进行发散联想，再选取恰当的事例组成文章的材料。一般来说，如果学生选择记叙文或议论文，它的结构安排比较容易些，现在出现比较多的话题作文的结构形式就比较灵活（文体大都为议论性散文或抒情性散文，还有些形式创新的书信、剧本、说明书、童话、实验报告、对话之类的）。但万变不离其宗，出现比较多的有：联想式定位（概括——联想——析理）、回评式定位（概括——回评——归纳）、列据式定位（立论——列据——析理）、类因法果式定位（是什么——为什么——怎么样——会怎样）、并列式定位、起承转合定位等几种。

语言与文采。有些教师曾提出，语言有文采是高考作文得分的主要生长点。这是很有道理的。从大量的高考满分作文来看，有些作文立意平平，主要以文采见长。有些则文质兼备。语言，能看出一个人的文化素养、文化底蕴，能看出语言表达的能力和功底，所以，语言的训练得从源头抓起。一个就是阅读，读书破万卷，下笔自有神。读书能丰富你的知识和语言，要写好文章，读书不可少。其次，整散结合、子句排比、祈使疑问感叹倒装句的灵活运用，成语、熟语、名人名言、警句格言的适当穿插，描写议论抒情的夹杂交错等都可增添文采，可逐项训练。

4、批改与自评。批改和讲评是作文教学的重要一环，不可缺少。(1)面批。课内作文坚持少量面批，效果较好。主要是抓典型，赏优改劣；读到错句，要进行点拨；思维混乱表达不清，就帮助分析；文字思路和段落上的毛病，可让学生自读体会。(2)有选优、差作文若干篇，印出来发给学生，好的进行赏析揣摩借鉴，再对照自己的作文，找出差距；差的找出立意、构思、选材、语言等方面的毛病，进行修改，看自己是否有这方面的毛病，引以为戒。(3)学生互改自评。学生互批互改时，老师先要针对当次作文的文体特点和具体的写作要求，提出修改方法和操作细则。学生通读文章后可逐条对照；写评语要具体，要有针对性，拿不准的问题可互相讨论，同时听取原作者的意见。这样一来，在互批互改中，学生的写作水平、修改能力就会得到共同提高。(4)学生组成评改小组，每组交叉讨论评改。先围坐阅读，然后各自打分，每人写一句话评语，再进行组内总评，集体讨论，总结本次作文的成败。每组推选一位代表作总结性发言，其他组员允许补充。教师最后作出评判。课后，教师可抽一组检验，核定打分和评语的准确度。一个月评选一次最佳评语和最准确打分人员。

课外作文属于兴趣作文，内容不限，题材不限，体裁不限，长短不限。学生的写作兴趣一旦形成，就会成为一种自觉的行为。老师主要是勤检查，奖优促懒，一般只作简短评语或打分即可。

"文化味"散文的思路与结构

近年来，在高考作文中，一种被称为"文化味"散文的高考作文样式，悄然兴起。由于这类作文的典型佳作受到阅卷老师的追捧，屡获高分，并通过各类报刊杂志在学生中广泛传播，这种散文样式便流行开来，模仿者和追随者的队伍越来越大。这不能不引起我们高考辅导一线教师的重视。

究其原因，主要有以下几点：1、由于近年来，余秋雨式的文化散文对中学生的广泛影响。余秋雨散文，因其深厚的历史文化内涵和生动别致的语言形式，受到广大读者包括中学生的普遍欢迎。2、浙江省自2004年高考自主命题以来，高考作文话题强调人文理念和文化味、文学性。这种散文形式正好契合了命题者的审美趣味和价值取向。3、传统形式的议论文，因其形式的呆板和语言的平实，很难体现创新的亮点，而程式化的"三段论"结构模式，也屡为阅卷老师所诟病。因此，考生的文风向更能自由发挥的形式转变。4、"文化味"散文样式，在内容和形式上，为学生提供了更多自由发挥的空间，更能体现一个考生的才气和文学功底，更能展现他们的语言个性，所以为考生所喜爱。

由于这种新的散文样式流行时间不长，一些高考作文指导书的编写者和我们的高中语文教师，尚未对此作深入的研究，因此，还往往套用议论文的写作模式来指导学生。为此，本文想从几篇典型的"文化味"散文入手，来探讨一下这些散文的思路和结构，希望借此能对高中语文教师和学生有一些启发，聊起抛砖引玉的作用。

一号文

细雨闲花皆寂寞，文人英雄应如是

寂寞是一根断了的红线，有心人紧紧抓着它，默默等待另一头的牵线人，即使那人早已远去。

"细雨湿衣看不见，闲花落地听无声。"每每读起这句，不禁感叹细雨与闲花的寂寞。当那迷蒙的小雨，一点一滴打落在罗衫之上，谁说这感情不滂沱？不然怎的浸湿了整件衣裳？当那柔美的花朵，飞舞旋转飘落在青石路上，谁说这感情不壮烈？不然怎的铺满了整条幽径？然而它们却是"看不见""听无声"。

每个人都在心灵深处有一处花冢，埋藏那些滂沱凄美却不为外人道的情感。而这座花冢，被寂寞上了一道锁。

纳兰是寂寞的。他的好友曾叹："家家争唱饮水词，纳兰心事几人知？"无疑，他是相国公子，御前侍卫，人人歆美。然而，在他的内心深处，却埋着深深寂寞。他在小院中拾得翠翘，却"何恨不能言"，只能叹一声"已经十年踪迹十年心"。他向往平淡与朴实，然而这愿望在世人眼中便如那细雨，任是将自己打得全身冰冷，也只是无声而已矣。纳兰的寂寞是一个人的悲伤。

李煜也是寂寞的。王国维说他"生于深宫之中，长于妇人之手"。那些打小便坐在龙椅上的孩子们，往往是没有朋友的。即使生身纸醉金迷，终日灯红酒绿，也抵不过夜深人静时无人诉衷肠的寂寞。尤是南唐灭亡之后，家国之恨降临在这个还不成熟的皇帝身上，更是加了一抹寂寞的灰色在他心头。他的寂寞也是无声的，但却不是无形的。他以自己的真性将那一片片寂寞的花瓣铺在宣纸之上，将其化为"一江春水"，化为"流水落花春去也，天上人间"。《人间词话》中有批语："词至李后主，遂变伶工之词为士大夫之词。"李煜的寂寞是那个动荡年代的悲伤，但却开启了词的新时代。

陆游在沈园写下"红酥手，黄滕酒……"将寂寞定格在唐婉的记忆之中。王维在叹"遍插茱萸少一人"时，将寂寞注入知音好友心中。元稹以阳刚之手书下"白头宫女在，闲坐话玄宗。"道出了那红墙深院里，一个个寂寞灵魂的心声。诗人手中那根红线，另一端系着笔。巨大的情感沉淀后，化为无声，也化为挥笔的动力，让细雨的闲花，变得铿锵有力，永不磨灭。

其实，还有一些人的寂寞，甚至不止于文学上的作用。林则徐被贬伊犁，他的寂寞岂是常人能及，但他却高唱"苟利国家生死以，岂因祸福避趋之。"造福了一方百姓。韩愈被发配潮州，爱女死于途中。他的寂寞悲叹却化为了治国的动力，他在那个边远小城兴教育，修水利，受到所有百姓的拥戴，那潮州的山水竟尽姓了韩。

他们的细雨不止于沾湿了衣裳，更落在了厚重的土地，滋润了一方水土；他们的闲花也不止于铺满路面，更深嵌土地，"化作春泥更护花。"他们的红线那端，是苍生百姓！他们将寂寞化为动力，去"为天地立心，为生民立命"。

一个人的寂寞可以被印在书上，刻在碑上，这寂寞是美丽的，是供人欣赏的。但没有哪一座碑可以永恒过山水，韩愈的故事告诉我们，那些英雄的寂寞是奉献，我们应该恭敬地去仰望。（以"细雨湿衣看不见闲花落地听无声"两句唐诗为话题，写一篇文章。）

结构特点：层进式

1、开头点题。紧扣诗句，用"细雨""闲花"比喻寂寞。表面"看不见"、"听无声"，但能"湿衣""落地"，说明埋藏着滂沱、凄美的不为外人所知的情感。

2、接着以纳兰性德、李煜为例，来阐释寂寞为何，即诗人平静表面下在面对爱情、故国时所"锁"着的巨大伤感。

3、第六段列举陆游、王维、元稹，将寂寞升华为"巨大的情感沉淀后，化为无声，也化为挥笔的动力，让细雨的闲花，变得铿锵有力，永不磨灭"。

4、第七段内容上又进了一层，由"一个人的寂寞可以被印在书上，刻在碑上，这寂寞是美丽的，是供人欣赏的，拓展为'林则徐、韩愈式'的寂寞是奉献，让人仰望"。

思路分析：

本文采用层进式结构，表面上是平面的，事理上是层进的。开头首先阐释题意，抓住了文章要表达的核心。第一层举例，是为印证自己的说法，用两个独立的例子，作为重点。第二层举例，则采用综合式，三个例子合在一起说，最后用议论，说明诗人创作的佳作及其影响源于巨大的沉淀的情感因素。在上面的基础上进了一层。第三层举例，一个段落包含两个事例，说明一些人的寂寞的作用不止表现在文学上，而且可以延伸到施政为民上。文章向纵深方向拓展。最后通过对比的方式深发议论，说明表达寂寞的不同层次及其作者所推崇的目标。全文水到渠成，立意深刻，脉络清晰。

方法归纳：

这里值得指出的是：这种层进式与议论文中的层进式是有所区别的。议论文中的层进，是按照一定模式的逻辑思维，逐层推进的，如按照是什么——为什么——怎么样这样的思路递进；而议论性散文中的层进，思路是按照由浅入深、由点及面的方式深入或扩展。不同的人，思考的角度不同、深度不同、方式不同，可能深入或展开的方向也不同，触及的问题也不同。

二号文

刻进沧桑深处的感悟

捧一曲流觞月，流一脉思古情。当那轮清冷的月亮挂在有风的夜晚的时候，我便会驾一叶扁舟，顺着历史的源觞，划向遥远的地方。

一

穿过层层雾绕，透过似纱的确缥缈，我的眼前出现的那幕幕画面，让我为之驻足：那个对手的臣子拿手将亡命的箭头射向了他，他却不计前嫌，重用了那人，任其为相。疑惑，我真的疑惑，还未等我努力剥开那厚厚的沧桑去探索结果，一个声音已经传来，他是齐桓公——小白，那人便是管仲。

我记得了，正是齐桓公重用了管仲，才最终使齐国成为"鱼盐便利，兵强国盛"的春秋五霸之首，我终于明白了，有些东西需要忘记。

二

顺着古老沧桑的源流，我一路直下。厚重的黄土和奔腾不息的黄河让我明白——那是开封。捧一流荒沙，荒沙告诉我，他很伟大；扯一段尘埃，尘埃告诉我，他很伟大。他的脸是正义的黑色，他的额头是公正的月牙儿，他的铡刀下面永远是有罪之头；他的府衙上清晰的永远是青天，我不得不追问：他为什么能成为青天？他为什么能成为正义的化身？最终是流淌进中华命脉的黄河告诉我：

因为他始终铭记的是捍卫正义，维护公平。因为他铭记这一点，所以百姓也铭记了他的名字，他就是包拯文正公，青天大老爷。

我为之震撼，我不得不承认：有些东西必须铭记。

三

终于沧桑流缓，我看到了热闹的街市，看到了灯红酒绿的城市。

我回到了现在，回到了 21 世纪的现在——物质极为丰富的时代。可是那些缺乏诚信，欺诈和纸醉金迷的情况让我不得不靠岸：我们的社会该怎样？难道是忘记进取，忘记奉献，铭记享受，铭记落后？我不得不为之汗颜。从那古老文明之中游来，再观察今天的社会弊端，我怎能不为之痛心。

看到今天的人们是应该明白：什么是该忘记的。什么是该铭记的。在这个竞争十分激烈的年代，要想崛起于世界，那就只有从每个人做起，做到该忘记的忘得干干净净；该铭记的铭记于心。只有这样我们的社会才能更加和谐。

望望那轮清冷的月亮，她在教你忘记或是铭记。

想想吧，你我他……

（2005 年全国卷 3）

结构特点：对照式

1、用形象而隽永的语句，将自己的思路引入记忆。

2、第一部分：列举需要忘记的事例——齐桓公不计前嫌，重用用箭射过自己的管仲，使齐国成为春秋五霸之一。

3、第二部分：列举需要铭记的事例——包拯捍卫正义，维护公平，永远成为百姓心中的青天。

4、第三部分：回到现实。古今对比，感到痛心。最后一节，表达感想，警示读者。

思路分析：

开头几句，就体现出考生的文学功底，语言隽永而富有诗意，一下子把读者引向广阔的时空，让人产生翩翩联想。

三个部分的开头一二句，也用形象的表述，都起到了很好的衔接过渡作用。第一部分，先用陌生化的方法，叙述事实，段末才点出人物姓名。第二部分的方法相同，但用了抒情和议论的句式。第一部分的第二段，点出了"忘记"带来的好处；第二部分的第二段，阐述了被人"铭记"的原因，并点出人物。

第一部分谈"忘记"，第二部分谈"铭记"，忘记有忘记的好处，铭记有铭记的原因，两相对比，各有侧重。第三部分回到现实，面对现实的种种弊端，与古代圣贤形成鲜明对比，表达我们的惭愧和痛心。

最后警示人们，要崛起于世界，要使社会和谐，应该明白哪些该忘记，哪些该铭记，并且从我做起。

方法归纳：

此种结构形式在内容上采用一正一反、一阴一阳、一实一虚，在内容上是真与假、好与坏、善与恶或其他对立的两方作对比来发议论，抒感情，记人叙事的结构形式。

在形式上也变化多端。有两相对比，然后又古今对比（如前例）；有从上到下一节与一节交叉对比；有先对比然后找出共性，说明两者相辅相成，形成互补，不可或缺。最后引发启示之类的议论。

三号文

听从心之召唤

曾几何时，在众说纷纭中彷徨，找不到前进的方向；曾几何时，在他人的只语片言中迷茫，缺一双飞离困惑的翅膀；曾几何时，没有选择坚守抑或听取的胆量，心中少一片照亮前路的阳光……朋友，别把心灰，别把气丧，请听取心灵对真善美的呼唤，让心灵之灯为你导航！

是的，听从心之召唤。

既别深陷于刚愎自用的泥潭，也别迷失在莫衷一是的他乡。翻开历史的册页，你会看到商纣王不纳良言只落得家破人亡，刘阿斗没有主见只能在可悲可笑的人生舞台上将蜀国埋葬。而当你关闭心灵之窗，不再与世界交往，你只能给思想加框，心灵上绑，永远不能在生活的无垠蓝天上自由翱翔。

是的，听从心之召唤。别去想那些把无数庸者掩埋的蜚短流长，也别计较"木秀于林，风必摧之"的"积毁销骨"的力量。你悲伤，是心在低吟；你微笑，是心在歌唱。别人指手画脚时你岿然不动是一种榜样，别人的非议与指责只会更好地映衬出你的勇气与度量！只要问心无愧，你的脚步便走得稳当。位高权重时选择他人的劝诫还是无休止的褒奖？荣誉加身时选择他人善意的勉励还是谄媚的颂扬？欲壑难填时选择无休止的自我膨胀还是一句箴言——"无欲则刚"？只要坚守心灵之灯对真善美的期望，它终将为你指引最正确的方向！

是的，听从心之召唤。别让双眼被道听途说的表象皮毛蒙上，也别把"怀疑论"的精神弄得太过夸张。无论对人对事，千万不要只凭陈年老账，让心灵的天平总是空空荡荡！扬弃中多几分审视与估量，选择中找准真理的重量。当歧路亡羊，墨子会嚎啕大哭，是因为没有心灵之灯为他导航；孟子"当今之世，舍我其谁"的霸气，就是"当仁不让"思想下的个性张扬。当你不熟悉情况，多询问问问，恰好似"入山问樵，入水问渔"，是找到捷径的良方；可是正直与良知要求你这样或那样时，你就该勇往直前，千万别回避，别退让！

听取心灵的召唤吧，不要师心自用，也别全盘吸收。当你有心灵之灯为你导航，你的生活之路才能走得坦坦荡荡，让爱你的和你爱的人心中充满阳光！

（江西考生）

结构特点：并列式

1、开头采用排比句式，形象地指出，我们曾经因为没有主见和坚守，结果迷失方向的情景；然后直截了当地发出让心灵导航的呼唤。

2、后面三段结构基本相同，都以"是的，听从心的召唤"为开头，然后说明理由。每段几乎都采用正反对比的方法。第三段，从历史上看，商纣王不纳良言和没有主见的后果，第四段，从社会上看，庸人和智者对比，庸人被流言埋葬，而智者只要问心无愧，无欲则刚，脚步就走得稳当。第五段，运用例证和引证，指出坚持真理、坚持个性、坚持正直与良知的重要性。

思路分析：

开头先用排比句式摆出生活中的困惑，然后顺理成章提出观点。第一段语言概括，观点鲜明。

然后采用并列结构，每一段都用"是的，听从心的召唤"领起，强调观点，表意明确。给人以强烈印象和视觉冲击。

三段都围绕观点展开，反复阐述"听从心的召唤"的原因和理由，但表达的角度各有侧重。主要从历史的教训——现实的背景——自我的追求三各纬度展开。句式的表达灵活多样。引证、例证信手拈来。结尾是劝告和勉励。

作为一名高中生，作者的语言功底令人赞叹。除个别句子略嫌稍长，个别语序调整似有雕琢之嫌外，在表达上可以说达到了近乎完美的境界。排比、对偶、反问等修辞的运用，"心灵之灯"的比喻，词语选配的精致，引语的点缀，段落的匀称，以及用词的避免重复，都处理得十分恰当。

方法归纳：

并列式结构是最为常见的一种写法。并列结构一般有三个部分组成。是否采用这种形式要根据内容确定。并列式结构的花样也是挺多的：每一部分可用同一个句子或句式相同的不同句子领起；每一部分也可列精巧的小标题，内容相关，或词或句；有的干脆用序号，一、二、三，结构匀整、分明。

并列式结构的特点是将事件、事物或论题分几个方面来叙写、说明和议论，每个部分都是独立完整的部分，与其他部分形式上是并列关系，内容上可有多种多样联系。

当然，结构相同要避免内容重复。作者在写作文章时，要有整体意识，通盘考虑文章的构思。结构并列，内容可采用层进式，由浅入深展开思路；也可整体结构是并列，但每一部分中间又是对比。

四号文

让心情打一个盹

①阳台的边缘，城市正退潮，打着惬意的盹。

②日子是结布机上的布，一片片滑下，又一片片接上。日子也如蝶，每天从墙上飘落，幻化成粉，弥漫在第一个鲜嫩而生动的角落。

③背上，岁月的鞭子愈抽愈紧，而一扬又一场的忙碌也是接踵而至，压抑着你的生活。

④在经历了无数的"忙"之后，你的身心都会倦怠，那么就忙里偷闲吧！寻找一方宁静的水土，小憩一下，恢复元气，等待迎接下一场翠绿。

⑤李乐薇为自己搭建了一座"星星点点，飘渺的空中楼阁"，让自己的心有停歇的地方；陶潜在南山旁筑了间小屋，篱下种满菊花，于是有了"采菊东篱下，悠铄石流金见南山"的一份闲逸。我们也

要为自己的心造一间房子，开一扇小窗，面朝大海，春暖花开。

⑥心累了的时候，请停下你行走的脚步吧！让自己平躺在草地上，闭上眼睛，感受着风穿过的声音，想象着南来北往的风把你一切的烦恼、劳累都吹散了。而你就只要沐浴阳光，享受生活所赋予的快乐与惬意，打一个盹，然后一身轻松地继续行走在人生的征途上。

⑦在杯子中放几片茶叶，用滚烫的水冲下去，原本卷曲的茶叶在水的滋润下，舒展开四肢，渗出淡淡的绿色，渐渐地，茶香四溢，沁人心脾。品一杯香茗，听一曲轻快的歌，在某个阳光灿烂的午后，搬一张躺椅躺在阳台上，吮吸着阳光的精华，让身体和心灵都打个盹，忙里偷着乐一下。

⑧可以雕饰一些小的细节，并把它们一点一点积累起来，慢慢地开始在细节中感受生活闲逸的芬芳，从张开的毛孔渗入血液，并随血液流转于全身，让每一个细胞都可以享受一份惬意。而这些细节并不会打乱你人生的步伐，只是偶尔放慢一下你前进的速度。

⑨用灿烂的阳光、翻飞的翔影和悦耳的鸣声酿一坛天堂之酒，与生活干杯，享受这一份微醉的感觉，仿佛灵魂游离感觉。酒的醇香、甘洌和烈性，自然也是生活所蕴藏的味觉。

⑩倦了吗？累了吗？给自己一点时间，坐观庭前花开花落，闲看天上云卷云舒。

⑪春天还未完全退去，夏已在三公里外的竹林起风了。

⑫趁着这一个时间的空隙，打一个惬意的盹吧！

结构特点：形散而神聚式

1、临近傍晚，在阳台上休憩。城市隐没在黑暗中比作"退潮"。

2、日复一日地生活。比作"布"和"蝶"。

3、生活忙碌而压抑。用鞭子越抽越紧比喻。

4、提出生活忙碌，要忙里偷闲，恢复元气。

5、引李乐薇"空中楼阁"例和陶渊明"采菊"例，暗引海子诗。渲染闲逸生活。

6、引导你在心累后，停下脚步，享受自然的惬意，然后重新上路。

7、忙里偷乐，品茶、享受阳光、打盹。

8、细节中感受生活闲逸的芬芳。

9、用自然的光、影、声酿天堂之酒，与生活干杯。

10、设问句式，让你看天，看云。

11、12、最后再次呼唤，在这美好季节，让你惬意地打一会儿盹。

思路分析：

从以上所列可以看出，作者思路开阔，思绪飞扬，联想和想象非常丰富。我们一下子难以摸清作者的行文思路，可谓变化多端，摇曳多姿。这就所谓的"形散"。但全文始终围绕一个中心，又做到了"神聚"。

同时，我们读完全文，我们不禁惊叹于该考生驾驭语言的能力，他可以将拟人、比喻、移就、引用等方法"肆意地玩弄"于方寸之间。同时该考生还善于以形象之笔墨写出抽象的意蕴，把抽象的"日子"形象化为十分优美的"蝶"，意味深长：日子不是稍纵即逝、无处不在而又悄无声息的么？题目"让心情打一个盹"，竟然被写得那么诗意。该考生对"生有所息"的思考也许未必深刻，但对它的感受一定是敏锐的、细腻的。

方法归纳：

这种结构模式的突出特点是"形散而神不散"，这里的"散"指的是散文写作的材料是散的，每一个材料可能都是一颗珍珠，但这些珍珠之间必须由内在的联系，这个内在联系就像一根红线，把珍珠组合成项链。

这类文章最怕散漫而茫无边际，这就需要文内有一条隐藏的线索加以贯穿。那么怎样寻找作文的线索？其方法如下：一是感情线索，二是事物线索，三是人物线索，四是思绪线索，五是景物线索。通过以上线索就可以做到"形散而神聚"。上文应属思绪线索。

五号文

我想握住你的手

还有什么海能把你的身影淹没？还有什么墓碑能比你的名字永恒？还有什么样的手能如你的手触进人生和历史最深最重的一页？

鲁迅先生，我能握握你的手吗？

这是一双怎样的手啊！粗糙、坚硬、关节粗大。其实这本应是一双秀气的手，绵软白皙，最适合江南书生踏雪访梅，饮酒邀月。这本是一双翻唐诗填宋词的手，也可以调朱粉，点秋香。但在腥风血雨、黑暗如磐的长夜里，你选择用这双手奋笔疾书，万千笔墨化作一把把锐利的匕首，直刺向反动腐朽组成的阵营。你用这双手紧握长矛，横站着战斗。你坚定地说："我一个也不饶恕。"书生成了战士，脂粉化作侠气。

我动容了。回望身后，一片蝇营狗苟；冷眼红尘，皆是求名逐利。当现代的肤浅和喧嚣成为生活的主旋律时，谁还会去关注肤浅和喧嚣的背后？我该怎么办？先生，我想握握你的手，给我一个解释，好吗？

这是一双怎样的手啊！干瘦、枯黄、略带些苍白，却从手心里流淌出永不枯竭的热量。就是这双手生命的最后阶段，颤抖着，写下了《白莽作孩儿塔序》："这是东方的微光，是林中的响箭，是冬末的萌芽，是进军的第一步，是对于前驱者爱的大纛，也是对于摧残者憎的丰碑。"握住这双手，我明白了"横眉冷对千夫指，俯首甘为孺子牛"的刚烈和赤诚，明白了"自己背着因袭的重担，扛住了黑暗的闸门，放他们到宽阔光明的地方去；此后幸福的度日，合理的做人"的忧思和深邃。

我真想握握你的手啊！握着了它就握住了永恒。身体是速朽的，于是追求永恒就成了许多人的梦想。但永恒和权势无关，和财富无关，和生命的长短无关，和欺诈无关。一切的假丑恶在时间面前，都露出原形。假饰越多，反差越大。永恒只和爱有关。先生的爱是不要一切装饰一切铺垫的烈火之爱，如奔火而去的飞蛾——爱就要爱得痛入骨髓，甚至粉身碎骨。在毁灭中却得到永生。历史证明判断永恒的权利属于人民。当大家都沉默的时候，你选择了用笔说话；当大家都用笔说话的时候，你却选择了沉默。无论你说话还是沉默都为了人民。心中有了人民的人，人民也将永远记住他。因此人民会庄严地宣告说鲁迅先生是不死的，他是我们的民族魂。

我在朦胧中似乎看到了希望，这就是你给我的解释吗？

紧握这双手，在现代的肤浅与喧嚣中，我站成了一棵树，硬成了一块石，凝成了一培土……

（上海考生）

结构特点：夹叙夹议法

1、开头用排比的句式设问，以此表现鲁迅的伟大与永恒。同时第三句写到手，起到引出下文的作用。

2、自然过渡到写手。先用三个词语白描勾勒手的粗砺，与文人应有的细腻之手作对比，并指出发生这种变化的真实原因。后一段纯粹议论和抒情，将现实中的某些人忘记理想，追名逐利与鲁迅作鲜明对比。并面对鲁迅提出疑惑。

3、继续刻画鲁迅的手，并引用鲁迅的文句和诗句，着重表现鲁迅的手的象征意义，即一种精神或人生态度，揭示鲁迅战斗的意义和思想的深邃。

4、用议论阐发永恒的内涵。将一些追求权势和名利的假丑恶与鲁迅的烈火之爱和对人民的赤诚忠心形成强烈对比，说明为民族而奋斗，活在人民心中才是永恒的。

5、最后照应前文，从鲁迅的手中找到答案，形象的表明自己的变化。

思路分析：

本文抓住鲁迅的手作文章。心目中的鲁迅是伟大而永恒的，他握笔的手又是无与伦比的。故想握握鲁迅的手。开头很简洁、明了地进入主题。

重点是中间对鲁迅"手"的剖析。采用夹叙夹议的写法。从广义的角度来说，描写、引述也是"叙"。在叙中有议，在叙后更有深切的议论和抒情。

从中间两段来看，形式上都是夹叙夹议，但内容上是层层深入。前面一段主要表现鲁迅的选择和斗争精神；后一段着重表现鲁迅的精神内涵及其价值。

文中处处扣住鲁迅的手。从手想到握笔写文章，从手想到笔就是匕首投枪，战斗的武器。从握笔的手所形成的文字，流露出来的是鲁迅的深邃的思想和崇高的精神。从握手求问，到最后握住了鲁迅思想之手后的执着和坚定。

方法归纳

写夹叙夹议的文章，作者对所叙的人或事物应有透彻的了解，能够得心应手地抓住特点进行描写和记叙。

叙并非面面俱到，而是要选取为表现主旨服务的情景、细节，例证、引证等，做到语言简洁而有效。

叙是为议服务的，议要围绕叙来展开。叙议力求做到水乳交融，相得益彰。议不能就事论事，只取皮毛，或者抛开叙，而乱发议论。而是要扎扎实实，紧扣材料，深入开掘，对材料加以概括、提炼，挖掘其内涵，提升其意义。

六号文

生命如大河

如果生命有形色，它一定奔涌如大河，挟卷一切入海，奔流不返，它以劈山穿石的伟力流动，在我们的叹惋中奔去，雄伟而决绝。

所以勤勉者说：生无所息。

如果生命有形色，它一定奔流如大河，穿越千里，穿越岁月，生命在月光下奔流，在平原上涌动，累了，倦了，便暂停下匆匆脚步，于是有了湖泊的美丽与宁谧。

所以，睿智者说：生有所息。

人生，便是这二者的统一。

生无所息，且把生命熔铸成文字，把青春挥舞生风，盛进龙纹的剑鞘，换来龙光射牛斗。生无所息，把住年轻的脉搏，去追赶似水流年，用自己的热血挥洒，求一个国富民昌。

生有所息，不说把浮名换了浅斟低唱，就暂且远离尘嚣，流连瓦尔登湖畔，寻觅一分心灵的宁静，不妨收藏清风明月，置之枕边，做五色斑斓的梦，去求灵魂的休息片刻。

生无所息，是一份坚忍一份执着。奋发图强，乐以忘忧，或许有些无奈，煮灯黄卷，宵衣旰食，或许有些寂寥，悬梁刺股，囊萤映雪，或许有些孤独。但是，我们的追求，是治国平天下。于是我看见苏武，比大漠还要古老的汉使，守望着他的高原，大漠的风雕刻出手掌的龟裂，大漠的霜雪染白了他的双鬓，草原上的树孤独地守望着自由，鹰群年复一年地画出亘古的弧线，我听不见他的哀叹，只看见光滑而秃的汉节，是的，它在诉说着尊严、自由与气节，于是我懂得，生无所息不仅是生活态度，更是生命流淌的血液。

生有所息是一种超脱一种自然，这不仅仅是休息，更是灵魂的自由与憩息，正如那平原上的大河，是遍历风尘的安详地徜徉。那槁首黄馘的庄周，汉水垂钓的庄周，在夕阳西下中隐去了的他的身影。我看见他的心有如秋日的湖水一般的清澈，在那悠悠的岁月深处，远方的大哲用一生换取山林川泽中灵性的解脱。于是我开始懂得，生有所息，不是简单的休整上路，而是一种无上的境界。

生命的大河，滔滔的浪花书写着浮世烟云，我们追求着内圣外王，追求着外圆内方，却不知这两者本来一致，生有所息，生无所息，这是河流入海前的左右两岸，伴随着人生漫漫征程。

我呢？我将追逐光阴不倦，遍历爱恨情仇，然后去看朝暾夕月，落崖惊风。

结构特点：意象贯穿式

1、一二两段和三四两段，结构相同，均以"大河"为意象，分别描述了两种截然不同的状态，用它来象征两种截然不同的人生状态，即生无所息、生有所息。这便引出了第五段观点：人生便是这两者的统一。

2、首先用对称的两段，分别描述两种不同的生活状态，表现人们的理想、追求与不同的境界。而后两段采用夹叙夹议的笔法，对两种生活态度都作了肯定：生有所息"不仅是一种生活态度，更是生命流淌的血液"；生无所息"不是简单的休整上路，而是一种无上的境界"。文中以苏武和庄周为例，对他们所追求的生存状态作了形象的描绘。

3、最后又回到"大河"的意象，指出生无所息、生有所息无非是河流入海前的左右两岸，却不知这两者本来是一致的，伴随着人生的漫漫征程。最后一段表达了自己一生中对两种生活状态都须体验的愿望。

思路分析：

本文作者立意是明确的，就是人生的两种体验和追求都是需要的，它们看似对立，其实是统一的。文章以河流作为意象，鲜明地告诉人们，生命就是一条奔流的大河，在这条亘古流淌的大河两岸，分别是"生有所息"与"生无所息"，它们夹裹着江水滔滔东流。作者兼顾两岸，没有偏废，文中贯穿着辨证的思考。

文章的行文，主体采用并列式结构的方式，无论是描述和议论，都生动形象，所举事例典型而精当，文笔生动简约，转换灵活，善于描述，寥寥数笔，无论景物还是人物，都灵动活脱，引人入胜，富有厚实的文学功底。

文章唯一的疏忽是，未能将河流的意象在全文始终贯穿起来，中间部分基本抛开了河流的意象而另开它路。使本来很融合很恰当的意境留下"断流"和隔阂的遗憾。这是考生需要注意的地方。

方法归纳：

意象贯穿式，首先必须确定本话题能否用该形式表达。其次是选取何种合适、恰当的意象最为重要。因为一旦选对意象，行文的思路就会一下子灵动起来。第三是意象如何结合内容进行表达，既不能被意象牵着走，又不要把意象用过就丢，全然不顾前后照应，全文串联。

意象并不仅仅是一种"道具"，更重要的还是它的象征性。因此，如何用好意象，糅合材料，挖掘内涵，揭示象征意义是行文的关键。

　　以上所举六种结构模式，完全是为说明的方便，有意识地予以强调的。其实，每一篇文章，往往会有多种模式交叉使用的情况。其次，"文化味"散文的结构模式肯定不限于这六种，而且，今后也许还会有更多的模式被创造出来。所举几种模式，与传统的议论文相比，有联系也有明显的区别。特别在思路的展开上，"文化味"散文更多侧重于使用形象拓展法，即运用想象和联想，畅游古今、漫步中外、穿越时空、联系生活、重组人事等来开拓思路；而典型的议论文完全是一种逻辑思维的推演。最后要指出的是，适当掌握一些思路和结构的运行模式，对写作有一定的指导意义；但正如人们常说的"法无定法""最好的方法就是没有法"，只有既能熟练运用又能超脱于"法"之外的写作，才能真正做到"游刃有余"。

打造作文的"精品屋"

　　生动,才能引人入胜。平静的湖面,不会有人去观赏;如若投一石子,激起水波的荡漾,荷花的作为学生,大家都希望能写出一篇篇精彩的作文来。但是,如果你不知道好作文是什么样子的,有哪些要求,你怎么能写出好的作文呢? 正如宋代大文学家苏东坡在一篇文章中所说,画家要画竹子,"必先得成竹于胸中"。这里,说的虽是艺术作品的构思,但也从一个侧面启示我们,要写出好的作文,必先要熟知好作文。

　　那么,好作文应该是什么"模样",它有那些要求呢? 这里就拿造房子来作比方。人们评价一所房子的好坏,无非是从坚固、美观、舒适这几个方面来考虑。坚固是最基本的要求,一所房子如果建筑材料有问题,无论它如何漂亮、舒适,都给以"一票否决"。对于作文来说,"坚固"主要就是讲究材料的"真实"。好文章必须来自于生活,写文章必须要有真情实感。所以,我们在写文章之前,必须认真考虑:我所掌握的这些材料,是否从生活中撷取的,我是否受过它的触动或感悟,我有没有表现它的愿望。然后运用联想和想象的方法,在头脑中对材料进行筛选,挑选出具体真实有用的材料作为文章的题材。假如是命题作文的写作,也要求作者运用多种思维方法,搜索和捕捉自己生活中的各种素材,通过筛选确定自己的写作内容。我们有的同学不重视材料的选择,所以,文章就很难"立"得起来。他们有的想到什么就写什么,材料随意性大,"材质"很难保证；有的缺乏具体真实的材料，泛泛而谈，举例俗滥，常常出现"套版"反应。这样的作文，自己都觉得乏味，怎能打动别人呢？

其次，说到"美观"。房子光有坚固还是不够的。比如，那些碉堡，论坚固那是肯定的，但谁会喜欢这样的房子？所以，造房子，"坚固"之外，还要"美观"。那么引申到作文中，就是要求"生动"。房子的"美观"，靠的是内外设计的新颖、有特色，符合审美要求；还要靠材料色彩的搭配、装饰和美化。作文的"生动"，也靠作者精巧的构思，语言的表现和修饰。一要讲究文章结构的精巧。古人论作文，主张"文似看山不喜平"。文章只有曲折摇曳，游鱼的浮沉，就会招来游客，并引起他们种种的联想和感受。二是要讲究运用多种写作的技巧。譬如，要使情节生动，可以在叙述上采用扬抑跌宕、倒叙插叙、衬托伏笔、照应悬念、渲染烘托等方法使文章摇曳多姿。要使人物形象生动，可以采用动作、语言、外貌、心理、环境、细节等多种描写方法，使人物形象丰满逼真，并充分展现其内心世界。特别是生动传神的细节描写，如画龙点睛，能使人物鲜活而动人。要使文章语言生动，就要灵活运用记叙、抒情、议论等多种表达方式及比喻、拟人、排比等各种修辞手法。有些同学作文写不生动，主要是缺乏写作的"设计""装饰"技巧和娴熟驾驭语言的本领。所以，才会出现情节平铺直叙，人物苍白无力，语言干瘪贫乏的现象。

第三说到"舒适"。"舒适"是衡量房子好坏的最重要条件，它像一把标尺，对房子的质量跟踪进行抽查和检验。房子的坚固结实，给人有一种安全感，所以使人觉得"舒适"；房子设计合理，造型美观，装饰漂亮，也让人感到"舒适"。"舒适"在作文中表现为"恰当"。"恰当"也是检验作文优劣的至关重要的标准。我们写作文的时候，要随时用"恰当"的"尺子"来监督我们作文的写作质量。

譬如，在选材上，我们就要考虑，这些材料是否都是围绕了文章的中心来选材的？选择几个最为恰当？有没有多余或不足的情况？在文章的结构安排上，我们也要考虑，详略处理得好不好？重点是不是突出？过渡和照应是不是得体？在人物的表现上，我们也要用"恰当"去检验：语言、细节描写是否恰当？人物形象是否鲜明突出？哪些地方还需要修饰或删除的？另外，在语言的表达上，更需要用"恰当"的标准来进行反复的推敲、揣摩。我们有些同学写作文时，只知低着头写，而不会随时抬起头来，看看你的作文哪里"走样"了或有什么不恰当的地方，需要修改、补救的，等作文完工以后，再来动"手术"，那就比较麻烦了。

总之，我们要写好作文，心中首先要有好作文的"图纸"或"样品"，这样才能按照条件和要求去精心的"施工"和"打造"，这样，才能创造出作文的精品。

情感是一条河

如果把作文比作是一条河流，那么，材料则是河流中的一尾尾鱼，而情感就是始终流动的，能让鱼活泼生长的活水。如果这条河流因源头的堵塞而静止不动，那么这水总有一天会变黑，变臭，那鱼也活不长久。可见，文章的情感对于一篇成功的作品来说，显得多么重要。

凡优秀的文学作品无不包含着作者丰富的情感，渗透着作者深厚的思想感情的。鲁迅的《从百草园到三味书屋》，通过对少年读书生活的描述，表现了鲁迅热爱大自然，向往自由快乐生活的心灵和对陈旧教育方式的厌弃。朱自清的《背影》在记述父亲送自己到车站，为自己买水果的过程中，字里行间饱含了父子间的亲情，表达了作者对朴实而深厚的父爱的赞美。陶渊明的《归去来兮辞》通过对作者归家途中、归家以后那种意趣相生、融情于景的生活场景的描绘，表达了作者对田园生活的热爱和辞官归隐的愉快。

人是有感情的动物，人在生活中始终伴随着喜怒哀乐等各种情感的。而我们写作文，就是为了表达人在各种环境和际遇中所感受体验到的各种思想感情的。我们选取各种生活场景、片段、事例和人物，都是为了表达作者的种种思想感情服务的。我们作文的目的就是想通过描绘记述传达这些情感的历程来达到感染人、打动人、触发人、晓谕人。

当然，作品中的情感就如一条河流中的河水，它只有在作品中才是完整的，流动的，脱离了河床的水，就会变得支离破碎，也就失去了生命。鱼在水中才是活的，它必须依靠水才能生存；而水中如果没有鲜活的鱼的游动，水流就会变得空洞而无所依托。可见，作品的情感必须借助文章的情节、人物、环境和细节等来表现，脱离了具体材料的情感，是空洞而没有生命力的。情感必须在流动中才显示出它的魅力。静止的、缺乏依托的情感是生硬的、矫情的。同样，材料也必须依靠情感来贯穿，只有在情感的起伏跌宕中，材料才变得鲜活而有意义。因此，情感和材料是相互依托，相辅相成的，任何一方的缺失，都会使作品失去光彩和活力。

鲁迅的《药》分别通过明线——华老栓到刑场买来人血馒头给儿子当治病的良药以及茶客们谈药，最后华大妈上坟和暗线——革命者夏瑜被人告密被捕，在狱中坚持斗争遭受毒打惨遭杀害，最后夏四奶奶上坟等情节的平行叙述、交织和融合，包含了作者对群众愚昧、麻木的落后思想的批判，对革命者的同情和赞扬，对辛亥革命失败原因的探究和对封建统治者凶残的揭露。所以，作者精巧的情节设置是完全为了表达主题，寄寓作者的思想感情的。

另外，我们从作者对人物形象的描绘中，也能看出作者所要表达的思想感情。《祝福》中对祥林嫂的三次肖像描写和多次"祝福"中遭际的描写，批判和揭露了封建礼教对祥林嫂的摧残；《变色龙》中对警官奥楚蔑洛夫的几次戏剧性的语言和动作的描写，显示了作者对这个趋炎附势、媚上欺下、见风使舵的势利小人的嘲讽和批判。《守财奴》一文则通过对葛朗台反常近乎疯狂变态的心理和细节的描写，流露出作者对资本主义社会人与人之间赤裸裸的金钱关系的深刻批判。

作品中的环境是人物活动的场景和人物关系的集合点，有怎样的自然和社会环境，就会表现出人物怎样的言行和性格。性格孤傲、细腻的林黛玉是在荣国府这样寄人篱下的环境中才步步留心，时时在意的；安分守己、逆来顺受的林冲是在沧州被逼无奈的情况下才奋起反抗的；荷花淀中的年轻妇女是在全民奋起抗战的背景下，在各自的丈夫离家参军、奋勇作战的环境中成长起来的。这种种环境无不包含着作者的感情色彩，渗透着作者的思想感情的。

作品中作者的情感象一条河流，融合在作品的描述中，流淌在文章的字里行间。情感是作者创作的原动力，是作品贯通全文、显示主旨的活水，更是滋润、荡涤读者心田的清泉。情感是鲜活的、流淌的、生动的，它来自作者社会生活的源头，来自作者的对生活的观察和思考，来自作者内心真实的感动和希望。

仿写失误例析

近年来，仿句已成为高考语用题的一种比较固定的形式。对于具有一定意蕴和表现形式的语句的仿写，既能体现一个人的分析理解能力，又能反映考生的语言功底和文学素养，所以，这种题型被经常选用，也就理所当然了。

仿句是一种综合技能，它首先必须透彻地了解仿写对象，全面准确地把握仿写样句的各个仿点的特点，然后才能选用恰当对应的语言仿造出符合题意和要求的句子来。在仿写训练中，分析和理解仿写的对象，应作为我们训练的重点，而学生仿写的失误也往往是对样句缺乏透彻的把握造成的。

一、对样句的主旨（意蕴）把握不准。

例1、墙角的花

　　你孤芳自赏时，

　　天地便小了。

样句诗句短小，但寓意深刻。它形象地说明一个人一旦陷入孤芳自赏的个人主义泥淖，那么它的生活环境、思想境界就会变得狭小。全诗带着批判和劝谕的口吻，还使用了拟人的手法。

仿1：天上的云　　　　仿2：空中的月

　　你放浪形骸时，　　　　你独自炫耀时，

　　圈宇便大了。　　　　　天地便暗了。

仿3：夜间的星

你自得其乐时，

世界便亮了。

仿句不但要把握样句的句式和表现手法，而且也要体现样句所寓有的意蕴。仿1虽句式和表现手法都接近样句，诗句形象、隽永，但体现的旨题却与样句相反。仿2从寓意上与样句相吻合，但不符合生活的逻辑。空中的月亮独自炫耀时，天地怎么会暗呢？仿3不但寓意与样句有出入，而且前后缺乏因果关系。下面一例仿写比较合理，可供参考：井底的蛙/你自鸣得意时/空间便小了。

例2：根据提供的语境，在横成上填上恰当的语句，使其前后组成一段协调完整的话。

海潮，放远了谛听才觉得深邃，

山峰，_____。

忠告，放远了品味才觉得亲切，

_____。

所以，哲人说"哲理产生美"，确实如此。

根据语境，我们可以推知这样几点：1、前两句说的是自然景物"海潮"、"山峰"，第三句是抽象的事物"忠告"，可知第四句说的也应是与第三句相类的事物，比如"友情""祝福""教诲"等。2、从第一句和第三句第一个动词都用了"放远了"推想，二、四两句的第一个动词也应与之相同。3、从寓意来看，"放远了谛听才觉得深邃"，"放远了品味才觉得亲切"，表面上似乎有悖常理，但却包含着生活的哲理。4、前两句表达的是对自然美的事物的思考，是为了后两句引出生活中不易被感觉的对美的情感的感悟作铺垫。在练习中，学生往往因缺乏对语段的整体把握，在第四句的仿写中，选择的对象不恰当，如"错误"、"失败"等；从第一、三句的表述来看，作者的用意是从具体到抽象，表达距离和时间产生美的哲理思考。而有些学生未能把握它的寓意和句式的统一性，仿写成了"山峰，走近了才觉得——"，忽视了语段最后一句总结性语句的提示。

二、对样句的句间关系把握不准。

例3：仿照下面的一组句子，以"祖国"或"长江"等开头，写一组句子。

> 大海啊！
>
> 哪一颗星星没有光？
>
> 哪一朵花没有香？
>
> 哪一次我的思潮里，
>
> 没有你波澜的清响？

这可以看作是一首诗的片断，诗句形象、抒情，表达了诗人对大海的依恋和赞美。诗句采用拟人手法，以"大海啊"的呼告开头，后三个反问句组成排比句，以抒发内心的深情。

仿1：祖国啊！

> 哪一 云彩不飘向远方？
>
> 哪一只鸟儿不飞返故乡？
>
> 哪一个游子的幽梦里，
>
> 不浮现祖国山河的雄壮？

仿2：长江啊！

> 哪一只航船没有灯光？
>
> 哪一 草地没有芬芳？
>
> 哪一次我的胸怀里，
>
> 没有你激流的回荡？

仔细阅读样句，我们便能理清这几个句子的句间关系。三个反问句的关系是，前两句和后一句形成类比，后一句自身又是一个比喻。选取两个自然中的普通现象，星星发光，花儿飘香，用反问句表达这种现象的必然性，用以说明大海与我心灵相通的亲密关系。第三个反问句把我的思想感情的起伏比作"潮水"，而"潮水"必然会产生"波澜的清响"。这是前两句星星必然发光，花儿必然飘香的自然延伸和深化，又与开头的呼告相照应。这里的关键是，"我的思潮里"有"你的波澜的清响"，显示两者的自然而密不可分的关系。前两句以人们普通认同的两个自然现象为后一句作铺垫，用反问句表达它们必然联系的确定性，用排比句加强抒情语气。

仿1开头两个反问句所列举的自然现象不够协调，如果说，"哪一只鸟儿不飞返故乡"是说明鸟儿对故乡的眷恋，那么"哪一片云彩不飘向远方"说明什么？与上句有何对应关系？另外，"游子幽梦"，与"祖国山河雄壮"不是相属关系，与样句有异。仿2前两个反问句所列举的现象缺乏普遍性，不是每只航船都有灯光，也不是每一片草地都有芬芳的。所以不能成为第三个反问句的有效佐证。"我的胸怀"与"你激流的回荡"也缺乏对应关系和必然联系。

三、对样句的语言特点把握不准。

例四：仿写。请选择某一事物，通过情境表达自己的思想感受。

言论的花儿，

开得越大，

行动的果子，

结得愈小。

本段文字运用形象的语言说明生活的现象，蕴含哲理。它批判某些人言行脱节，好夸夸其谈，不注重实际的现象，揭示了它的危害和结果。"言论"和"行动"本是抽象的概念，用"花儿"和

"果子"比喻，形象贴切，"大"和"小"的对比，主旨鲜明。

仿1：谎言的雷声，打得愈响；诚信的雨点，下得愈小。

仿2：外出的游子，走得愈远；心中的故乡，离得愈近。

仿3：空想的梯子，爬得愈高；真理的天堂，离得愈远。

仿4：奉献的种子，撒得愈多；收获的果实，结得愈密。

仿5：罪恶的泥潭，陷得愈深；堕落的果实，结得愈大。

仿6：谎言的阳光，照得愈烈；真理的积雪，化得愈快。

仿1前后两句的前半部分的仿写基本符合要求，问题是各自的后半部分，"响"和"小"从不同角度描述，不能构成对比。仿2"外出的游子"和"心中的故乡"均不是比喻，不合要求，从语气看，"走得愈远"和"离得愈近"也非正反对比。仿3"高"和"远"是近义词，语意虽含批判性，但缺乏对比的效果。仿4"收获的果实"不属于偏正式比喻，两个句子都是对奉献者的赞美属同一角度。仿5，"泥潭"与"果实"不属相关事物，"深"和"大"也不构成对比。仿6虽然前后形成对比，但用"阳光"来比喻"谎言"，显得不协调，用"积雪"来比喻"真理"也未能看出真理的特点。另外"烈"和"快"也不是反义词。

例5 在以下句中填上恰当的话语，使前后内容、句式对应，修辞方法基本相同。

1、青春似火焰。进取者为它加油，让它愈烧愈旺；退缩者_____，_____。

2、年华似流水。勤奋者_____，_____；懒惰者随波逐流，终成碌碌无为的流浪汉。

此例就是根据提供的前提条件，仿造对应的词句，并且要注意相关修辞。学生如果缺乏对语境的认真细致的分析，就不能准确地进行仿写。第（1）句前提是"青春似火焰"，所以给它"加油"，就会"愈烧愈旺"，而下文是与"进取者"相反的"退缩者"的行为，肯定与上文进取者的表现相反。学生所写的"给它吹风"，"把它扑灭"显然不够对应，比较妥贴的是"给它泼水"，"泼水"和"加油"两种行为截然相反，词语也非常对应。"愈烧愈旺"是动词性的联合词组，"烧"的结果是"旺"，选用"越来越小"或"无声无息"都不够好，"越来越小"，动作没有连续性；"无声无息"是一种状态，而非动态。选用"渐熄渐灭"就比较对应。第（2）句也是相反的两种人的不同行为。根据下文"随波逐流"这个跟水有关的词语，我们也要有意思相对的同类词语与之对应，比如"激流勇进""逆流而上""劈波斩浪"等等。与"流浪汉"比较合契的词语是"弄潮儿"，虽然"流浪"一词，与"水"已没有关系，但从字的形态，再联系"随波逐流"多少还是暗扣"水"的含义，所以"弄潮儿"无论是字面还是它的内涵，用在这里都是十分恰当的。倘若宽泛一点，"真英雄"、"大丈夫"等亦可入选，而句中其他修饰词语就都比较容易选取了。所以，仿写时，抓住关键词尤为重要，而学生的失误常常也在这里。

品读玩味　准确切入

——古诗鉴赏的几个角度

一、从"景语"入手

中国古典诗歌的重要特点，就是讲究意境，讲求情景交融。所谓一切景语皆情语。古代诗人善于通过写景来表达自己的思想感情，诗中的景物明显地带有诗人的主观色彩，融入了诗人的情感和思想。而且景与情和谐统一，水乳交融。这就是古代诗人所追求的寓景于情、借景抒情、托物言志的艺术境界和表现方式。所以古诗鉴赏的一个重要方面，就是从"景语"入手，来剖析诗人所寄寓的"情语"。

例一、　　　　　**菩萨蛮　　王安石**

数家茅屋闲临水，轻衫短帽垂杨里。

花是去年红，吹开一夜风。

梢梢新月偃，午醉醒来晚。

何物最关情？黄鹂一两声。

题：这是王安石罢相后隐居江宁半山后的词作。词中勾画了一幅_____的画面，抒发了作者_____的思想感情。

这是一幅动人的田园风光图。时间是从白天到入夜。画面中有临水的屋舍、劳动的农人，有红花，有绿杨，清风微拂，黄鹂婉转，新月如钩，这恬静、安逸、秀丽的乡村环境怎不令人流连忘返，沉醉其中？诗人当时的思想感情完全可用"怡然自得"来形容。当然联系到他当时的处境，也许他的内心深处有一种故作放达以求超脱的因素在里边。

例二、

关河令   周邦彦

来时阴晴渐向暝，变一庭凄冷。

伫听寒声，云深无雁影。

更深人去寂静，但照壁孤灯相映。

酒已都醒，如何消夜永！

题：前人在评论这首诗时说，"融情于景"是本词的突出特色，你是否同意此说？为什么？

本词是以哀景写哀情，上片先写薄暮凄凉之景，孤独的旅客默立客庭中，长鸣声声却不见雁影，营造了一种凄凉的氛围。下片的"孤灯"与之相呼应，孤寂凄凉之情自然流露于词的字里行间。所以前人的评论是准确的。

二、从"情词""情事"入手

古代诗歌除了通过景物的描绘来寄寓和表现思想感情之外，很多的诗歌还在写景的同时穿插着叙事或在景物描摹之后直接抒情和议论的。这些叙事或抒情议论的成分带有诗人强烈的感情色彩。所以，品味诗中的"情词"或"情事"也是我们能够迅速把握诗中的形象和题旨的重要途径。

例三、

东栏梨花   苏轼

梨花淡白柳深青，柳树飞时花满城。

惆怅东栏一株雪，人生看得几清明。

题：诗人见"惆怅东栏一株雪"而"惆怅"的原因是什么？

— 208 —

"惆怅"是诗中的"情词"，充分表现了当时诗人的心情。要了解惆怅的原因，我们可以从诗人所见的景物的变化中得知。柳树由浅绿变为深青，暗含春色已暮；梨花盛开，满城漾白，也暗示盛极将衰，一二句写景中满蕴了伤春之情；最后一句是"情句"，直抒胸臆，抒发了人生短暂的感叹。因此，我们抓住"情词"和"情句"的感情线索，在联系景物中探测到了诗人感伤春光易逝，慨叹人生短促的情怀。

另外如杜甫的《登高》中的"艰难苦恨"，韦庄《台城》中的"无情最是台城柳"的"无情"，秦观《满庭芳》中的"伤情处"，刘禹锡的《秋词》中的"我言秋日胜春朝"等"情词""情句"，均能藉此探知诗中的意蕴和诗人的内心。

例四、 **西 楼 曾巩**

海浪如云去却回，北风吹起数声雷。

朱楼四面钩疏箔，卧看千山急雨来。

题：这首诗表达了诗人怎样的情感？请简析之。

这首诗在描绘景象的同时还明显地带有描述的情节。暴风雨将临，按常理本当关门闭户躲避，但诗人反而高高挂起帘子，敞开窗户，为的是饱览"千山急雨来"的壮观，从中我们体会到了诗人开阔坦荡的胸襟和充溢内心的豪情。另如杜甫的《倦夜》一诗，把从入夜到破晓的整个过程描述得非常细致，实则突出表现了诗人为"万事干戈里"而彻夜难眠的心境，表达了他对国事民情的忧虑及报国无门的感慨。

三、从"诗眼"入手

"诗眼"是一首诗中最精练传神的字句，犹如这首诗的眼目，即全诗的主意所在。古人写诗讲求炼字、炼句，"吟安一个字，撚断数茎须”，“语不惊人誓不休”，力求一字传神，一语惊人。被称为"红杏尚书"的宋祁的诗句"红杏枝头春意闹"，着一"闹"字，就使静中显动，把杏花怒放、春意盎然、鸟语花香的大自然活力跃然纸上。宋欧阳修《六一诗话》载，陈从易得一本集，其中杜甫送蔡都尉诗"身轻一鸟"下面脱一字。陈与几位客人各作一字补之，或作"疾"，或作"落"，或作"起"，或作"下"。后得一善本，发现乃是"过"字。众人叹服。可见，即便普通一字，而境界大不相同。而这也正是我们鉴赏古诗的突破口。

例五、
题李凝幽居　　贾岛
闲居少邻并，草径入荒园。
鸟宿池边树，僧敲月下门。
过桥分野色，移石动云根。
暂去还来此，幽期不负言。

题：诗题中的"幽"字是本诗的"诗眼"，全诗都围绕"幽"字展开，请简析"幽"字的作用。

首联写居处"幽"，闲居一隅，阒寂无人，草径清幽，荒园寥落。颔联、颈联写环境的"幽"；颔联为突出一个"幽"字，诗人以响衬静，写鸟儿在池边的树上睡觉，老僧在皎洁的月光下轻轻敲门，这一切都更显出环境的清幽来。颈联从黑夜写到白天，还是从环境上着眼，不过视野开阔多了，过小桥，绕巨石，一路走来，处处清幽，满眼野趣。诗人内心的欣悦之情油然而生。最后一联才明白地透露自己对隐居生活的向往之情，表示不负诺言，一定与友人长期归隐。一个"幽"字浓缩了全诗的意境，隐含了全诗的主旨。

从"诗眼"入手透视全诗，确能起到牵一发而动全身的功效。唐元稹的诗句"遍绕篱边日渐斜"，一个"遍"字，虽用语平淡，但仔细咀嚼，便能体会到诗人为赏菊花而流连忘返的举止和心情；

唐许浑的诗句"一上高楼万里愁",一个"愁"字笼盖全篇,奠定了全诗的基调,与下文构成因果关系,开头讲"愁",下面则交代因何而愁,唐严维的诗句"一别心知两地秋","秋"字语意双关,既交代了送别的季节,又着重透露出分别的心情。

四、从"文化意象"入手

"文化意象"一词,是笔者的杜撰,尚未见其他评论者使用。"意象"一词最早见于刘勰的《文心雕龙》,宋代梅圣喻《续金针诗格》中说:"诗有内外意,内意欲尽其理,外意欲尽其象,内外意含蓄,方入诗格。"这是对白居易"意象"一说的补充和发挥。基本揭示出了"意象"这一概念的基本含义。近代西方曾经出现过被称作"意象派"的文学艺术流派,"意象"一词曾风靡一时。根据现代诗评家的整合、诠释,"意象"包括抽象的主观"意"与具体的客观的"象"两个方面,是"意"(诗人主观的审美思想与审美感情)与"象"(作为审美客体的现实生活的景物、事象与场景)在文学的第一要素——语言中的和谐交融和辨证统一。"意象"前冠以"文化"一词,旨在说明这类意象带有浓厚的文化含义,它并非诗人的临时创造而是对带有共同文化认知和文化心理的约定俗成的特定物象的选用。譬如说到杜鹃,人们很自然地会联想到神话中的带有悲剧色彩的蜀帝杜宇,据说他死了之后,化为杜鹃,到了春天,总要悲啼起来,使人听了心酸,而且它的啼声,似在说"不如归去"。

此类例子实在很多。又如古诗中"鹧鸪"的叫声,往往让人感到愁苦悲凉,"山深闻鹧鸪","只今惟有鹧鸪飞";而鹧鸪的相依想随,又让人联想到男女之恋,"双双金鹧鸪","那时同唱鹧鸪词"。猿的啼叫,会使诗笼罩一种凄清、哀婉的氛围。沙鸥象征着自由、无拘的生活,如"飞起沙鸥一片","天地一沙鸥"。蝉鸣,特别是暮蝉的叫声，给诗境平添了一分凄凉、悲愁的气氛，"寒蝉凄切"，"蝉鸣黄叶汉宫秋"便是。"落花"、"落英"、"落红"喻示着一种岁月易逝，破败、萧条的景况。"流水"、"东流水"暗含岁月的流逝、人生短暂的意味。"东篱"让人想到秋天、菊花、陶渊明的归隐生活；"后庭"、"淮水"想到故园，想到亡国之恨，想到物是人非。还有"秋风"、"烟雨"、"折柳"……

目前，虽然直接以"文化意象"为内容的题目不多，但我认为，通过对"文化意象"的积累和把握，并以此为切入点，对分析鉴赏古诗中的景物形象、所形成的氛围及作者的心境，进而深入理解诗歌主旨是大有裨益的。

五、从艺术手法入手

艺术手法主要表现在抒情方式和表现手法两个方面。抒情方式主要有直接抒情和间接抒情两个方面。因触景生情，有感而发，诗人直抒胸臆，表达内心感受的叫直接抒情；而借景抒情、托物言志等方面蕴涵或表达诗人感情的叫间接抒情。这两个方面前面都有涉及，这里不再赘述。

弄清表现手法也是解读诗歌的一把钥匙。我们首先要了解古代诗歌常用的一些表现手法，如以静写动、以小见大、虚实结合、衬托对比、象征讽喻等等。还有一种情况是借用修辞手法来表现，如比喻、比拟、对比、夸张、借代、对偶等。抓住了表现手法，我们就能依此探求诗人运用表现手法的真实意图、诗歌内涵及诗人内心的情感。

例六、
画眉鸟　　欧阳修

百啭千声随意移，山花红紫树高低。

始知锁向金笼听，不及林间自在啼。

题：1、本诗表现手法上最突出的特点是什么？

2、从诗中领悟到诗人怎样的思想感情？

诗题为《画眉鸟》，诗中所写的这只画眉关在"金笼"里，不愁风雨，不愁吃食，但却心情抑郁，向往着以前在山林中自由自在的生活。显然，诗人是借画眉鸟表达自己的一种生活理想。从中我们可以意会到所用手法是借物咏怀或托物言志。其次，将画眉鸟人格化，赋予它复杂的思想感情。而林中之鸟又与笼中之鸟的生活形成鲜明的对比，在强烈的反差中，始知"金笼"舒适、安逸的生活远不及林间的"自在啼"。从而诗人的思想感情也浮现出来。他借画眉鸟的两中截然不同的生存状态，表达了对自由的热情赞颂，对束缚个性、禁锢思想、窒息心灵的憎恶和否定。

例七、韩冬郎即席为诗相送，一座皆惊。他日余方追吟"连宵待坐徘徊久"之句，有老成之凤，因成二绝寄酬，兼呈畏之员外。

其一　　　李商隐

十岁裁诗走马成，冷灰残烛动离情。

桐花万里丹山路，雏凤清于老凤声。

注：冬郎，晚唐诗人韩偓的小名，其父韩瞻，字畏之。李商隐的故交和连襟。

题：三、四两句用了哪些表现手法？请简析之。

1、寓情于景。将对冬郎父子的评赞之情寄予所描绘的令人神往的想象的图景之中。2、映衬。用老凤的鸣叫衬托雏凤更为清脆悦耳的鸣叫声。3、比喻。将冬郎父子比喻为凤凰。4、夸张。红艳秀美的桐花延展万里，突出美景的壮观。本诗通过以上多种表现方法的综合运用，赞扬了冬郎父子的才情，表达了对青出于蓝而胜于蓝的真切赞美。

六、从题材类型入手

从考试的角度看，选作鉴赏材料的古代诗歌，均是篇幅比较短小的，如诗中的律、绝，词、曲中的小令等。古诗虽然浩如烟海，表现手法也是多种多样，但在表达思想感情上，往往因题材的类型相同，而形成一定的倾向性和相类性。

如写景抒情诗，往往表现诗人对自然美景的热爱和赞美，寄情山水的快乐，超脱尘世的欢愉等，而融情于景之中往往折射出社会的黑暗、动乱，诗人读现实的不满或对自己命运多舛，怀才不遇的感慨。也有些写景诗表现的是对朋友的迎送、惜别和思念之情的。

咏物言志诗。古人很喜欢咏物，自然界的万物，大至山川河岳，小至花鸟虫鱼，都可以成为诗人描摹的对象。在细致描绘事物的同时，还寄托自己的感情。这些诗往往采用拟人、比喻等手法，表达诗人所追慕的人格，寄托深刻的人生哲理。陶渊明咏菊，抒写自己悠然自适、不慕富贵的心境，陆游咏梅，表达自己不媚于俗，坚持正义的气节，于谦的石灰吟，则表现自己面对挫折，百折不回、奋不顾身的坚强人格。

边塞征战诗。边塞诗最能体现国运兴衰，不同时代往往产生不同气概的作品。盛唐之诗往往充满豪迈、勇敢和一往无前的精神，即使写艰苦战争，也壮丽无比，即使写出征远戍，也爽朗明快，即使写壮烈牺牲，也死而无悔。到了中晚唐，国势开始衰微，虽然诗人们也仍保持昂扬向上的基调，但不免夹杂着几多悲壮，几多惋伤。到了宋代，外侮不断，国难当头，边塞征战诗中更多流露出报国无门的愤懑，归家无望的哀痛，尽管仍洋溢着一股爱国热情，但与盛唐相比，更多了一种惆怅，一种哀厉。

怀古咏史诗。后代诗人对尘封的历史发思古之幽情，一定有现实的因素或触发感慨的媒介。诗家怀古大致有这几种情况：一是面对历史遗迹，想象在历史舞台上曾叱咤风云的英雄豪杰，留下多少辉煌的业绩，令人钦佩仰慕；二是对历史人物留下的经验教训，感慨唏嘘，对昔盛今衰，物是人非的现象的哀婉叹息；三是对历史作冷静、理性的思考，而诗人并不置身其中，表现他们不同的历史观和人生观；四是扭结历史与现实，或感慨个人际遇，或抨击隐喻社会现实。

另外，还有许多其他题材的作品，如怀亲、送友、思乡、赠人、人生感悟、闲情逸趣等等，这些诗要抓住"抒怀"的特点，寻找"事"与"怀"之间的跌宕起伏、摇曳变幻的线索，进而把握诗人在诗中所抒发的情怀。因这类诗对象各异，诗人情绪千差万别，须根据诗中的具体内容并结合以上提到的一些方法开展赏析。

感知体悟　对照辨析

——古典诗歌比较阅读

　　古典诗歌比较鉴赏，是近年来各种高考模拟卷中新出现的一种题型。它的难度比单首诗词的鉴赏要大一些，它要求读者不仅掌握古诗鉴赏的一般常识和技巧，而且还须具有找准对应点，进行比较赏析的能力。因此，加强比较阅读的训练，掌握一些技巧和规律，对提高学生的古诗词比较鉴赏的水平是有好处的。

　　诗歌要形成比较，就必须具有可供比较的条件。一般情况下，两首选作比较的古诗，总在某一点或几个方面是相同或相似的，然后我们通过对内容或形式的分析比较，揭示出两首诗的同中之异或异中之同。目前就本人所见选作比较的诗歌的类型大致有：景物诗（写景诗）、送别诗、边塞诗、咏史诗（怀古诗）、哲理诗等。景物诗范围较广，它还包括山水诗、田园诗等；有些诗还利用同题、同典、同作者、同意象等形成比较，但它们仍可归属于上述的几种类型。

　　一、景物诗（写景诗）的比较鉴赏。

　　例1：　　　　　　　　**江南春**

　　　　　千里莺啼绿映红，水村山郭酒旗风。

　　　　　南朝四百八十寺，多少楼台烟雨中。

惠崇春江晚景

竹外桃花三两枝，春江水暖鸭先知。

蒌蒿满地芦芽短，正是河豚欲上时。

题：甲乙两首诗选择不同的角度来描写春天，请分别说明。

这两首分别由杜牧和苏轼创作的绝句，描绘的都是江南春天的景色，都富有诗情画意。题目要求比较两诗描写春天的不同角度。学生做题时，往往忽略了诗歌画面的具体内容，单纯地从视觉与听觉，动与静，自然与人文，正面与侧面，理与景等角度考虑问题，没能抓住景物描写角度的关键所在，造成比较对应点的偏差。其实，第一首诗它的落笔不是某处园林名胜，不仅限于一个角落，而是铺展在大块土地上的"千里"江南的景色，山重水复，柳暗花明，色调纵横，层次丰富，具有立体感。再加上迷蒙烟雾之中，金碧辉煌、屋宇重叠的佛寺，使江南春的画面变得恢弘庞大。所以，这首诗是从大处着眼来写的。相反，第二首是从细小的景物入手。竹子、桃花、蒌蒿、芦苇以及鸭子戏水显示了早春的到来，特别是鸭子对水暖的感知，描绘了春天来临的信息。

例2：如马致远的《天净沙 秋思》"枯藤老树昏鸦，小桥流水人家，古道西风瘦马。夕阳西下，断肠人在天涯"与张可久的《天净沙 江上》"嘤嘤落雁平沙，依依孤鹜残霞，隔水疏林几家。小舟如画，渔歌唱入芦花"两首曲子，尽管曲牌相同，又同属写景诗，可表现出来的思想内容完全不同。马诗表现的是诗人孤寂凄凉的心情，而张诗则表达了诗人对恬淡闲适生活的热爱之情。马致远的《天净沙 秋思》还可与白朴的《天净沙 秋》"孤村落日残霞，轻烟老树寒鸦，一只飞鸿影下。青山绿水，白草红叶黄花"一诗形成比较。两诗都选取了秋天四种富有特殊情味的景物：落日、乌鸦、老树和村庄。不同的一是感情色彩，马诗表现了孤独哀伤的情调，而白诗渲染的是清新美好的气氛；二是写景的角度、顺序，马诗从近到远写景，而白诗则从远到近。

二、送别诗的比较鉴赏。

例3、 丹阳送韦参军 严维

丹阳郭里送行舟，一别心知两地秋。

日晚江南望江北，寒鸦飞尽水悠悠。

黄鹤楼送孟浩然之广陵 李白

故人西辞黄鹤楼，烟花三月下扬州。

孤帆远影碧空尽，唯见长江天际流。

题：（1）对两首诗的解说，不正确的两项是

A、两首诗写的都是送别，送别的地点都是长江岸边。

B、严维之友是从江南渡江北上，李白之友是顺江而下。

C、严诗用一个"秋"字，主要是为了交代送别的季节。

D、李诗则用"烟花三月"点明送别是在拂柳如烟的春季。

E、严诗中有诗人出现，而李诗中则看不到诗人的形象。

（2）简析严维诗三、四句的意境。

第一题是一道传统的题型，从甲诗的"江南、江北"和乙诗的"唯见长江"等文字得知 A 项是正确的。而甲诗从诗人站在江南"望"江北和乙诗"故人西辞"，从黄鹤楼到扬州的行程，再看到长江由西到东的流动，证明 B 项的正确。"一别心知两地秋"中的"秋"，应是语义双关，表面上写季节，骨子里透露的是离别的心情。此项有误。D 项没有疑问。E 项说"李诗看不到诗人的形象"错，"孤帆远影"消失在碧空的尽头，长江之水流向"天际"，这是诗人当时站在送别朋友的地方，久久地凝望载着朋友的船只远去，直至

消失，怎么能说"看不到诗人的形象"呢？这一题，既有两诗比较性的选项，又有单首诗意象的理解，要求学生从本诗的寓情于景的特点中去分析把握。

第二题，是对主要诗句的意境体悟，不属于比较题。诗人独立江边，遥望朋友去处不愿离去，直到很晚。秋夜清冷，乌鸦都已归巢，唯余江水悠悠。表达了诗人对朋友离别的无限思念之情。

三、边塞诗的比较鉴赏。

例4、
南园　　李贺

男儿何不带吴钩，收取关山五十州？
请君暂上凌烟阁，若个书生万户侯。

马诗　　李贺

大漠沙如雪，燕山月似钩。
何当金络脑，快走踏清秋。

注：①吴钩：古代一种弯刀。②若个：哪个或几个。③金络脑：贵重的马鞍。

题：（1）两首诗的主旨基本相同，主旨是：

_____

（2）两首诗表达感情的主要方式各是什么？

两首诗的作者均为李贺。李贺的诗不少是抒发个人怀才不遇的悲愤，反映出他不与世俗妥协的抗争精神，诗句想象丰富，语言秾艳，色彩奇丽；而这两首诗辞义显豁，情怀激越，表现作者渴望为国效力和建功立业的抱负，属于李贺诗风的另一侧面。这两首诗的主旨基本相同，但在表达感情方面的方式却有所区别。《南园》采取直抒胸臆或直接抒情的方式，好男儿为什么不带上宝刀，为国驰骋

— 219 —

疆场，登上"凌烟阁"，觅得"万户侯"。"凌烟阁"是唐太宗为表彰功臣所建的殿阁，反映作者愿意弃文就武，为国效力的抱负；《马诗》则意蕴表现得比较隐晦，采用托物言志或借物抒情的方式，以马自况，表现在边塞艰苦环境中，刻苦自励，献身疆场的决心。

四、咏史诗（怀古诗）的比较鉴赏。

例5、
题乌江亭　杜牧

胜败兵家事不期，包羞忍耻是男儿。

江东子弟多才俊，卷土重来未可知。

乌江亭　王安石

百战疲劳壮士衰，中原一战势难回。

江东子弟今虽在，肯与君王卷土来？

两首诗都是针对同一历史事件所写的咏史之作，其议论不落窠臼又各具特色，但都能言之成理，给人以有意的启迪。（1）两位作者的观点有何不同？（2）对两人的观点作一简明评价。

杜诗认为，兵家胜败是不能预期的，项羽虽然兵败，但江东子弟还有不少人才，有可能卷土重来，说不定还可以转败为胜；王诗认为，项羽兵败势难挽回，虽然江东还有很多子弟，但已没有人肯跟他再干了。杜诗主张的百折不挠、败不气馁的斗争精神，这点值得肯定；王诗指出项羽兵败属于失却民心，警世作用更为深刻。这两首咏诗语言明白晓畅，内容通俗易懂，学生只要细加体味，是不难把握的。

另如刘禹锡和韦庄的同题怀古诗《台城》，都是对六朝历史的感慨，但表现的方法各有不同。刘诗通过台城盛衰对比，韦诗通过自然景色的不变与朝代更替的无常的鲜明对比，寄托了作者同样的怀古伤今的无限感慨；刘诗用具有典型意义的高楼来替代六朝的数百年历史，韦诗则用"依旧"暗示人世沧桑，用"无情"反衬人之伤痛；刘诗对六朝亡国的议论不是直白的，而是巧妙借助《后庭花》，委婉地表达了自己的感慨，韦诗不作议论，也不作正面描写，而是采用侧面烘托的手法，着意渲染气氛，营造一种抒情的情调。这两首诗的比较要在表现方法上见出特色，稍有难度，需学生用心体会，仔细辨析，方能透彻理解。

五、哲理诗的比较鉴赏。

例6、　　　　　　观书有感二首　　　朱熹

其一

半亩方塘一鉴开，天光云影工徘徊。

问渠那得清如许？为有源头活水来。

其二

昨夜江边春水生，蒙冲巨舰一毛轻。

向来枉费推移力，此日中流自在行。

题：（1）上面两首诗取名为《观书有感》，并不是指从读某部书的具体内容中获得的某种启发，而是指_____。

（2）两首诗通篇运用比喻。第一首诗作者用"源头活水"比喻读书，是因为他认为_____；第二首用"一毛轻"、"自在行"和_____相照应，形象而生动地说明了_____。

朱熹善用形象的方法来写哲理。第一首诗在形象地描绘了清澈、明净的"方塘"之后，自问自答地说明了"方塘"之所以"清如许"，是因为有"源头活水"的问题。而我们一旦和标题联系起来，

就会体会出它蕴涵的意义：只有刻苦学习，不断汲取有益的知识，我们才能拥有鲜活的思想，即读书才能明理，明理才能明心。第二首诗写的是自然界的一种现象：巨大的船只，搁浅在江边，要向推动它确实"向来枉费推移力"，但春天的某个晚上，突然下了一场豪雨，江水上涨，巨舟竟然轻易地漂浮起来，自由自在地在水中荡漾。作者通过形象的描绘，生动地说明了读书以后那种豁然开朗，所有疑难问题都迎刃而解的那种感觉。诗中写船的"一毛轻"、"自在行"，自然与前面的"春水生"相照应。这里的"春水"也显然是比喻读书学习。因此，这两首诗写的都是读书以后的体会、感受，但它并不是就读某一部书而言的，而是对读书这有活动本身的感想。所以，我们只有掌握了比喻之间的联系，一切问题才能了然于心。

考场作文例证缺乏的应急方法

考场作文时，考生因例证材料缺乏，而无法顺理成章的情况是常有的。考试题目千变万化，考生平时不可能准备得面面俱到；而且有些考生平时阅读面狭窄，"书到用时方恨少"，而考场的特殊环境、紧张气氛也常造成某些考生一时思维滞塞，头脑空空。因此，考场作文"假、大、空"，唱高调现象屡见不鲜，其重要原因之一，就是因一时缺乏鲜活、扎实的例证材料，作文时，便以大话、套话来凑字数。

为此，这里提供三种针对"例证缺乏症"的考场作文作应急之需。实践证明，这些方法还是行之有效的。

一、剖析引题材料，以思考深入取胜。

话题作文的引题材料，有的仅为引出话题，有的对话题有一定的限制，有的引导你对话题作多角度思考，有的对考生理解把握题意作一定的启示。一般来说，对于引题材料，是否作为作文的例证论据，考生视具体情况而定。而有时当作文的例证材料缺乏时，考生可紧紧抓住引题材料作深入思考，条分缕析，说透道理，凸现题旨，从而以思考的深入，议论的精当，得到阅卷老师的青睐。

例如：有这样一幅画面：远处是一座入云的高山，近处是一个背着行囊的旅人，他正疲惫地拿着鞋子在磕。图下面写着这样一句话：使人疲惫的，不是远处的高山，而是鞋里的一粒沙子。请以"面对生活的困扰"为话题写一篇文章。

审题分析时，我们必须弄清材料中的一些问题并作深入思考。"高山"、"沙子"有什么特定的寓意？为什么人们对攀登高入云端的"高山"无所畏惧，而常常为一粒微不足道的"沙子"所困扰疲惫？这"大"与"小"，"征服"与"疲惫"的对比中，表现了怎样的生活哲理？在受到"沙子"困扰时，我们应具有怎样的态度？如何排除或打算怎样排除这生活中的"沙子"的困扰？"磕"掉鞋中的"沙子"是一种排除法，还有没有其他战胜"沙子"的方法？文章始终围绕引题材料，抓住关键，排除干扰，透视疑点，解析扭结，步步为营，层层深入，那么，即使没有旁征博引，仍然不失为言之有物的佳作。

二、列举日常生活事例，以联系现实占优。

一个考生，特别是理科考生，因阅读积累等原因，可能缺乏丰富的古今中外的例证，但肯定不会缺少日常生活中习闻习见的各种信息。围绕文章题旨，列举日常生活事例作为印证，并加以恰当分析，同样能使文章扎实而丰赡，而且还能显现联系实际、别具一格的优势。

例如：下面是某家电视台同一频道在一个月内播放的两幅画面——

画面一：冬日，晴空。北京街头出现了色彩缤纷的花卉和高大繁茂的热带乔木，人们饶有兴趣地观看、议论。[画外音]园林工人精心装饰着冬日的北京，让人们感受到春天的气息。

画面二：一位生态学家，指着街头一株株仿真椰子树，说："这些用化学原料制成的椰子树不仅起不到改善生态环境的作用，在阳光照射下还会释放出有害气体……"［画外音］没有科学就没有环保，生态学家呼吁，去掉装饰，还原冬天的本色。请以"装饰与本色"为话题写一篇文章。

针对这个话题，考生不妨选取一个角度，针对生活中的某一事物，专门围绕这一事物在社会上的种种现象作评析议论，同样能达到论证观点的目的。

譬如，针对社会上关于"美容"方面的种种表现："美容"店的林立，"美容"热的升温，化妆护肤产品的热销，"人造美女"的讨论，"美容"反而毁容、抽脂导致丧命的报道，小学生选美闹剧，为整容逼父卖肾的怪事以及香车美女、美女经济等等话题的流行，如能透过现象，深入本质，分析原因，表明立场，一分为二，明辨利弊，阐述"装饰与本色"的辩证关系，也能达到有话可说、言之成理的目的。另外，如"包装""旅游""环保"等日常生活事物，也可作为本题例证材料。

三、围绕某一名人事迹，以例证集中见长。

考生从小学到高中，脑子中总有自己熟悉或喜欢的一二个名人的影子，各种教科书或教师的拓展中，总有个别名人事迹给学生留下深刻的印象。特别是学生喜欢的学科或业余的兴趣爱好中，肯定有自己崇拜的偶像。因此，如果话题适合，学生是能找得到以某一名人的生平事迹作为对应例证的。

例如：阅读下列材料，按要求作文。

○忍得一时气，免得百日忧。（中国民间谚语）

○沉默呵，沉默！不在沉默中爆发，就在沉默中灭亡。（鲁迅

《纪念刘和珍君》）

○愤怒以愚蠢开始，以后悔结告终。（古希腊 毕达哥拉斯）

○一个发怒的人，总是疏于自卫的。（莎士比亚《安东尼与克莉奥佩屈拉》）

○爷爷生在天地间啦，该怒吼啦就怒吼啦！（人们改编的水浒歌词）

有的人为了一点芝麻蒜皮的小事，大打出手；有的人在丑恶、强权面前却三缄其口，事不关己，高高挂起，明哲保身；有的冲冠一怒为红颜；有的舍得一身剐，敢把皇帝拉下马……请以"忍与怒"为话题，写一篇文章。

有的学生在考试作文中，就围绕鲁迅的"忍与怒"展开讨论，列举了有关鲁迅"忍与怒"的种种表现，然后进行探讨、评说，从中归纳这些"忍和怒"体现了鲁迅怎样的精神品格。

如鲁迅的"忍"：为青年补靴，用多种化名发表文章，主张"壕堑战"，敌众我寡时"逃走"，对左翼作家误解的"忍"，对二弟及弟媳的无礼的"忍"，对母亲"礼物"的"忍"等，都体现着鲁迅无论旧道德还是新道德都堪称楷模，体现着鲁迅"俯首甘为孺子牛"的精神，体现着鲁迅"韧"的战斗精神。鲁迅的"怒"，如匕首，如投枪的文章，对敌人"一个也不饶恕"的坚定态度，敢于"痛打落水狗"的精神，敢于"怒向刀丛觅小诗""横眉冷对千夫指"的"金刚圆目"式的怒气，敢于打破封建"铁屋子"，勇敢发出"不在沉默中爆发，就在沉默中灭亡"的呐喊……无不体现着鲁迅疾恶如仇的感情，犀利深刻的思想，不屈不挠的战斗精神。鲁迅的"忍和怒"，诠释着鲁迅一生爱憎分明的立场，一个无产阶级革命家、思想家、文学家的人格力量。

其他名人如勾践、司马迁、岳飞、吴三桂等，如熟悉他们的事迹，同样也能围绕他们的"忍和怒"作一番精彩的议论。因此，用具有典型意义的一位名人的事迹作为一篇文章的例证材料，也具有很强的说服力。

除上述三种方法外，另有采用子句排比旧料新用；改变角度，旧料新说；并列式情景描述等方法，可临时弥补例证不足的缺憾。

考试作文如何写出真情实感

作文要表达真情实感，这是对学生作文的最基本也是最本质的要求。学生为什么要写作文？就是要学习表达真情实感的技巧和方法。写作技巧有了，却没有真情实感，这样的作文是空洞、虚假的；把自己的真情实感真实、生动地表达出来，那么，所谓的写作的技巧和方法也都包含在里面了。所以，真情实感是作文的第一要素。那么，也许有人就要提出疑问：考试作文是别人叫我写的，我没真情实感怎么办？这里，我们就是想讨论这个问题。

一、选择熟悉的内容写

为能使全体考生都有东西可写，一般考试作文的题目范围不会选得太偏狭。如 2008 年的浙江省高考作文题《触摸城市/感受乡村》，无论你是哪里的考生，总跳不出城市或乡村这两个地域，选择自己熟悉的生活环境来写，考生就有话可说；面对自己生活的土地，作者作真实的描绘，真情的抒发，真切的感悟，这样的文章便可能达到了真情实感的要求。有些作文题带有半命题性质的，如《我发现了_____》，考生有较大的选择空间，可选择自己熟悉的内容来写，就比较容易写出真情实感。如"我发现了落叶之美""我发现了唐诗的魅力""我发现了人性的光辉""我发现了最浪漫的事"等。有些作文话题比较虚，如《行走在消逝中》《我想握住你的手》等，但仍有想象和选择的余地，你可仔细搜索自己平时的材料积累，哪些内容是你熟悉而且有过透彻了解的,哪些内容是你烂熟于心的,那个人物是你从小喜欢、非常仰慕的,选择这样的内容来写,自然比硬写不熟悉、不知情、不拿手的要容易得多,也容易唤醒你内心的情感和思想。

当然,选择熟悉的内容写要有一个前提,即考生平时有较丰富的写作积累。一是要有观察生活、体验生活的积累,平时有意识地观察和体悟自然、人生、社会环境,积累起较为丰富的生活细节,并丰富自己的情感要素,热爱自然,热爱生活,与周围的人和谐相处,充满爱心,并富有积极乐观的心态;二是通过广泛阅读古今中外的文学作品及百科类读物,丰富自己的知识储备,具有较开阔的视野,在阅读中沉淀自己的思想,放飞自己的想象,并具有创新意识。有了这样的准备,写作时才能做到如囊中探物,应有尽有。

二、联想相近的情景写

现在的作文题,除材料作文外,话题作文、命题作文等也往往提供了一些引题的材料,这些材料有利于考生进入材料设置的氛围,产生相应的情境联想和想象。如2007年浙江省高考话题作文《行走在消逝中》,前面有这样一段引题材料:

还记得你的童年吗?随着年龄的增长和思想的成熟,那些美丽的梦想、单纯的快乐似乎在一步步离我们远去。

苍莽丛林间,玛雅文明湮没了;丝绸之路上,高昌古国消逝了。人类在消逝中进步。

行走在消逝中,既有"流水落花春去也"的怅惘,也有"谁道人生无再少"的旷达……

读了这些材料,有的考生想到了自己的童年生活,想到了正在消逝的故乡的风情和已经去世的爷爷奶奶;有的考生想到了世界历史上文明的演变，想到了中国历史上的强盛帝国和许多英雄人物，想到了江南的年代悠久的民俗、民居，想到了我们生活环境和生活用品的变迁；有的考生还想到了唐诗宋词对物是人非、风景不再的历史古迹的伤感……这些都是因引题材料或话题而引起的相近的联想，这些联想有利于考生进入到相应的情景中，唤起对这些已经消逝或即将消逝的事物的感慨和思考。那么，这些曾经隐藏在他内心深处的思想感情的唤醒和抒发应该是考生一种真情实感的表露。

2009年浙江省高考语文样卷中的作文题，以半命题形式出现：请以"梦回_____"为题，写一篇作文。题目前面，同样有一段引题材料，举了孔子、辛弃疾、老舍、徐志摩等四人"梦回"的例子，以唤起考生联想。所以，在考试中，如何通过仔细阅读相关材料，进入到联想和想象的事物中去体验感悟，是考试作文产生真情实感的一种有效途径。

三、以即时的体验感悟写

有些考试作文题，看了材料或题目，不能立刻让考生产生联想和想象，引起考生的情感触动和思想火花。如情景作文和想象类的作文，考生必须进入情景进行体验或根据题目的设置展开想象的翅膀，这样来点燃考生写作的激情和表达的欲望。现在情景类的作文形式出现较多的是通过对古诗句所描绘的意境的体验和感悟，来写作文。如2007年北京卷就以"细雨湿衣看不见，闲花落地听无声"两句唐诗作为作文的话题。这要求考生必须对诗句的意境进行即时体验，想象某种情景，然后从中产生某种感悟。而想象类作文，如上海卷的《望星空》，考生要根据题目设置的情景，调动自己的知识积累和多种心理功能，展开全面、充分的想象，思维在星空中穿梭，想象在历史中飞翔，通过想象，跨越时空的阻隔，摆脱现实的束缚，根据立意的需要，把古今中外的事物串联起来。同时，要把情感充分激发起来，只有感动了自己，才能感动别人。

在我们平时见到的一些话题作文中，我们经常见到的是一些带有寓言性的、哲理性和思辩性的话题，对于这里题目，我们必须对材料或话题作即时性的分析、理解，从而揭示出事物的内涵和概念之间的相互关系，我们要及时抓住在深入剖析过程中的思想闪光或独特感悟，然后选好角度，运用适当材料，把自己的见解充分表达出来，这样即时性的感悟，同样具有真情实感。如 2005 年浙江高考作文话题是富有七言绝句意味的《一枝一叶一世界》，这个话题暗含辩证辩证思想，既有诗的意蕴，又有思辩色彩，需要考生仔细分析感悟，体会到寻常细微之物常常是大千世界的缩影，无限往往收藏于有限中。力求于"小气"中见"大气"，使考生面对自然、社会、人生这个大"世界"作出自己的思考。这个话题倡导个体价值，凸显真我，重视从"一枝一叶"中感受体验和思考"世界"过程。考生在这种感悟思考中，产生自己的真知灼见，写出反映思想的佳作。

中学生作文如何做到"言之有物"

作文的目的是为了表情达意，也就是说，通过文字，把我的情感思想传达给别人，以引起读者的注意和内心的共鸣。因此，写好你要传达的东西，是作文成功的关键。而写好"要传达的东西"的重要标准，就是"言之有物"。而中学生因受生活环境的限制，作文最容易犯"无病呻吟、言之无物"的毛病。那么，中学生的作文如何做到"言之有物"呢？

1、描写要有形有色，反对闭门造车。描写是学生常用的一种语言表达方式，无论是写一次日出，写季节的变化，还是写自己的生活环境，都要运用描写的手法。有的同学善于抓住事物的特点，描写生动细腻；而有的作文一看就知道是闭门造车。描写粗线条，老套俗烂，没有鲜明的感觉。因此，我们要引导学生学会"留心观察"。观察可以是临时性的，但重要的还是要培养学生养成平时留心观察的习惯，这样才能有一个长期的感性上的积累。要让学生有一双敏锐的眼睛，有一颗敏感的心灵，亲近自然和社会，在郊游、散步、购物、候车等日常活动中，用心去观察，用心去倾听，在单调的生活中发现并不单调的东西。同时，要善于运用联想和想象，把平时看到的、听到的、读到的、感受到的在写作时都能调动起来，并用自己的感觉去捕捉，去补充。这样，你所描写的对象才会生动可感，给人以具体形象的感觉。周记《这里的秋天不寂寞》，写的是秋天自家地里植物的生长，就是留心观察的结晶。

2、记叙要有血有肉，反对记流水账。学生在周记中，经常记叙一些学习生活内容，如住宿生回一次家，星期天上一趟街，回忆过去母校生活，我跟母亲通一次电话等等。本来这些都是学生亲自经历过的，应该有内容可写。但有的学生写出来的往往只是一个过程，没有多少生动具体的内容。有的学生不懂得，过程不过是串联文章内容的"一条线"，而线上还要有一颗颗的"珍珠"。而这"珍珠"往往是人事方面的细节。细节从哪来？细节来自生活。如周记《家醋》，写母亲自酿"葡萄酒"过程，作者通过仔细观察，记录下一个个生动具体的细节。《球之梦》通过对反复练习、细心揣摩和妹妹的场外"指导"等生动细节的记叙，成功地塑造了一位想要在运动会中一显身手的女孩自信、刻苦又可爱的形象。另外，记叙文除做到细节的饱满之外，过程的设计上也要争取有起有伏，反对记流水账。其实，只要留心生活，就会发现生活本身其实本来就是有起伏变化的。如周记《我也想家》，开头写作为新住校生因新鲜感而并不想家；接着写看到室友与母亲通电话时哭泣，感到好笑；最后才写我如何想家。情节的起伏避免了常见写想家文章的平铺直叙的毛病。

3、议论要有理有据，反对做表面文章。每个人都会发议论，但议论也有优劣之分。蹩脚的议论往往就事论事，只做表面文章；或哗众取宠，没有多少实质内容。所以，要想发好议论，最重要的还是要有理有据，所谓事实胜于雄辩。有些同学光会下判断，这不对，那不行，应该这样，不应该那样，却说不出多少理由。这个中的原因，有的可能是缺少积累，但更主要的还是不善思考，缺乏联想和分析能力。作文中，联想能力是很重要的，好文章的表现之一就是论据充实，而论据的来源主要靠大脑的搜索，这就是联想。联想的方式主要有横向联想、纵向联想、逆向联想、发散联想等。周记《从城镇公交系统想开去》，就是由眼前的公共交通的现状，联系到国内、国外正在出现的新的公交形式，提出解决问题的办法。分析是避免做表面文章，拓展文章深度广度的主要方法。分析最直接的方法就是要抓住关键问题，弄清"为什么，怎么样"。可运用例证、引证、因果、对比、类比等论证方法，来阐明道理。因此，综上所述，要写好议论文，我们一方面要依靠阅读不断丰富我们的材料库，拓展我们的知识面；另一方面，在写作中，通过我们的不断实践，提升我们的思维能力。

4、抒情要有凭有依，反对无病呻吟。中学生正处在青春期，内心存在着许多"成长的烦恼"，因此，他们比较喜欢写内心独白式的抒情文章。这种文章往往表达学习生活中所引起的愁绪、烦恼、困惑、孤独、失落等，但因缘起不明，表达又比较空洞、概念，文章的内涵比较缺乏，充满个人化的情绪，给人以"无病呻吟"、"为赋新词强说愁"的感觉。抒情文章特别要注意这一点，即情感的抒发是要有一定的凭借和依托的，否则，文章一开头就无缘无故地来一场抒情，会让读者感到一头雾水。而且，即使抒情也要有一定的内容，不能只是空洞的抒情。所以，无论你是先铺垫、过渡，再抒情也好，还是便叙述边夹杂着隐约的情绪渲染也好，抒情是离不开事实基础的。总之，抒情是为文章的内容服务的，脱离了内容的抒情，就像无根之树、无源之水，情感的抒发就显得突兀、怪异，失去它应有的作用。周记《明天又是新的一天》，同样写考试的感受，作者站得就比较高，她把每一次考试都看作是人生的一次《一些无关风月的事情》《忆游沈园》《谁的光环？》

高考语文试卷要切合高中教学实际

一、要切合教学实际

多年来，高考语文试卷一直存在着"考"与"教"脱节的现象。这既不符合中学教学的实际，也不符合教学规律。考试如果不是以课堂教学内容及教学效果作为检测的对象，那么，"教"与"学"的目标如何确定？"教"与"学"的积极性从何而来？"考"又以何为依托？从现实的情形来看，学生对学习课本没有兴趣，平时考试也是突击应付一下，并无消化巩固的长远打算，这跟高考试卷有着必然联系。可以说，没有一所学校是将六册课本全部教完的，特别是五、六册，很多学校除选教几篇古文外，其余大都舍弃了，而留出时间进入高考复习。因此，在很多师生的心目中，课文学多学少，学好学坏没啥分别。高考复习的内容大都是中学教材中所没有的，如果不系统、大量的复习，高考肯定要"吃瘪"。因此，目前的高考试卷的导向既不利于语文教学，又无形中加重了学生的负担。

我想，理想的高考试卷应该切合教学实际，将"教"与"考"结合起来。（其他学科都是这样）。这样，至少有这些好处：1、教学目标更加明确，"教"不再是无的放矢，开"无轨电车"，教好教坏一个样。教的内容和效果要由"考"来检验。2、提高"教"和"学"的积极性。过去光凭语文教师自我安慰，语文是"精神食粮"，吃下去是有利于"精神健康"的，多半人将信将疑；现在看到这"食粮"能让人长个儿，长肉，你即使不强调，都会有人抢着吃。

3、有利于提高教学效果。教材中的选文，大都是经典之作，特别是文言文，都是经过时间淘洗的精品。这是考试中的大多数语段所无法比拟的。如果能把这些精华读熟了，消化了，提升了，我想你的高中语文就没有白学，用不着去瞎搞没有实际效果的、过多过滥的所谓"拓展"，古人所说"半部《论语》治天下"，道理即在此。现在的语文教学中存在严重的本末倒置、主次不分的现象。4、减少"题海战术"的现象。高考试卷中考查的基础知识，如语音、词语、熟语、病句，及科技文、现代文、古诗文阅读，均超出学生课内所掌握的知识和技能。那么要对付这些高考题，唯一的办法就是课外大量的操练。而且有些纯知识性的东西，练少了还不行，这里没有举一反三、触类旁通的道理可讲，不知道就是不知道。如语音、字形、熟语等，即使语文专家也未必掌握周全，所以，高考题常有错误的现象也就不足为奇了。（如2004年全国Ⅱ卷2、D项"天随人愿"，原题认为"随"应为"遂"；2004年全国Ⅲ卷2、C项"挺而走险"，原题认为"挺"应为"铤"，而《辞海》缩印本1712页上说"铤"也作"挺"）。因此，这样的考试范围，是背离了教学实际的。只有结合"教"的内容，缩小考试的范围，才能解决这个问题。

如语音、词语理解、名句默写、文言文阅读，甚至包括现代文阅读，都可出自课内，而且，考试的题型还可以创新。

二、要切合教师工作的实际

我一直在私下猜测，出语文试卷的教师一定不改语文试卷。否则，为什么题目越来越繁难呢？选择题越减越少了，1992年高考试题有25道选择题，现在只剩下可怜的14道。古文翻译、古诗鉴赏、现代文阅读，文字表达量在不断增加，语用题也变着法儿要你多写。

出题的教师总觉得这也不放心，那也不放心，结果，题目越加越多。其实，要看思想水平、文学修养、语言表达，一篇作文足矣，用不着瞎操心。据统计，2004年语文全国（Ⅰ）卷，除作文外，文字表达题要写600字左右，其他省市卷也大同小异。学生倒不在乎，只要不超时，写就写呗，而教师可就惨了。这五六百字，并非一瞟就能过的，它要你逐一地去理解，去比对，去评判，若注意力不集中，还真的打不出分。2005年某杂志上有一份高考模拟题，其中有一语用题，内容是电子束对撞及结果，共120字，要改写成六个短句。结果学生答法多种多样。如果教师要看清楚一份卷子的每个句子语法结构是否规范，是否符合原意，句群的先后顺序是否恰当，起码要半分钟，那么也就是说，仅为改这道题你就得花近一个小时的时间。语文题的随意性也就在这里。你看数学教师，两个班级的卷子，三个小时内保证能够拿下。英语跟语文应属同类型的学科吧，可人家除两三百个单词的小作文外，其余全部是选择题。条件差一点的，教师在正确的题号上打几个洞，与学生的答题卡一合拢即可批改；有读卡机的学校，教师就更方便了。只有语文的批改，还是笨重的手工作坊，两个班级的卷子，没有十五六小时，休想完工。工作量竟相差四五倍之多。高三复习阶段，各校都有月考的惯例，抓紧一点的，一月中还有一两次小考，这样下来，语文教师还有活路吗？不知我们的命题者有没有为一线的教师想到过这些？

　　理想的语文试卷，能让语文教师脱离批改的"苦海"，减轻工作的负担，最低的要求是，两个班的语文试卷批改能在一个工作日内完成。

三、要切合培养目标的实际

　　语文的培养目标是什么？我想应该是能准确地掌握和运用汉语

言文字，具有较高文化素养的，适合未来社会发展需要的一代新人。因此，语文教学的任务，就是既要继承和发扬中国优秀的传统文化，又要培养学生具有适应未来社会发展的语文技能，并从中提高学生的文化素养。

当今社会，应该说语文无处不在。语文教学除在课堂教学中传授浓缩中国优秀传统文化的语文精品之外，应该与社会生活结合起来。在社会生活中，语文知识和能力表现的丰富性、多样性、广泛性，确实让人目不暇接，出现了诸如"科技语文""网络语文""艺术语文""生活语文"等多种形态，而这些恰恰是现在语文教学所缺乏的。高考试卷若能接纳多元语文形态，创新语文试题，这既符合飞速发展的社会实际，也对培养目标起到正确的导向作用，语文的实用性、重要性也就不言而喻。

其次，语文试卷要体现考查学生的创新能力。创新能力是未来对人才的一个最重要的要求。语文培养的不是只知"之乎者也"的老夫子，不是沉湎个人小圈子的酸溜溜的文人。语文培养的应是视野开阔、思维敏锐、语言幽默、富有生活情趣、内涵丰富、能够娴熟而有创造性地使用现代汉语的时代新人。在现实生活语文运用中，包含了丰富的语文创新因素。不说别的，单从"说"的方面来看，赵本山的幽默诙谐，白岩松的口若悬河，崔永元的机智风趣、朱军的渲染煽情……无不体现着语言的魅力和创造力。这是不是一种语文能力？高考语文如何体现考查这种语文能力？如何挖掘学生内在的创造潜能和个性特色？这应该是当今语文应考专家思考和研究的问题，也是广大我们语文教师所期待的理想的语文考试形式。

谁给语文教师松绑

选择当语文教师，算是一辈子倒了大霉。看现在的家教市场，数理化英语火爆，有几个学生来请语文教师的？学生、家长心中都有一杆秤，数理化英语辅导效果明显，而语文提高难。把钱撒在回报率低的学习上，谁干？当然，我这里并非因为语文家教没生意而抱怨。事实就是这样，谁闹猛，谁就吃香；谁寂寞，谁就没有"花头"。现代社会就是这样功利。也许有人会说，语文教师要耐得住寂寞，但有谁会理解你的"寂寞"呢？难道教语文比教其他学科崇高？

这里可见语文教师的尴尬处境。语文为什么提高难？有些人认为是语文教学的"人文性"。我想归根结底还是高考语文"指挥棒"作祟。问题就出在这张"试卷"上。高中语文六册课本，语文教师一篇一篇辛辛苦苦地教了，但对于高考到底有多大作用？作用多少有一点。问题就在"有一点"。正因为"有一点"，我们不能放弃，也不敢放弃；正因为只"有一点"，效果就不是很大，学习也就可有可无。如果搞一个试验，高中三年不学课本，从高一开始就拼音、汉字、成语、病句一直到诗歌鉴赏、语段阅读一项一项进行训练，三年下来，跟学课文的一组比一比，高考谁考得更好？我看，很可能还是搞训练的胜算多。那么，教材编得就很有问题了，或者说，考试试题出得很有问题了。"教"与"考"脱节，"教"便是无用功；"考"便是无的放矢。有人说，学课文是为了提高"人文素养"，难道其他学科就没有提高学生"人文素养"的责任？提高

"人文素养"就一定与考试相冲突吗？

其次，说到试题，连大学的文科教授都感到吃惊，现在的中学语文教师实在是太难了。真要个个成为博古通今的全才才能胜任。一项语音，要掌握得比播音员还精通；有时为了一个错别字，几乎翻遍了所有的字典、词典，最后仍无定论。这也难怪，即使如高考试题也要出差错。（如 2004 年全国卷 Ⅱ 2、D 项"天随人愿"，原题认为"随"应为"遂"，而根据上海辞书出版社的《精编成语词典》和《中国成语大辞典》都只有"天随人愿"或"天从人愿"，而无"天遂人愿"；2004 年全国卷 Ⅲ 2、C 项"挺而走险"，原题认为"挺"应为"铤"，而《辞海》缩印本 1712 页上说"铤"也作"挺"）。搞了一辈子语文的专家尚要出错，就不该为难那些还有那么多功课要学、以后也不想把语文作为专业的学子们。一篇科技文阅读，语文教师不但要扮演科技精英，而且还要求对各种前沿学科无所不通。古文语段阅读，据说二十四史中的一些像样的人物传记语段几乎被各种模拟试题搜罗殆尽，似有无题可出之虞。像这样的包罗万象、毫无限制的语文考试内容，怎不让语文教师叫苦连天？又怎能在大海捞针似的高考复习中提高成绩，抓出实效？

其三，我一直在私下猜测，出语文试卷的教师一定不改语文试卷。否则，为什么题目越来越繁难呢？选择题越减越少了，1992 年高考试题有 25 道选择题，现在只剩下可怜的 14 道。古文翻译、古诗鉴赏、现代文阅读，文字表达量在不断增加，语用题也变着法儿要你多写。出题的教师总觉得这也不放心，那也不放心，结果，题目越加越多。其实，要看思想水平、文学修养、语言表达，一篇作文足矣，用不着瞎操心。据统计，2004 年语文全国（Ⅰ）卷，除作文外，文字表达题要写 600 字左右，其他省市卷也大同小异。学生倒不在乎，只要不超时，写就写呗，而教师可就惨了。这五六百字，并非一瞟就能过的，它要你逐一地去理解，去比对，去评判，若注意力不集中，还真的打不出分。前不久某杂志上有一份 2005 年高考模拟题，其中有一语用题，内容是电子束对撞及结果，共 120 字，要改写成六个短句。结果学生答法多种多样。如果教师要看清楚一份卷子的每个句子语法结构是否规范，是否符合原意，句群的先后顺序是否恰当，起码要半分钟，那么也就是说，仅为改这道题你就得花近一个小时的时间。语文题的随意性也就在这里。你看数学教师，两个班级的卷子，三个小时内保证能够拿下。英语跟语文应属同类型的学科吧，可人家除两三百个单词的小作文外，其余全部是选择题。条件差一点的，教师在正确的题号上打几个洞，与学生的答题卡一合拢即可批改；有读卡机的学校，教师就更方便了。只有语文的批改，还是笨重的手工作坊，两个班级的卷子，没有十五六小时，休想完工。工作量竟相差四五倍之多。高三复习阶段，各校都有月考的惯例，抓紧一点的一月中还有一两次小考，这样下来，语文教师还有活路吗？不知我们的命题者有没有为一线的教师想到过这些？如果没想过这些，倒也不能怪你；如果你也是来自一线，这就有点残忍了，你说是不？假如我们的语文试卷今后能够作一些大胆的改革，让我们的语文教学有明确的教学目标，让我们的语文教师能从无谓而又痛苦的批改中抽出身来，有时间去从事课堂教学研究和教学改革等有意义的工作，那么，语文教学扬眉吐气的日子也就为期不远了。

厉敏：主体与主导相融，智慧和艺术并举

厉敏，男，1959年7月出生，浙江舟山市岱山县人。浙江师范大学汉语言文学系毕业，上海师范大学语文课程论研究生结业。1980年参加工作，曾任岱山中学副校长、岱山县文联副主席、县青联常委等，后任浙江省舟山中学教科室主任、市中语会名誉会长等职。曾获舟山市教坛新秀第一名、市教坛中坚、市学科带头人、市挂牌名师、市教授级高级教师等荣誉称号，被浙江省海洋学院聘为客座教授。曾荣获县优秀党员、市德育先进工作者、市首届海岛园丁奖、省教科研先进个人等荣誉。参加教学工作30多年来，所教学生中有省理科状元1人，省文理科前10名6人，2005届所教班高考语文

130 分以上 3 人，全班语文平均分 116.5 分，名列当年全省前茅。另有学生在全国新概念作文比赛中荣获一二等奖，或成为省作协会员。曾担任"新世纪杯"全国作文大赛专家评审委员会委员，多次参加省高考语文命题工作，曾应邀在省特级教师协会年会、省六地市高考研讨会等作语文专题讲座，曾多次参加"长三角"结对学校专家上课点评。曾主持省规划课题《杂记写作指导的实践与研究》1 项，参研国家级课题《新课程改革与学校效能研究》等 2 项，参研省级规划课题《语文原生态阅读研究》等 10 项，所参研的课题曾获国家级一等奖 1 项，获省政府二等奖 2 项，多次获省级课题三等奖。曾在《上海教科研》《中学语文教学参考》《语文教学研究》《浙江教育科研》等报刊发表论文 50 余篇，其中《阅读教学中课堂讨论的控场策略》一文，被中国人民大学资料复印中心收录，并转载于人大教学刊物《初中语文教与学》。获《语文教学通讯》、全国中语会青年语文研究中心、中学语文报刊协会、全国"圣陶杯"、浙江省教研室等教师论文评比一等奖 4 次，二等奖 4 次、三等奖若干次。主编的校本课程《普陀山历代诗文选读》被评为省网络精品课程。主持编写《迈向成功之路》系列丛书（共 10 种）（华龄出版社出版）、责编《川广自源天宇开》（中国教育出版社出版）、《乐付韶华育菁莪》（中国教育出版社出版）、《现代优秀文学作品赏析》（科学教育出版社出版），参编《镇鳌论教》（作家出版社出版）《镇鳌山麓人文之旅》（中国文史出版社出版）等多种。

在业余文学创作上，为中国散文家协会会员、浙江省作家协会会员、舟山市作协理事兼散文创委会主任。1985 年开始文学创作，为东南沿海"东海诗群"舟山"群岛诗群"骨干成员。曾任岱山文联副主席、岱山青年文学协会会长、《群岛》主编等。作品以诗歌为主，兼及散文、评论等。已有 900 余首诗歌、60 余万散文作品发表于《诗刊》《星星》《萌芽》《诗歌报》《安徽文学》《作品》《江南》《陕西文学》等刊物，曾获浙江省首届青年诗人大赛优秀作品奖、中国校园诗人特别奖、全国散文大赛华表奖、中外诗歌散文大赛二等奖、全国海洋文学大赛二等奖等。著有诗集《穿越动荡的午夜》

(中国文联出版社出版)《心灵的视角》(作家出版社出版)、散文集《飘荡的情怀》(中国青年出版社出版)《时光的身影》(文汇出版社出版)等。作品入选《新篁诗雨》《蔚蓝色视角——东海诗群诗选》《浙江诗典(1976—2005)》《潮水奏鸣曲》《舟山文学精品集》等作品集。

教学艺术

一、艺术语文与语文艺术

在语文课引入艺术形式，是一种语文艺术。

在学科教学中，积极开展"艺术语文"活动，努力提高学生学习语文的兴趣和语文能力。如开展课前一分钟即兴演讲，学生课前唐诗宋词讲解，学生诗词创作，自编名言警句，开展自编文学常识、成语知识竞赛，开展诗歌朗诵、辩论等竞赛，组织学生方言表演课本剧，影视作品欣赏评论、暑假进行读书活动并组织学生采访校友，学生作文教师点评并在博客进行展示等，努力把学生喜爱的艺术形式融入教学空间，从而让学生喜爱语文，并从中提高语文素养和语文能力。

1、将具有地方特色的艺术样式渗透语文课堂

用舟山方言来为小说人物配音，是我们常搞的活动之一。舟山方言属于吴方言的一种，具有独特的表现力。我们要求学生在给小说人物配音中，可适当进行再创作。如学习《林黛玉进贾府》，既有分角色的女声五人版的，也有同一人却饰演不同角色的男声版的，学生用舟山方言表演林黛玉、王熙凤等人物的对话，具有独特的地

方韵味。表演和观看中，让学生领悟课文内容。学生在创作过程中，兴致很高，大家相互配合，乐在其中，语文的能力在不知不觉中得到了提高。

2、把学生喜爱的艺术形式融入教学空间

诗歌朗诵会。读，是语文教学最基本的教法和学法，也是我国几千年语文教学的精华所在。配乐朗读，即以优美的乐曲和文章有机组合，在和谐动人的情境中继以声情并茂的朗读。它是语文教学打破传统的单一讲授模式，改进教学手段的有益尝试。特别是在信息发展时代，各类艺术互相渗透，横向联系，互相促进，让独具艺术魅力的音乐堂而皇之地走进语文课堂，音乐与文章以多种方式结合，结合的基础是它们的内容、情感和运动性。

3、将学校社团活动的载体搬入语文学习

我校有文学社、动漫社、推理社、街舞社、科技社、电影社、新剧社等几十个学生社团。各班几乎都有学生参与。我校语文教师在教学中，动脑筋想办法，通过与这些十分热门的学生社团载体，与语文教学结缘，将社团活动请进语文教学，使学生充分展示自己的才能，让语文课堂充满青春活力。如文学社我们组织学生采访，关注社会热点问题，我们组织学生辩论，提高学生的认识水平。特别是我们利用学校的网站，进行班级博客比赛，个人博客比赛等，号召学生建立自己的个人博客，经常更换新的博客文章，并力争图文并茂有可看性，并比一比，看谁的博客点击率高。这样，大大调动了学生写作的积极性，语文水平也明显得到提升。

二、自主学习与语文研讨

1、"原生态阅读"：

所谓"原生态阅读"，就是要还阅读过程、阅读教学以本来面目，即学生在接触文本的时候，教师对作家的生平、创作情况、作品艺术风格及时代等方面的背景内容先不作任何介绍点评，不给任何阅读模式的提示，也不布置阅读思考题目，让学生单纯地站在文学作品本身的角度去读。要求学生在阅读过程中读与思、疑同步，做到"读、思、疑"结合。这样，就把阅读的主动权交给学生、还给学生。教师在调动学生学习积极性的同时，还要做到起到正确导向、开启思维、适时示范、精要点评、高效对话等作用。"原生态阅读"的教学步骤：单元切入——阅读品味——自主感悟——交流质疑——重点突破——扩展迁移。特点是现场性、动态性、生成性。与传统的预设性教学形态的根本区别是：回归自然。

（请参阅省课题报告《中学语文文学性作品"原生态阅读"教学实践研究》，本人为该课题组成员。）

2、"研讨法"教学：

"研讨法"教学就是在文本阅读中，采用提供方法、自学研讨、设疑辩议、归纳小结等步骤，开展学生围绕主题的研讨，充分体现以学生为主体和自主、合作、探究的新课程理念。

如学《过秦论》一文。指定四位同学（课桌前后，便于讨论）成立备课小组，通过找资料、翻阅工具书、互相讨论等形式充分备好课，准备同学提问。其他同学也要在课前作认真预习，摘抄出疑难点，以便提问。上课之前，我抽样检查了学生的预习情况，看了他们的预习笔记，摘抄出的疑难点，翻阅了书中的点划批注情况。并且抽查了一下课文里有注释的重要虚实词的掌握情况。认为预习差不多了，才开始提问和讨论。其他同学把预习中碰到的自己一时难以解决的疑难问题，按一定顺序（如字词、思想内容、篇章结构、写作特色等）依次向备课小组提问、质疑，由备课小组逐个回答，备课小组不能解答的问题，交给全班讨论或老师解决。《过秦论》一文，共提问、答辩、讨论了三课时，学生共提了九十多个问题，而字词方面的提问占 1/3 强。

三、愉快教学与选择学习

我始终提倡语文的愉快教学。愉快学习是提升学生学习内驱力和学习效率的重要法宝，也是开展师生之间交流对话的重要前提。而选择学习，是愉快教学的重要方法。如坚持让学生写杂记和创新讲评形式，就是本着愉快教学的原则。

选择教学，就是愉快教学在阅读教学中的运用。主要体现在：在疑问中选择、在比较中选择、在开放中选择、在对话中选择四个方面。下面以"在比较中选择"为例。

有的比较是全面性的，从主旨到篇章结构、语言形式、写作手法等，如《有褒禅山记》和《石钟山记》的比较阅读；有的是局部性的，选择一项进行比较，如《祝福》与《装在套子里的人》的人物形象分析。第三，在比较中，相同或不同因素的归纳总结，又是另一层选择。

有时，教师为引起学生阅读的注意和思考的深入，抓住文本中的关键问题，提出一个带有强烈对比的问题，引导学生充分讨论，以达到拨开雾障，直取主题的功效。我在教《触龙说赵太后》一文时，针对太后和触龙对"爱"方面问题的分歧，提出了一个用来引起讨论的问题：依照你的看法，说说赵太后更爱谁（燕后或长安君）？学生经过进一步深入阅读和广泛的讨论，最后根据事实，弄清了"真爱"和"溺爱"的区别，揭示出本文所表现的主题。另如项羽在鸿门宴中不杀刘邦，到底是"妇人之仁"还是"君子之度"？也可由学生通过分析论证，选择和证明自己的观点。

四、课堂控场与点拨策略

课堂讨论是阅读教学中常用的形式。课堂讨论体现了对话教学的特点，能充分调动学生的积极思维，展现学生的个性风采，同时，也是实践自主、合作、探究的新课程理念的有效途径。但是，课堂讨论也要避免形式化，要防止把课堂讨论变成自由市场式的集体聊天。那么，课堂讨论如何控场，才能形成良好的课堂讨论氛围呢？

我提出了阅读前有铺垫，阅读中有任务；讨论前有组织，讨论中有话题；发言时有互动，发言中有点拨；讨论中有共识，讨论后有小结等四个方面控场策略。以"讨论中有话题"为例。

讨论的有效性因为它围绕一定话题展开，教师控制讨论的"火候"，在充分讨论的基础上，问题得到基本解决，而不是说东道西，随意发挥，没有共识。在一堂课中，那个地方应当组织讨论，讨论什么问题，至关重要。把握好讨论的主题，既决定着讨论的方向，又关系到讨论的价值，可以说是讨论组织艺术之魂。如有教师教学古代散文《季氏将伐颛臾》，话题是孔子的仁政、礼治的政治主张。师生共同设计、探讨这样三个问题：（1）为什么孔子一听"季氏将伐颛臾"，情绪会如此激动？（2）孔子的两个学生在季氏家做官，季氏是他们的"老板"，为什么有军事行动要跑来告诉孔子？（3）孔子反对攻打颛臾的理由是什么？这三个问题整合了教师和学生的意见，正好具体说明孔子的政治主张，问题贯穿文本内容，又比较具体形象，学生喜欢讨论。

阅读教学中，我还十分重视"生疑"和"点拨"这两个方面的教学策略运用的探究。在课堂讨论产生争议时、在学生阅读出现思路偏差时、在学生对问题模糊不解时、在有需要把学生思路引向深入时等几个关键节点进行点拨。下面仅以"在学生对问题模糊不解时点拨"一点，略作说明。

如一位教师教《杜十娘怒沉百宝箱》一课，其中一个环节是续写故事梗概。教师说，故事梗概我只写了一半，谁能帮我续下去？学生踊跃，请一学生续完后，教师肯定其言简意赅、突出重点、语言风格统一等优点，同时又暗示其欠缺：还需要添加什么内容吗？当学生冷场，细节问题受到忽略的时候，教师就随机点拨：百宝箱价值万两的珠宝是从哪里来的，应该"在正式交易之际当众打开百宝箱"之后补上一句"原来，箱内珠宝实为十娘风尘数年之积蓄，价值万两。"这样就能扣紧题目了。接着，教师又通过简要介绍，点出这种叙述方式为"外聚焦叙述模式"。在学生思考不够周全、抓不住问题的症结时，教师站出来直接点拨，既节省了教学时间，又避免了课堂冷场，是一种善于应变的教学点拨。

五、真情写作与作文设计

在作文教学中，我强调"真情写作"。平时作为练笔的杂记写作，就是一种真情写作的练习。所谓"真情写作"，就是要求作文时不虚伪、不矫情、不做作，真实地表达自己的真情实感。除提倡"真情写作"之外，教师还要指导学生对作文进行精心设计。这些年来，本人开展过《语言的密度》《散文的思路和结构》《新课标与作文教学》《怎样写出好作文》《如何扮靓你的作文》等方面课题的研究与实践，开设过以上各种讲座或公开课。如果用造房子来比喻作文，那么房子的材料好、房子"坚固"，就是作文材料的真实；房子设计的新颖、美观，就是作文的"生动、恰当"。除材料真实之外，作文的精心构思、设计，也很重要。同时，一篇作文也像人的着装，也需要认真"打扮"，作文的"包装"也能为作文加分。

成长经验

我于 1977 年参加高考，当年是通过了初试，但终因当时的政治原因，被剥夺复试机会。第二年报考高中中专，并未填报师范类，却最终被舟山师范录取。1980 年 7 月师范毕业后，分配到岱山中学任教。2001 年调入舟山中学任教至今。回顾自己的成长经历，走过不少弯路，但也有成功和收获。

一、加强业务进修，夯实学科基础知识

在师范学校，我读的是中师班。因当时中学师资缺乏，所以，我们师范生毕业后即可担任中学教师。虽然，当时师范生也是几十比一考进去的，个体素质都不错，但毕竟我们只上了两年学，知识结构上存在缺陷，所以，在工作岗位上急需充电。1980 年下半年起，我先在本市教研室举办的函授大专班学习，函授了两年。后听说市里没发文凭资格，于是，1982 年 9 月我又去读电大。当时中文专业刚刚创办，中央电大的老师都是北大、北师大的名师，听了他们三年系统的讲座，确实让我收益匪浅。1990 年—1993 年，我开始在浙江师范大学函授汉语言文学；2000 年 9 月—2001 年 7 月，又去读上海师范大学研究生课程班，学习语文课程论专业。这样算起来，工作以后，我又陆续地读了 10 年的书，这使我有了比较扎实的语文基础知识和文科方面的基础理论功底。

二、敢于探索创新，摸索语文教改新路子

上世纪八九十年代，岱山中学教学环境比较宽松。学校领导大胆起用青年教师担任一线教学；让青年教师大胆尝试，各显神通，而没有用什么平均分、重点率等来给教师施压。所以，青年教师的成长环境比较轻松自由。

我在老教师的带领下，也积极投身于教学的改革之中。比如，我与语文组长金老师，在全市率先开展了"杂记"写作实践活动。目的是提倡让学生自由写作，以提高学生写作的积极性。同时，还在课堂上开展"杂记的讨论与讲评"。一是选择几个同学的杂记作专题讨论，二是分组讨论讲评班级每一位同学的杂记。事先都有充分的准备。如讨论一位同学的杂记，先有选择性印发他（她）的杂记，然后各组针对一个专题讨论发言，最后形成一个总体评价；全班杂记讨论讲评，各组杂记交流，每个人都要在组里发言，每人都要写评语、打分，然后派代表在全班交流发言。活动人人参与，每次都有听说读写，深受学生喜爱。后来形成省级课题《杂记写作指导的研究与实践》。另外，我在全市较早开展阅读教学的"四人小组"讨论形式；较早开展"研讨法"教学模式的探索，在文本阅读中，采用提供方法、自学研讨、设疑辩议、归纳小结等步骤，开展学生围绕主题的研讨，充分体现以学生为主体和自主、合作、探究的新课程理念。本人还开展了"选择教学法"的创新研究，改变以往教师课堂上"一讲到底"和分析理解"包办代替"的做法，撰写了多篇系列论文。

三、参与教育科研，提升教师的科研素养

本人在舟中担任十余年的教科室主任。在这个岗位上，因有机

会参与学校的论文和课题管理；又经常受市教科所之邀，参与全市各校的课题点评和研讨，逐步提升了自己的科研素养。本人撰写的30余篇论文在《上海教科研》《中学语文教学参考》《语文教学通讯》等十几家省级以上报刊发表或获一二等奖。其中《阅读教学中课堂讨论的控场策略》一文，被中国人大资料复印中心收录，并转载于该校刊物《初中语文教与学》。

本人组织参与过学校和教研组的10余项省级以上课题。其中有全国规划课题《新课程改革与学校效能研究》、全国创新研究课题《基于"辩证"理念下的校园管理文化建设》等；省重点课题《基于学校层面的培养具有教育家精神的教师的研究》、省级规划课题《"四步五环单元纠错教学法"的研究与实践》《中学语文文学性作品"原生态阅读"教学实践研究》等。其中，《基于"辩证"理念下的校园管理文化建设》获全国一等奖；《"四步五环单元纠错教学法"的研究与实践》《从研究性学习上突破——运用现代信息技术探索中学综合实践活动的实践研究》获浙江省基础教育教学成果二等奖。

讲座往往是一个教师的教学经验和教学探索某个阶段的成果。本人曾在省六地市高考复习研讨会、省特级教师年会、市级教师暑假培训等各种场合作过十几次讲座。如《语言的密度》《散文的思路和结构》《青年教师自助互助式校本研训的实践与研究》《高考语文模拟题命制方法和策略》《怎样扮靓你的作文》等讲座。同时，本人主持编写《迈向成功之路》系列丛书（共10种）、责编《川广自源天宇开》、《乐付韶华育菁莪》《现代优秀文学作品赏析》，参编《镇鳌论教》《镇鳌山麓人文之旅》（中国文史出版社）等多种。而在浙大教授和命题专家指导下，3次参与浙江省高考命题的亲身实践，也使我在教材的把握、命题的思路和学术的规范等方面得到了很大启发和帮助。

四、从事业余写作，使语文教学更有发言权

本人爱好文学写作，从上世纪 80 年代中期到现在，一直没有中断。业务文学创作为语文教学开阔了眼界，拓展了思路，提升了语言表达的水平，同时，因经常在报刊发表作品，也对学生学好语文，起到榜样和鼓励的作用。

迄今为止，本人已有 900 余篇（首）、70 余万字文学作品发表于《诗刊》、《萌芽》《诗选刊》《中国散文家》《诗歌报》《星星》《陕西文学》《江南》《东海》《浙江作家》《诗江南》等刊物，曾获浙江省首届青年诗歌大赛优秀奖、中国校园诗人特别奖、全国散文大赛华表奖最佳作品奖、全国海洋文学大赛二等奖、中外诗歌散文大奖二等奖等，著有诗集《穿越动荡的午夜》、《心灵的视角》、散文集《飘荡的情怀》、《时光的身影》等。作品入选《新篁诗雨》《蔚蓝色视角》《浙江新时期文学作品选》等多种选集。现为中国散文家协会会员、省作家协会会员、舟山市作家协会理事兼散文创委会主任。

经典课堂

意情入手探写作思路 读写结合品语言魅力
——现代汉诗《错误》教学设计与反思

教学目标：

1、探索诗人的想象的展开和写作的思路。

2、感知和赏析本诗的意象美和诗情美。

教学的重点和难点：

1、本诗意象的选取和诗思的线索。

2、本诗蕴涵的思想感情。

教学过程：

一、"原生态阅读"

教师不作任何 介 绍 评述，让学生住朗读中自己去感知、赏析然后请学生谈谈阅读后的感受，完全没有任何标签的原汁原味的感知。一般都能说到本诗的情调、意蕴、意象、节奏等一些特点，教师不作概括，也不加点评，只是让学生保留这种感觉。

让学生背诵全诗。（2 分钟时间，看谁背得快）

（过渡：通过朗读和背诵，大家是否感觉到这首诗与一般的抒情诗有点不同，就是它不但有画面，而且有情境，是不是？好，大家若同意，下面我们进入欣赏的第一环节"理清思路"。）

二、理清本诗的线索

理清诗歌展开的线索。(和学生一起讨论)

人物："我"——游子；"你"——江南女子，等待归人的佳人。

时间：某年二月的一个傍晚；

地点：江南的一个小城；

线索：横线——江南、小城、向晚的街道、(小楼)低垂的帷幕、紧闭的窗扉、久久等待的女子、达达的马蹄声在由近而远；

纵线——过客、达达的马蹄声由远而近、引起美丽的错误(原来是过客而非归人)、等待的女子由喜而悲、容颜凋谢、心灰意冷……

三、体味意境和主旨

1、问：我们把上面的这些要素已理清。但还有个问题，即诗中的"你"和"我"到底存在怎样的关系？

("你"是江南小城里一位等待"归人"的年轻女子；"我"是一位骑马经过江南小城的"过客")

2、问：我们知道，诗歌的表现并不都是实际的，它往往具有象征性。假如我们换一个角度思考："你"——那个女子，她等待的并非具体"归人"，而是在小城里寂寞地等待着一个能与自己厮守终身的爱人，那么"我"——"过客"又有什么象征意味呢？

(不可持久的爱情，或并非是自己渴望的那种爱情，所以，当达达的马蹄由远而近，真以为真正的爱情来临，准备接纳之时，原来发现并非所愿，所以又拒之门外)

过渡：我们知道，无论是古诗还是现代诗，都是由"意象"组合起来，而形成一定的"意境"的。那么下面在"体味意境"环节，先来看看这首诗的"意象"有些什么特点。

3、问：我们看到这些意象："容颜、莲花、东风、柳絮、青石、跫音、春帷、窗扉"，大都具有古代诗歌的意蕴，说明诗人具有很高的古代文学修养，把古代诗歌意境和韵味引入到了现代诗的创作中。特别是"莲花、东风、柳絮"等意象，具有丰富的内涵。请大家根据自己的知识积累，讨论分析一下。

归纳：

"东风"——这一意象，取白李商隐《无题》中"相见时难别亦难，东风无力百花残"之意，这"东风无力，象征着容颜老去，生命的凋谢，因内心的失落、愁怨，因此感觉不到春天的到来。（昨夜小楼又东风，故国不堪回首月明中；东风不与周郎便，铜雀春深锁二乔）

"柳絮"——使人联想到古人折柳送别的典故，这里似乎也让人想到"归人难留"之意。柳永：《雨霖铃》"今宵酒醒何处？杨柳岸晓风残月。"王维：《送元二使安西》："渭城朝雨邑轻尘，客舍青青柳色新。劝君更尽一杯酒，西出阳关无故人。"

"莲花"——即荷花。是美丽之花、圣洁之花。周敦颐：《爱莲说》："予独爱莲之出淤泥而不染，濯清涟而不妖。"《西洲曲》："采莲南塘秋，莲花过人头。""江南可采莲，莲叶何田田。"这是一个动态的意象，即"莲花的开落"，对应的是什么？"你的容颜"的喜悦与哀怨。莲花独自幽寂的自开自落，一方面暗示"我"与她分别时间之久，另一方面说她的容颜在等待中憔悴。

4、问："小城""窗扉"运用什么修辞？表达了"你"怎样的心情？

（城的样子是四面封闭的，她的心如江南的这座小城一样，封闭、寂寞；青石的街道，让人感到一丝的凄凉和冷意，就像那位苦苦等待的女子的心一样的冷。她的心又像傍晚的街道一样落寞、孤单；她的心也像三月不揭的春帷般幽闭；更像紧掩的窗扉，把自己封闭了起来。虽然作者未言一"愁"字，但我们完全可以感觉到女主人的寂寞、孤单。）

5、问：诗人通过这些意象和比喻描绘了怎样的一幅情境？渲染了怎样的氛围？

（诗中主人公"我"，骑着马周游江南，留下了独守空闺的女子，日以继夜地等待着、盼望着情人"我"的归来。然而女子的痴痴的深情却换来了漫长又百般无聊的等待。所以她的心是"小小的窗扉紧掩"，时刻留意着青石道上的"跫音"，甚至连帷幕也不揭开，去看看窗外花团锦簇的春景。终于"我"回来了，达达的马蹄声对她而言是美丽的，因为日夜盼望的心上人归来了，但转瞬间，这无限的喜悦变成了无限的失望。因为"我"只不过是过路罢了，而不是"归人"。这美丽的错误作弄了她，就好象上天作弄了她一样。她的容颜迅速凋零，心境凄凉到极点。）

小结：氛围——封闭、沉闷、落寞、孤单

6、问：常言道"诗言志""言为心声"，那么这首诗，到底抒发了诗人怎样的内心世界呢？（郑愁予介绍PPT、猜想多种解读）

（郑愁予，原籍河北，生于山东济南。童年时就跟随当军人的父亲走遍了大江南北、长城内外，抗战期间，随母亲转徙内地各处，在避难途中，由母亲教读古诗词，15岁开始新诗创作。1949年去了台湾，1955年大学毕业后，出版了第一本诗集《梦土上》。1963年成为现代诗社中的主要成员。1968年应邀去美国参加"国际写作计划"，1972年在爱荷华大学获创作艺术硕士学位并留校任教，第二年转往耶鲁大学，现任耶鲁驻校诗人及资深中文导师。

郑愁予其人其诗都给人一种神秘感。他本人是一个运动健将，但诗中表现的却是一个多情的书生；他有着极深的文学修养，但他却毕业于商学院；他身为现代派主要干将，但他的诗却处处流淌着古典韵味；他的诗婉约犹如李商隐，但豪放起来酷似李白。郑愁予比较著名的诗如《错误》《水手刀》等，大多是以旅人为抒情主人公的。因此，他被称为"浪子诗人"。对此，诗人不以为然，说："因为我从小是在抗战中长大，所以我接触到中国的苦难，人民流浪不安的生活，我把这些写进诗里，有些人便叫我'浪子'。其实影响我童年和青年时代的，更多的是传统的仁侠精神。"仁侠也好，浪子也罢，总而言之，"不是常回家的那种人。"也许正是仁侠精神和浪子情怀的结合，才使诗人的诗有如此动人的艺术魅力。）

7、问：我们了解了诗人的经历和个性特点，那么我们不妨揣摩一下诗人所要表达的情怀，本诗可作多义理解。

（1）表达对妻子或情人的思念之情。表面写妻子或情人对游子的等待，实际表达自己对她的思念，盼望与佳人早日相聚的心情。

（2）表达对亲人和家乡的思念，希望早日结束羁旅生涯，回归故里。

（3）处在台湾岛的心态永远是一种漂泊，自己无非是一个过客而已，希望有一天回到故乡，与亲人团聚。但由于政治原因，他们的愿望始终不能实现，因而产生失落惆怅之感。

（4）爱情上的失意，因为自己不是常回家的那种人，所以美好的爱情时常与自己擦肩而过，失之交臂，因此表达的是一种痛惜、哀怨之情。

（5）表达战乱中，亲人离散，音讯杳无，家书难觅，归期未期的一种复杂的伤感和凄婉的人之常情。

（6）传达的是一种美丽、永恒中国传统意识上多情女子深守闺中，盼望情人归来的缠绵、恻悱的情感故事，表达一种无奈命运。

四、语言艺术的探究

8、问：你能看出本诗在语言表达上有一些什么特别之处吗？请找出来。

（1）叠词：小小的、达达的；

（2）运用"不"字。如"不来""不飞""不响""不揭""不是"等，其作用主要是，一是使诗句富有节奏感，二是有别于常规的语言表达，使诗句错落有致，造成表达上的陌生感，富有新意。三是与内容契合，用否定，表达内心的烦乱、愁苦。

（3）运用倒装句。如"你等在季节里的容颜如莲花的开落"应是"你登在季节里的容颜如开落的莲花"；"恰若青石的街道向晚"，本应是"恰若向晚的青石街道"；"你的心是小小的窗扉紧掩"应为"你的心是紧掩的小小的窗扉"；"我不是归人，是个过客"应为"我是个过客，不是归人"。其目的也是造成诗句的错落感和陌生感，让人感到诗意表达的新鲜和别致。另如诗的开头"我打江南走过/那等待季节里的容颜如莲花的开落"，应该是产生"美丽的错误"以后的结果，但诗人却把它放在开头，制造一种特定的氛围，让人有一种突兀感、悬念感，使诗产生一种破空而来的情绪，让个人的情感故事置于一种宏大的背景之下，感受诗人纵横开阖的笔法，又有一种吸引人的情绪引领全诗。

这一起一伏，前后情景的逆转，产生了高度的戏剧性，形成了起伏跌宕的艺术效果。

五、课外链接

厉敏的诗《下在诗行里的秋雨》（PPT）。这是老师以前写的一首诗，请大家说说，有没有古典意象和意蕴的渗透？

附：

下在诗行里的秋雨

厉 敏

古时候的秋雨

总喜欢下在落寞的诗里

于是，寂寥的诗行总有湿漉漉的感觉

这雨下了一年又一年

下得秋天成了抒情的季节

这传统的河流里溺死过多少文人

秋雨依然在今晚下起来

淅淅沥沥像缠绵的诗句

可我不在落木萧萧的渡口

也不去无情的驿站

我只是呆在家里

诵读古人下雨的诗篇

这雨下起来就有点枯燥

也有点自作多情

小结：本诗情意缠绵，格调凄婉，含蓄蕴藉，韵味悠长，是美与情的融合，体现了地地道道中国化的思想和情感，是中国古典意境的现代化运用，是浸透了中国传统精神的诗意的表达。这种情感与诗人的经历有关，与诗人的个性有关，也与诗人所长期熏陶的中国文化传统的修养有关。

六、作业

新诗古装——把郑愁予写的《错误》一诗，利用其意象和意境，变换成一首古代的绝句。

【设计反思】

本篇是本人名师工作室活动中一堂公开课的教学设计。现代诗歌欣赏是高中语文教学中的一个难点。在传统的教学过程中，语文教师熟悉小说、散文、戏剧等教学文本的教学，而对现代诗歌，从它表现手法、意象的内涵及含蓄的语言等，都缺乏深入的了解。所以，教师在教学诗歌文本时，往往就是按照教参照本宣科，缺乏独特解读、处理文本的能力。本人从上世纪八十年代起，就开始诗歌创作，对新诗的一些特点有自己的一些心得。本课选取台湾诗人郑愁予的这首诗，想在教学中所有创新和突破。

郑愁予是台湾现代派著名诗人，他不但受到了西方现代派文学的深刻影响，而且又有中国古典文学的深厚修养。在创作中，他把中西方诗歌的一些特点加以融合，创作出了既富现代气息又富有中国古典韵味的优秀诗歌作品，非常值得学生的学习和欣赏。

本课的教学设计，其教学目标是：1、探索诗人想像的展开和写作思路；2、感知和赏析本诗的意象美和诗情美。教学的重点和难点是：1、本诗意象的选取和诗思的线索；2、本诗蕴含的思想感情。因为本诗短小、优美、富有节奏感，所以本课开头采用"原生态"阅读的方法，让学生原汁原味地感知诗歌的意象和诗情美，还安排时间让学生当即背诵。

有了这个初步的印象和感受，接下去就是要解剖这首诗是如何建构的。按照认识规律，从整体到局部进行分析探究。从整体上，理清一些线索，如人物、时间、地点、线索等。这首诗的一个特点，就是创设了一个江南小镇的戏剧性情景，所以，挖掘起来，诗中确实隐藏了上述的几个线索。这几个线索经过稍稍研读、讨论，不难找出。找出了这几个线索，其实就是把握了诗人展开想象和思路的路径。

其次，就是本课教学的重点，探究一下本诗的意境和主旨。先讨论"意境"。在现代诗创作中，很少提到意境这个词，它应该属于古典诗歌创作的范畴。分析意境，就要从意象、环境、人物等方面入手。本课先搞清"我"和"你"两个人物的关系，那一种虚虚实实的关系。表面上，我是游子，你是等待游子归来的恋人；往深层上说，这两者的关系并没有这么简单。其次，就是讨论分析意象。现代诗也讲意象，不过此意象并非彼意象。这首诗的意象是蕴含着古典意蕴的现代意象。比如"东风""柳絮""莲花"等，这些意象的理解分析，只要引导得当，学生是能够了解个大概的，因为高中学生已具备一定的古典诗词的修养。还有就是"小城""窗扉"等意象，虽不一定是古典诗歌的文化意象，但这些物象含蓄优美，韵味悠长，可从修辞手法等方面加以探讨。明确了意象、人物和环境后，就可讨论意境和氛围了，因为这几个要素的集合，就形成了诗歌的意境和氛围。意境和氛围的大致格调、韵味学生还是能体会得出来，最后经过讨论概括为四个词：封闭、沉闷、落寞、孤单。全诗透露着一个让人失落和忧伤的氛围。

那么，诗人想在诗中到底想要表达什么？这就是我们对这首的主旨的探讨。这个问题对学生而言，有点难度，我们要结合对郑愁予这位诗人经历和创作思想的介绍（知人论世），再加上教师适当的点拨、启发、引导，自然慢慢引出一些想法。我们在设计中罗列了6条，也许还有更多。这个主旨，大致说得通即可，不必强求统一。这个开放题放手让学生去猜。

尽管这首诗的格调凄婉，但却语言非常优美，动人。诗歌的语言格调和其思想内容是结合在一起的，是统一的。这就顺便探讨一些这首诗的语言特点。我们通过一个提问，让学生自己去发现。叠词、运用否定句式、大量的倒装句。为什么要这么做？这就是诗歌语言的独特性，造成一种新奇、有节奏、有韵味的效果。本课最后，用我写的一首诗《下在诗行里的秋雨》，让学生作比较阅读，学生兴趣很高，因为没有比老师会写诗更让人兴奋的了。学生能说出大致的异同就可以了。这主要为了提高学生学习现代诗的兴趣，同时，对《错误》一诗的理解也起到辅助作用。

布置的作业也有点创意，就是让学生的思维来个逆向探求，即根据本诗的意象、意境，把它改写成一首古代绝句。这是一个挑战，也调动了学生的创作欲望，从上交的作业看，有些还真的写得非常成功。

总体来说，本课的教学设计，体现了现代诗与古典诗欣赏的结合；总体把握和局部剖析的结合；意象和意境分析结合；内容分析和语言探究结合；课内文本和课外拓展结合；欣赏与写作结合等特点。突出了文本欣赏的重点，抓住了难点；在教学方法运用上，采取"原生态"阅读、讨论探究的"研讨法"，使学生思维、语文修养和文本解读能力全方位得到锻炼和提升。

归去来兮辞（教学设计）

教学目的：

一、理解陶渊明不为五斗米折腰、独善其身、不与黑势力同流合污的高尚情操。

二、欣赏陶渊明作品的艺术特点：情感真挚，语言朴素，用典自然，想象丰富。

三、在了解辞赋特点的基础上，加强朗读的指导，使学生熟读成诵。

教学步骤：

一、预习

1、利用工具书解决字词句，在此基础上，熟读课文。

2、将陶渊明的其他作品提供给学生，如《归园田居》、《饮酒》、《拟古》等，使学生更好地理解陶渊明的思想。

二、导入课文

1、在 1600 多年前，一位中国诗人给我们描绘了一个理想的乌托邦社会，那是一个没有压迫，没有剥削的社会——桃花源。这个民风淳朴、社会安定、生活富足、与世隔绝的大同社会寄托了作者美好的理想，表现出诗人对当时混乱、黑暗的政治现实的不满，这个大诗人就是陶渊明。（PPT：桃花源景）

2、陶渊明是我们早就熟知的诗人，在本学期我们所学的鲁迅《纪念刘和珍君》一文中，就引用过他的一首《挽歌》（齐背）。下面我们来看看陶渊明的介绍：

3、陶渊明（公元 365——427），字元亮，一说名潜，字渊明，浔阳柴桑人，是我国著名诗人，少有大志，希望"大济苍生"，但黑暗的社会现实使得他的政治理想不能实现。他虽然只做过江州祭酒、镇军参军、彭泽县令一类的小官，但却看透了腐败的官场，终于在四十一岁时解绶辞官，归隐田园，种豆采菊，吟诗作文。

陶渊明今存诗歌共 125 首，计四言诗 9 首，五言诗 116 首。（PPT：陶渊明像）

4、陶渊明辞去彭泽令有过以下的一段记载：郡遣督邮至县，吏白应束带见之。潜叹曰："我不能为五斗米，折腰向乡里小人！"即日解印绶去职，赋《归去来》。（PPT）

5、陶渊明还写过一篇题为《五柳先生传》的自传，对自己作了一番描述，下面请看：先生不知何许人也，不详姓字，宅边有五柳树，故以为号焉。闲静少言，不慕荣利。好读书，不求甚解，每有会意，欣然忘食。性嗜酒，而家贫不能恒得；亲旧知其如此，或置酒招之，造饮辄尽，期在必醉。既醉而退，曾不吝情去留。环堵萧然，不蔽风日；短褐穿结，箪瓢屡空，晏如也。尝著文章自娱，颇示己志。忘怀得失，以此自终。（PPT）（稍作解释）

6、陶渊明就是这样一位厌恶官场、不慕荣利、喜欢读书饮酒、甘于清贫、渴望自由的田园诗人，一位品德高尚的隐士。在他辞了彭泽令后，为了明志，他写了千古名篇——《归去来兮辞》（PPT）

三、阅读分析课文

7、下面我们就来学习这篇课文。（全文幕）

解释课题。来：语气词；兮：语气词。用两个语气词加强语气，来突出表现作者辞官归隐的兴奋心情。辞，是一种古代的文体，我们知道屈原所写的诗歌被称为"楚辞"。楚辞是屈原在楚地民歌的基础上创造出来的一种新诗体。

辞——这种诗体形式比较自由，句式散文化。大体两句为一组，四句为一小节；全文以六字句为主，好用语气词"兮"，每句三拍，诗句音节和谐，大体押韵。这种诗语言典雅华丽，偏重于抒情。（PPT）我们朗读的时候要注意这些特点。

8、教师范读。朗读时首先要读准字音，然后再体会它的思想感情，请注意这些读音。

chóu chàng　　　yáng zài　　　　　shāng miǎn qì
惆 怅　 轻 飏　 载欣载奔　 壶 觞 眄 岫 憩

jǐng yì　　　　huán　　chóu zhào yǎo tiǎo hé huáng
景 翳翳　　 盘 桓　 畴 棹 窈 窕 曷 遑遑

9、下面请大家看第一节。（PPT）请一位同学朗读。

问：从表达方式来看，这一节应该是什么？那么议论什么呢？（辞官归隐的决心）从内容看，可分为几层？这两层各写什么？（自责、自慰）这里有两句诗——悟已往之不谏，知来者之可追，大家以前有没有见过类似的句子？它的出处是——

楚狂接舆，歌而过孔子："凤兮！凤兮！何德之衰，往者不可谏，来者犹可追。已而！已而！今之从政者殆而。"孔子下，欲与之言，趋而辟之，不得与之言。（PPT）（稍作解释）

10、朗读指导。这是作者最后一次出任而弃官归隐之作，他看不惯官场的黑暗无浊，不愿同流合污。反问语气表归田决心，是多年仕途经历的一个庄严决定，要坚决有力，"胡不归"重读。"既自以……而独悲。"写弃官归隐的原因，为衣食而出外谋官是违背本性的，既然如此，辞官归田也就没有什么惆怅和悲伤了。语气坚定。"悟……追。"一切都过去了，今后要按自己的意愿生活了，如释重负的感觉，悔悟和庆幸溢于言表。"悟、知、远、觉"重读。

11、下面请大家朗读一下。（PPT）

12、下面请大家看二、三两节。（PPT）

13、大家已经预习了，请大家思考一下，回答下面一些问题。

问：第一节以议论为主，那么这两节主要是（记叙和描写）。

问：这两节主要记叙了什么（回归田园后的愉快生活）。

问：愉快的生活具体体现在那些方面？每一方面又各记叙了那些内容？（归途抵家、日常生活、出游赏物——详见板书）

问：根据辞的特点，四个句子为一节，那么每个层次里各又包含了哪几层意思？

14、我们搞清了二、三两节所记叙的内容。大家注意象第二节中有些景物并不仅仅是作者的简单的描写，有些具有象征意义，有些表现作者当时的复杂心情，请大家找出来，并分析它的含义。（松菊——喻作者高洁的品格，它们都是作者平时钟爱之物；孤松——托物言志，以孤松喻孤高坚贞之志；云无心以出岫，鸟倦飞而知返——大自然的景物与自己的志节紧密结合起来描写。出仕本属无心，如鸟厌倦官场而返回。云、鸟喻自己的心情。）在第三节，除记叙以外，有两处相同的议论，它们是否表达作者同样的心情呢？（第一处，经过反复思考，更表面自己的决心；第二处感慨老之将至，有些伤感，朗读时要加以注意。）（PPT：田园晨景、陶渊明饮酒）

15、朗读指导。回家途中及回家以后，欢快、迫切、兴高采烈的语气要读出来，节奏稍快；归家生活洋溢着宁静、安逸、愉快的气氛，要读得舒缓、平静、轻松；农村生活，要读得自然、流畅、舒展。两个"归去来兮"情绪不同，前一个激动，后一个平静（经过反复思考，又在回归之后），请同学们自行朗读一下，仔细体会作者的思想感情。（PPT：牧牛春耕）

16、集体朗读一遍。

17、下面我们看第四节。这一节主要也是议论和抒情。请同学们从文中找出一个词语，来概括作者所要抒发的情怀（乐天安命）。先请一位同学朗读这一节。

18、本节作者主要通过自问自答的形式，来表现自己的心情和观念。有人说，"聊乘化以归尽，乐夫天命复奚疑"两句，包含着消极悲观的思想，请大家谈谈对这个问题的看法。（一方面表现诗人放浪形骸，追求自由，顺从天性，寄情田园的一种世界观、人生观的追求；另一方面也看到诗人受老庄思想的影响，也存在着消极避世，生命无常，乐天知命的思想观念。两者兼而有之。）

19、请一位同学朗读一下。

20、不管怎样，正如文中所说：陶渊明是士大夫精神上的一个归宿，许多士大夫在仕途失意，或厌倦官场的时候，往往从他身上寻找新的人生价值，借以安慰自己。因此，陶渊明不为五斗米折腰的精神，成了中国士大夫精神世界的一座堡垒，平淡自然也就成了他们心中高尚的艺术境地。

21、在陶渊明辞官归隐的第二年，他又写了一首与《归去来兮辞》很相近的诗歌《归园田居》（PPT）。请大家阅读后，比较两诗的异同。

四、作业：（1）反复朗读并背诵这首诗；（2）《归园田居》与本诗的比较；（3）课后练习三。

【附】板书：

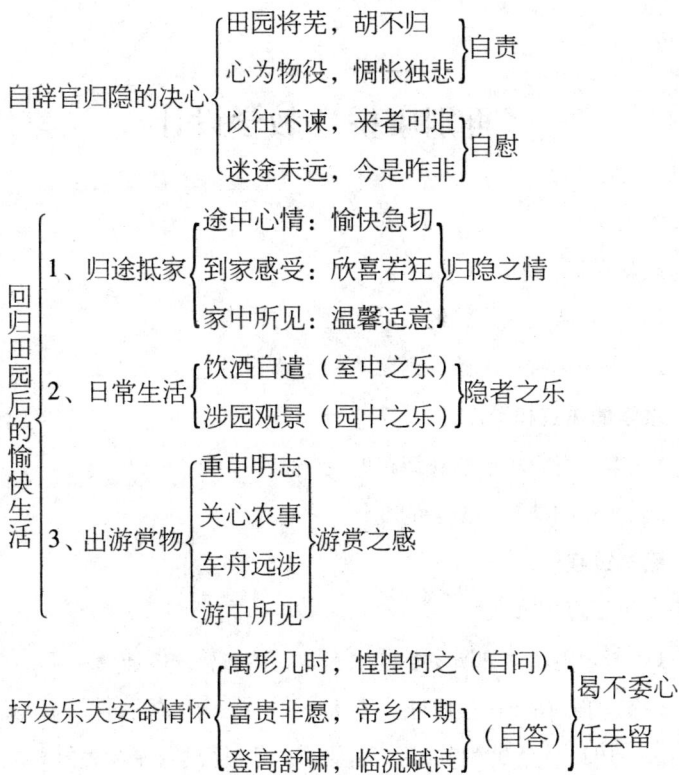

自辞官归隐的决心
- 田园将芜，胡不归
- 心为物役，惆怅独悲 } 自责
- 以往不谏，来者可追
- 迷途未远，今是昨非 } 自慰

回归田园后的愉快生活
1、归途抵家
- 途中心情：愉快急切
- 到家感受：欣喜若狂 } 归隐之情
- 家中所见：温馨适意

2、日常生活
- 饮酒自遣（室中之乐）
- 涉园观景（园中之乐） } 隐者之乐

3、出游赏物
- 重申明志
- 关心农事
- 车舟远涉 } 游赏之感
- 游中所见

抒发乐天安命情怀
- 寓形几时，惶惶何之（自问）
- 富贵非愿，帝乡不期
- 登高舒啸，临流赋诗 } （自答）

曷不委心
任去留

《再别康桥》教学设计

教学目标：

1、探索诗人的想象的展开和写作的思路。

2、感知和赏析本诗的意象美和诗情美。

教学的重点和难点：

1、本诗意象的选取和诗路的变化。

2、开头和结尾的诗情的变化。

教学过程：

一、了解背景。

1、请学生谈谈你所了解的徐志摩。然后教师做适当补充。

（徐志摩 1896——1931，笔名云中鹤、南湖，浙江海宁人，1918——1922 先后留学美国、英国，学习银行学、政治经济学，获硕士学位。1921 年开始写诗，1922 年回国，历任北京大学、清华大学教授。1923 年新月社在北京成立，他是主要成员之一。受英国浪漫主义影响，注意意境创造和音律和谐。1931 年 11 月 19 日，诗人从南京飞往北平，在山东济南开山遇难，年仅 35 岁。著有《志摩的诗》《翡冷翠一夜》《猛虎集》《云游》等。可联系电视剧《人间四月天》以及徐与张幼仪、林徽因、陆小曼的婚姻与爱情。可联系胡适《追悼志摩》：他的人生观真是一种"单纯信仰"，这里面只有三个大字：一是爱，一是自由，一是美。）

2、介绍徐志摩散文《我所知道的康桥》，作者对康桥以及周围旖旎风光的描写，"大自然的优美、宁静、调谐在这星光与波光的默契中不期然的淹入了你的性灵。""它那脱尽尘埃气的一种清澈秀逸的意境可说是超出了画图而化生了音乐的神味。"从中了解徐志摩为什么钟情和眷恋康桥的原因。

二、读背课文。先朗读、读熟课文，然后要求背出。

三、从意象入手，探索诗人的诗路历程。

1、第二节中的主要意象是"金柳"。为什么要加一个"金"字？（因为是在"夕阳中"）那么诗人为什么不把柳树比作"少女"，而比作"新娘"？（一是从形态和色彩考虑，二是表达对康桥的难分难舍之情。因为跟新娘分别是人间最难割舍的感情。）

2、乘船从"河畔"出发，就来到了河中，那么诗人为什么选取"青荇"这一意象？而且在水中"招摇"。（要注意"软泥上""油油的"等修饰词语，诗人选取这一意象主要表现自己心中对康桥的柔情，这里采用拟人手法，写出了"我"对康桥的留恋，愿意做一条"水草"，达到了物我合一的境界。）

3、第四节的意象应是"潭"中之"虹"，"潭"中之"梦"。为什么会出现这样的感觉？（这是由于潭水很清、很深，而且物象倒影，产生的一种幻觉。这里虚实交接，亦真亦幻，美丽的波光把诗人带入了一个梦一般的意境中，同时为后文寻梦做铺垫。）

4、"寻梦"一节，应是诗情的高潮。从表面上看，诗人乘船深入到了康河水草丰茂的深处，而内在上，诗人与康河的感情也达到了高潮，沉浸在"彩虹似的梦境"中，而且此时水波与星光相辉映，似乎天上人间难以分辨，情不自禁地"放歌"。

5、第六节的意象是"笙箫"、"夏虫"等。这里"但我不能放歌"中的"但"的作用是什么？（从上节的寻梦，回到离别的现实中，一个"但"字表现了心绪的转折与起伏，在热烈的情调中陡然一落，造成一种变化的跌宕感。）"笙箫"比喻什么？（笙箫的音调往往是悠远、沉郁而又曲折的，所以诗人用这一意象来比喻离别带来的内心的一种淡淡的伤感和眷恋。）离别的季节应是夏天了，本来是夏虫热闹的季节，而"夏虫为我沉默"，说明自然景物与我同悲同喜，自然环境与我的心境已完全融合在一起，更显示了离别的哀伤之情。

6、最后，对开头和结尾的两节做一个比较。这两节正象有些歌曲中的主旋律，在诗中反复出现，诗歌基调由此贯穿。但这两节是不是简单重复？有哪些区别？（第一节定下抒情的基调，抒发了难分难舍的真情以及淡淡的无奈和感伤。两节不是简单的重复，区别有三：一是开头用"轻轻的"，最后用"悄悄的"，两者可能有个小的区别就是，"悄悄的"比"轻轻的"更静，更加表达不打扰的意思。二是开头是"轻轻的招手"，结尾是"挥一挥衣袖"，"招手"是打招呼，表示告别，而"挥一挥衣袖"则表示内心的告别，但不想惊动对方，一种无声的告别。三是开头"作别西天的云彩"，而结尾"不带走一片云彩"，意味就很不一样。作别，就是告别，云彩是康桥的象征。而不带走，是说明走的时候静悄悄的，不让康桥知道，不舍得让康桥与我一同感伤；而是让对康桥的感情留在诗人心底，让美好事物永恒存在，自然存在，仿佛悉心呵护情人的甜梦，生怕打扰。同时"挥一挥手"，也表示自己的洒脱和豁达，毫不犹豫，不为感情所缠，适可而止。所以，这两节不是简单的重复，而是有感情的变化，变得更加深情。）

7、小结：从以上的讨论和分析我们可以得出这样几条线索：（1）从时间上看，这首诗所写的过程应该是：第一天的傍晚——深夜（星辉）——第二天的早晨。"西天的云彩"是傍晚，但最后一节的"云彩"应该是第二天的朝霞。（2）从地点来看，诗人经历的地点或诗路的历程：河畔——河中——深潭——康河幽深处——康桥。(3)从感情的起伏来看，应该是：告别时的伤感——告别中的难舍难分——为梦幻般的景物所迷，纵情放歌，忘记告别——回到现实，离情别绪再次涌上心头，沉默和忧伤——为了爱，让美永恒，别去打扰，别让它感伤，还是自己飘然而去。

四、学生想象和提升。

1、以诗中意象为中心形象，用口头语言描述四幅画面。

(1)夕阳下的金柳。(2)柔波中的青荇。(3)浮藻间的倒影。(4)幽波上的星辉。

四幅画面描绘了康桥的美丽的风景，体现了告别的题旨，也实践了新月派"三美"的创作主张。

2、通过意象和画面，对诗歌的意境做一个概括。

3、再次朗读。在朗读和背诵中深入体会诗的节奏和韵律。

《山羊兹拉特》教学设计

教学目标：

一、把握作品中包含的热爱生命、珍惜与其他生灵友好相处的情感内涵。

二、学习小说"情感处理"的方式，体会其作用。

教学重点与难点：

一、把握小说主旨，体会作品中所包含的热爱生命、珍惜与其他生灵友好相处这一情感内蕴。

二、感受童话体的情感表达方式，感受情感有节制地表达的好处。

课时安排：

一课时

教学过程：

一、课文导入

同学们，不知大家有没有看过周星驰的电影《长江七号》？在电影中，外星玩具狗与穷孩子小狄因为生活中的相依相伴，建立了深厚的感情。而最让人感动的是，当小狄的父亲工作中因意外事故摔死以后，玩具狗用自己身上的电力救活了老周，当我们看到玩具狗头上的指示灯一闪一闪，逐渐微弱的时候，我们的心灵无不为之震撼。

其实，地球上包括宇宙中一切有生命的东西，都是有感情的；

人类应该和他们和谐相处，共生共存。人类不但要爱自己，也要爱它们；不但要让自己生存，也要让它们一起生存。今天，我们要学习的一篇小说《山羊兹拉特》，讲的就是人与羊情感沟通的故事。

二、熟悉故事情节，初步体会小说情感。

1. 课前，我已布置大家预习了。下面请大家稍作准备，理清一下思路，准备用简洁的语言复述一下故事情节。

（指定一个小组，按先后顺序将故事情节接下去。每人只说一个情节。）

故事情节：

这年冬天，硝皮匠准备卖羊过节——阿隆牵着山羊兹拉特进城——途中突遇暴风雪——危急时刻阿隆发现草堆获救——三天里，阿隆和兹拉特相依为命、共渡难关——雪停了阿隆带着山羊回家——全家人欢天喜地团聚、过节，兹拉特与阿隆他们亲如一家。从此没人再提起卖羊的事。

2、小说的情节按一般规律有开端、发展、高潮、结局，其他部分的情节非常清楚，不用讨论。我让大家思考的是，本文的高潮是哪个部分？为什么？请前后左右桌的同学讨论一下。

（应该是"三天里，阿隆和兹拉特相依为命，共渡难关"这一节。因为在这一节里，阿隆和兹拉特通过情感的双向流动，不露痕迹地传达出人与动物之间彼此的深情厚谊，描摹出人与动物之间和谐的亲情状态。这种深情厚谊和亲情状态可以超越任何时代的贫困与窘迫。是本文的题旨所在。）

三、阅读课文，感受故事情感的发展变化

1、从以上情节我们已经知道，这是一篇关于"人与羊"的故事。在这个故事中，"情感"是贯穿始终的一条大河。我们看到，文章中，情感的发展变化，不是直线运动，而是像河流一样弯弯曲曲。

有时，有大的迂回和波折，有时，仅仅是些微妙的变化。那么，本文的情感最明显的变化是什么？

（一起回答：阿隆受命卖羊——安全回家不再卖羊）

请集体朗读最后三段的结局部分，体会人与山羊亲如一家的感情。

●问：这完全是两种不同的结局，那么为什么会发生如此大的变化呢？是什么改变了兹拉特被宰杀的命运？

（遇到暴风雪，危难时，阿隆和兹拉特相依为命，兹拉特用奶和体温救了阿隆，阿隆和兹拉特在这件事中建立了深厚的感情。人与羊从有等级，到亲密无间，犹如家庭成员）

●危难见真情，一件事可以改变一个人的命运，我们平时确实也听到过或见到过这样的事情。但是，本篇小说并没有这么简单的处理，为了让情感的转变显得真实可信，在小说的开头部分，作者有意作了一些情感的铺垫。那么，这些铺垫是什么呢？你认为从卖羊到不卖，是情理之中，还是意料之外？

（卖羊时，父亲：经过很长时间的犹豫；母亲泪流满面；小妹安娜和米丽昂：哭起来；全家人：告别；阿隆：从来就喜欢兹拉特；山羊：对主人充满信任）

●"此后，全家人谁也没有再提卖兹拉特的那件事"，写事后阿隆家人对兹拉特特殊身份的承认。兹拉特也享受到孩子们吃的油煎鸡蛋薄饼，并在火炉旁看着嬉笑玩耍的主人们，这些情景写出了阿隆他们与兹拉特亲如一家人的关系，暗含了作者对人类与其他生命和谐相处的期盼。

2、山羊和阿隆之间的情感也发生了一些微妙的变化。

点拨：在没卖山羊之前，山羊对阿隆的态度是？后来又发生了怎样的变化？请大家仔细阅读文本，找出相应的内容。

山羊对阿隆

态度	信任	疑问	惊讶	请求	又恢复了信任
神态		目光、想通	目光、温和	叫声、固执	安然、纹丝不动
问题		哪里去？	为什么不回家？	带它回家！	

● 表中的这些变化说明什么？

在这个过程中，兹拉特曾对主人阿隆产生过信任危机。这是它对自己命运的忧虑，也是对自己和阿隆面对恶劣天气的忧虑，这里它已把自己的命运和阿隆联系在一起（人称变化：你、我，我们），最后，阿隆的言行重新获得了兹拉特的信任。可见，山羊兹拉特是一只非常聪明，而且很懂感情的人性化动物。

阿隆对山羊

兹拉特	信任	疑问：哪里去？	惊讶：为什么不回家？	请求：带它回家！	又恢复了信任
阿隆	每天喂它 从不伤害	听从父命 无法回答	不感到 担忧	不觉得有 什么可怕	吃奶　取暖 像妹妹　对话

● 从这个表中的内容你看出了什么？

阿隆牵着山羊到城里去卖，这是父亲的命令，阿隆不好违抗。其实阿隆从来就喜爱兹拉特，兹拉特也非常清楚这一点。在这场大雪中，连老山羊都感到忧虑害怕的情况下，12 岁的阿隆表现出异常镇定、勇敢，非常难得。可以说，这里阿隆是主角，是他拯救了自己，也救了兹拉特。当然，后来在草堆中，兹拉特用自己的乳汁和体温，也救了阿隆，这是它心甘情愿的对阿隆的善意的回报。在两

者三天三夜的危难中，两者缺一不可，可以说相依为命，互相救助。其感情的升温，是自然而然的事。（危难见真情）

3、阿隆与山羊兹拉特的一段对话，情真意切，也反映阿隆对兹拉特的态度或感情在发生着微妙的变化。

●对话部分，请根据文意揣摩"咩——"的意思，用自己的话补充"潜台词"的内容。（可以讨论）然后请两位同学进行朗读。

（我们很幸运，找到了草垛。我们相互帮助，一定能战胜困难。/是的，暴风雪实在太大了，我真的担心及了。/不知道大雪几时能停，有这草垛躲避，我们就不用担心了。/我们俩在一起，相互照顾，又能说话，不会感到寂寞的。/是的，我就是这个意思。）

从对话的说明来看，开头是"阿隆说"，阿隆感到兹拉特毕竟是动物，所以，他说显然是自言自语；而接着"阿隆解释说"，说明兹拉特的"咩——"是听懂了阿隆的话的回应，所以他作了解释；"'咩——'是什么意思？你最好说得更明白些。"一个"更"字，说明阿隆也基本理解了"咩——"的含义，只是还不够清楚；"兹拉特试着要说明白"，说明兹拉特通人性，它努力想跟阿隆说心里话；"噢，你不会说话，但我明白你的意思。你是说，我需要你，你也需要我。是吗？"

"阿隆耐心地说"，这里两者完全心心相印，心灵交融了。从自言自语到试图解释沟通，到最后完全心灵相通，这中间阿隆对兹拉特的情感发生了微妙的变化。阿隆眼中的羊，完全"人化"了。

四、环境描写在情感表达中的作用。

●小说离不开环境的描写，环境描写的作用是多种多样的，有的是为了设置故事的环境，有的是为了烘托气氛，有的是为了下文作铺垫，有的是为了表现人物的心情等；环境描写的方式也是多种多样的，可以通过叙述者的视角来直接描写，也可以通过故事中的人物的视角来表现。请你快速阅读写景段落，选择一些表现人物情感方面的写景句子，并说明表现了人物怎样的心情或情感？（借景传情）

"一大块乌云从东边涌来，很快地盖满了整个天空"

"一股冷风吹起来，乌鸦低空盘旋，呱呱直叫"

"天黑得如同夜幕降临前的黄昏"

"漫天的雪花，被大风戏谑着"

"寒风怒号，掀起阵阵雪旋，宛如一些白色的小精灵在田地的四周玩耍"

这些环境描写的句子，设置情景，烘托气氛外，也传递出故事角色当时的孤独无援而恐惧顿生的情形。

"草堆里的野草和野花散发出夏日阳光的温暖。"（第14段）

"夜空一下子变得明亮起来，圆月在雪地上洒下片片银辉。"（第27段）

"一切都那么洁白，那么安静，沉浸在宏大天地的梦幻之中。"（第27段）

第一句不但写出了草堆给人的感受，同时也含蓄而形象地刻画了阿隆他们得救后的那种欢欣喜悦的心情。第二、三句描写了暴风雪过后的月夜情景，也暗含了阿隆他们奇迹般躲过暴风雪而脱险后的明朗心情。

●小说通过故事情节、人物态度的前后对比，对在艰险的环境中主人公阿隆和兹拉特之间神态、感受、语气等细微变化的描写，还有通过人物眼中的环境烘托等来表现"人与羊"之间的相依难舍的情感关系，从而表达文章的主旨。这种感情的表达不是直接用作者的语言或直白的方式抒发出来，而是蕴含在细微的、隐约的情感变化之中，这是作者对感情表达的一种"节制"。（PPT）

五、探究小说文本意义。（第2题，如时间来不及可作为作业）

1、根据故事内容，你认为这篇小说表达了怎样一种情感（思想感情）？

提示：

（1）经历过磨难才能体现出人羊之间的深情；

（2）情感是维系内心世界的纽带，要慎待每份情感；

（3）在大自然面前，只有人与动物和谐相处，才能共生共荣。

（4）人给动物以爱，动物也将给人类以回报。

（5）人间未泯灭的爱；

（6）情感可以超越物质；

历经"生离死别"和失而复得的情感淘漉之后，才终于让勒文全家与山羊兹拉特的情感超越了简单的人与动物这一有着内在等级关系设置的阶段，进而真正具有了平等的可能。爱在人与动物之间的这种互动，使小说的情感主题不再单调乏味，而是呈现出和谐完整的独特格局。

2、本文的文体形式是童话。从本文总结童话在写作上的一些特点对情感表达的作用。

（1）背景模糊——可表达永恒主题：人与动物的和谐相处。

（2）拟人化。如山羊。可以与人类进行情感交流。更生动形象。

（3）夸张手法。如突遇暴风雪。自然环境的突变，为人类与动物的交流造成可能。

现代文阅读原创设计（二则，语料为本人散文）

（一）阅读下面的文字，完成11—15题。（20分）

回归涛声

厉　敏

　　象熟悉鱼一样，渔村的人谙熟涛声中的每一个音符。可以说，涛声已构成他们生活的不可或缺的背景。他们的一生都是在壮阔的、有声有色的旋律中谱写成的。也许他们并不觉得自己拥有了什么，但一旦离开涛声，他们就象一条搁浅的鱼。他们在记忆中寻觅着涛声的线条和影子，涛声是那样的渺远而亲切。只有此时，他们才听得到自己血液的回声。渔村的人离不开涛声，因为他们的脉管，他们的心，已融入了涛声的乐章。

　　我也是渔村的孩子。海滩是孩子们天然的乐园。赤膊、光腚，在沙滩上，在礁石堆里寻觅海鲜，追逐嬉戏，都有无穷的乐趣。孩子们在涛声中长大，涛声成了孩子们最熟知的"乡村音乐"。夜晚，我们钻进面海的石屋，背脊贴着木板，便觉得象是浮在了海面上。那雄浑的涛声来自远方，来自大海的心底。这时，略带寒意的风愈紧了。等到风稍一间隙，你便听到似有千军万马由远渐近奔腾而来。一片冲杀的呐喊声、兵器的撞击声铺天盖地，破空而降。似乎很遥远，又觉得眼前有刀剑的寒气。一会儿，那奔跑的脚步声、马蹄声愈见响亮，似乎正要从自己的身上跨越过去。突然，一声撼人心魄的巨响，好象城墙顷刻倒塌，许多爬在城头的战士一下子全跌落下来。接着便是片刻的寂静，又一队人马厮杀过来……孩子们的想象，大海永远充满了战争的硝烟。孩子们在这"战争"的鼓点里，逐渐摸熟了大海的脾性，这种壮伟浩大、充满原生力的节律，刺激、催化着孩子们冒险的欲望和无畏气概的萌发。有时躺在远航渔船的舱底，听着海浪隔着木板的敲打，孩子们仿佛觉得自己已是一位孤独的勇士。

涛声中不断有往事涌起。波涛是生活的歌手，多少年来，它以不同的曲调演唱着人间的悲欢。记得小时候，我们村子里有位瞎眼的婆婆，一个人长年累月住在那个荒凉的海滩上。据说，那一年带鱼汛，她的丈夫和两个儿子出海打鱼，从此就一直没有回来。婆婆的眼睛哭瞎了，但她并没有绝望。她听到着那永不停歇的涛声，总想从涛声中分辨出丈夫和儿子们那婉转的橹声。于是她在海边垒起了石屋。她日夜用心地听着涛声的诉说与悲歌。她觉得涛声是那边传过来的音讯，听着涛声，就仿佛听见了他们沉重的号子和对亲人的呼唤。就这样，一直盼望了望20多年。终于，在一个漆黑的夜晚，她提着一盏破旧灯，融入了一片涛声之中。她的灵魂循着涛声终于与她的亲人在天国里相逢。

那些往事渐渐地在涛声中湮没了，现在的我已几乎很少再能听到亲切而又动人的涛声了。每当我感到孤寂之时，便翻出那盘著名的《蓝色狂想曲》，一遍又一遍反复倾听。那恢宏、激越的气势，仿佛将人置身于万顷波涛之中，使我觉得有无数双巨手在无情地撕裂波浪，用钢钳和铁锤有力地将海剪开、击碎，那飞溅的浪花，无不闪烁着钢性的光芒。我陶醉在坚韧的劳动中，沉浸于壮阔的历史空间。种种生命的体验和历尽沧桑的幻觉如流云一般，飞快地聚集、飘散。我的情感和感觉在涛声中保持着平衡，忽然又展示出飞翔的姿态，一会却倏忽跌入无底的深渊……

真正的涛声是永恒的，是没有轨迹可寻，也无法用理智捕捉的。只有用心去倾听，让生命回归其中，才可能真正感悟到它的真谛。

11、"涛声是那样的渺远而亲切"，请解释"渺远""亲切"在文中的含义。(3分)

_____

【答案示例】"渺远"，就是遥远，这里是指"我"离开涛声后，在记忆中寻觅涛声的感觉，也隐含涛声存在的久远。"亲切"，是指涛声与自己血肉相连，听到涛声就有一种心灵的回应，所以感到"亲切"

12、赏析第二段中画线句，并分析在文中的作用。(4分)

_____

【答案示例】比喻 通感 夸张。将浪涛翻涌，拍击岩石的情景比作战争，描写细致，激动人心，形象生动地表现了波涛汹涌的声势浩大。

作用：在内容上，通过波涛的细致描写表现了孩子眼中壮伟浩大充满原生力的大海，为下文孩子冒险的欲望，无畏的气概做铺垫。在结构上承上启下，承接上文在石屋中的情景描写，引出下文对孩子们冒险欲望和无畏气概的描写。

13. 文章第三段插入一位瞎眼婆婆的故事，有什么作用? (3分)

_____

【答案示例】引用了瞎眼婆婆依靠涛声聆听音讯并最终融入涛声的故事，丰富了文章内容，增加了对涛声的理解，赋予了涛声新的意义——精神寄托和精神慰藉，突出了文段中涛声演唱人世悲欢的作用，深化文章主旨。使文章结构更加紧凑，使情感如同涛声有起伏有波澜。

14. 多年以后，当"我"孤寂之时，听到那盘《蓝色狂想曲》的乐曲，为什么会激起如此巨大的情感波澜？（5分）

【答案示例】作者回想了种种生命的体验，眼前浮现历尽沧桑的幻觉，所以感情开始起伏。

幻想曲激越恢弘，作者陶醉在坚韧的劳动，沉浸于壮阔的历史空间，回想欢乐的往事童年的幸福时光，所以心情变得轻松，展示出飞翔的姿态，当往事的阴霾再现，想起人间的悲欢，想起自己远离故乡，就会跌入无底的深渊。

15. 真正的涛声在文章具体指的什么？结合文章谈谈你对涛声"真谛"的理解。（5分）

【答案示例】真正的涛声指的是作者对故乡的深情，故乡对作者的牵绊。

故乡的情是每个人生活中不可或缺的背景，它早已深深熔铸进我们的血肉中。

故乡是我们的启蒙老师，刺激催化孩子们冒险的欲望的无畏的气概。

故乡是我们的精神寄托和精神慰藉，无论生活多么艰辛，叶落归根，我们终会回到故乡的怀抱。

（二）阅读下面的文字，完成 10 – 13 题。（20 分）

天星之美

厉　敏

①黄果树大瀑布的流水，经白水河、螺丝滩瀑布、鸳鸯河后不久即消失了。水到哪里去了呢？原来流入了这里的一条暗河，而暗河之上则出现了一座非常奇伟瑰怪的自然胜景：天星景区。天星景区由三大景点组成：天星景、天星洞和水上石林。各部分色调不一，各有千秋，却和谐地构成一幅瑰丽的画图。

②这是一座天然的园林、它的美，美在自然。山、水、林、洞浑然一体，随意搭配，没有斧凿的痕迹，没有刻意的造作。一切坦荡荡，活活泼泼。该喧闹的地方喧闹，流入天星洞的水便是如此，水声轰然震响，激流如注，毫无拘束；该静谧处静谧，走入天星景区就知。这是一隐秘世界，山重水复，峰回路转，看那缘壁的树根藤蔓，和插在深不知几许的水中以代路的石墩，偶尔听见惊起的飞鸟划过树叶的声音，真的产生几分惊惧。

③它的美还在于一种自然的和谐。这里的石林它不是象云南路南的石林，建在平地上，除了石头，还是石头。这里的石林生长在水中，水流蜿蜒曲折，石林星罗棋布露出水面。难怪这里的山像星儿伴月亮一样，早晚相依相随；世上的山很多，然而被水化的山更具生命力，被柔化的石更有灵性；而水也因为依偎于山而有了脊梁。石上流水，水上有石，石上又有树，构成了石景、水景、树景奇妙

地搭配组合而成的多种独特景观。石笋上长着各种各样的小灌木，重重叠叠的仙人掌，星星点点的小花，石壁上披着密密层层的常青藤。大一些的石包上还长着巨大的榕树以及其他乔木。而最具神妙的是盘在石上的树根了。那些根之于岩石，可以说无孔不入，无缝不钻。干瘦的岩石由于根的填补而变得丰满，破裂的岩石由于它们的嵌入而胶固起来，松散的岩石由于根的穿连而凝聚成一个整体，摇摇欲坠的岩石，被根牢牢地抓住，避免了一场灾难。多么神奇而有生命的根啊，你盘于巨石，扎入岩层，裸于地面，飘于空中，流于碧水的千姿百态的根！

④它的美还在于它拥有独特别致的景观。就说这里的桥吧，不但数量繁多，而且形态各异。譬如这座桥上桥（又名夹夹桥），下面是天生桥，而且这座天生桥很宽很长很大，不但这条河床在桥面上，那天星景区也在桥面上。天星照影的大白岩下面就是落水洞，洞口高大，容得下黄果树瀑布泻下来的白水河加安顺龙宫吐出来的王二河。我们来到小冒水潭，银练坠潭的水从那里冒出来。这里水函多，跌水多，路线曲折，造的桥也多。桥连桥，一座接一座，共有24座，叫连环桥。桥面上还配以莲花踏步和天然裂缝，很像蜡染冰纹，又美观又排水，简直是一件精致的艺术品。

⑤再说那石，这里属典型的喀斯特岩溶地貌。由于千百万年风化的作用，石头便有了奇特的造型。如这块20米高的巨石兀立眼前，奇就奇在巨石的中心是空的，故此石被命名为"空灵"。那一块风吹水蚀而成的大窟窿给人以想象和哲理的思索，细细品味有难以言说的意蕴。"欲从此岩过，谁敢不侧身"。这是"侧身岩"。可是，有两位肥胖的外国游客，侧着身子也过不去，只好怏怏地半路折回。可据说班禅大师那样富态，一侧身竟过去了。

⑥还有那"一线水"、"美女榕"、"九龙盘壁"、"托石补天"等

等景观都是大自然的不朽之作，它使人类在欣赏大自然的无限魅力的同时，感受到自然的伟岸和博大，产生对热爱生命、回归自然的遐想……

10. 结合全文，说说本文主要选取了"天星景区"的哪些景物来进行描述的？用两个词概括该景区的特点。（4分）

【答案示例】本文主要选取了"天星景区"的水、石林、树、桥进行描述。

"天星景区"的特点：自然和谐、独特别致（或奇伟瑰丽）。

【解析】写出三种景物及以上得2分。特点主要从第二、三、四段中概括，每点1分；第一段的"奇伟瑰丽"是总写，写出给1分。

11. 赏析文中画波浪线的部分。（6分）

【答案示例】运用排比、拟人的修辞手法，"无孔不入""牢牢地抓住"赋予树根人的形象；又用了一系列动词，"钻""嵌入""穿连""盘""扎""飘"，生动形象地表现了树根生命力旺盛，力量之强大，体现了根、水、石等自然景物的和谐自然，从而展现了自然的神奇伟岸。（修辞手法及动词各1分，简析2分）第三人称向第二人称的变化，增加了文章的抒情性，表达了作者对自然生命的敬畏与赞美。（1分）句式整散结合，富于变化，文辞优美。（1分）

【解析】本段文字结合描写、叙述、抒情融合一体，可以从修辞手法、叙述角度、语言风格三个角度分别进行赏析。

12. 第3段介绍天星景区的石林，而第5段又介绍石景，这样叙述的作用是什么？（4分）

【答案示例】不重复，两段虽然都写到石，但侧重点不同。（1分）第二段从整体上概括介绍天山景区的山、水、林、洞巧妙结合的美景，体现了自然景物之间相互映衬的和谐之美。（1分）第五段重点写巨石在自然雕琢下呈现的奇特造型，并通过引用诗句与故事使读者品味其中蕴含的人生哲思。（1分）一略一详，由表及里，相得益彰（1分）。

【解析】本题既要简略概括两段的相同之处，但重点要从写作特点与内容主题两个角度分别写出两者的区别。

13. 结合全文，谈谈本文所描述的"天星之美"给你带来的启发和感悟。（6分）

_____

【答案示例】本文从总到分、由浅入深，逐步描写了天星景区的山石、树、桥等景物，从石林的和谐之美，山水相依的灵性之美，桥下流水的静谧之美，巨石中空的空灵之美，以及侧身通入的哲思之美；（文本分析，3分，大意对即可）展现了大自然的美好、伟岸、博大，从面引发了人们对回归自然、敬畏生命的人生思考，并告诫人们应该热爱自然，从自然中感受生命的美好与崇高，拥有博大的胸怀、深邃的思想、澄澈的心灵。（启发感悟3分，大意对即可）

【解析】本题培养学生阅读的综合能力，对作品表现出来的价值判断和审美取向作出评价，作出个性化解读，欣赏作品的艺术魅力。文本赏析3分，自己的感悟3分。（拟题中，得到本人名师作室成员的协助）

后 记

　　不知不觉地，我的人生在经历三十六个春秋的教学生涯之后，即将步入光荣退休的年龄。光阴正如白驹过隙，自己还怀着幼稚和懵懂的心态，竟然渡过了人生的深秋。当然上帝是公平的，他并非因为对我的嫌弃，而盲目的在我生命之树上乱添印痕，对我的付出同样给以热情和中肯的回报。这本教学论集的若干篇什，便是岁月留下的回馈。

　　在拢洋的渔船上、海边的滩头和菜场喧嚣过后的宁静而空旷的环境里，度过了我并不寂寞的童年。正如我的同龄人一样，我的求学生涯与动乱的年代相始终。这些年代，知识极端贫乏，但那些多才多艺的老师带领我们勤工俭学，制作地球仪、浇注水泥板、计算建筑图纸中的数据以及各种画画、快板等宣传活动，让人品尝到生活实践的乐趣。

　　因家境贫寒，我高中未毕业就辍学打工。代过课，卖过鱼，挑过水，拉过海塘，当过保管员……当我还在一家水产商店卖鱼的时候，听说恢复了高考，于是在并未有人引导和要求的情况下，自己竟然阴错阳差地拿起书本想去试试。1977年初试通过，但最终因政治因素未被录取；第二年再试，（这次的政审鉴定改变了策略）这一试就进了师范，因为那时读师范还有几元钱的生活补贴。这期间，一位好心而有见识的亲戚给了我很大的帮助，使我进入了内心颇不乐意的当教师而且又是文科的行业。

因为起点低，底子薄，所以从教以后的第一项要务，就是参加各种进修。从专科而本科而研究生课程班，这样断断续续地又走过了十年艰辛的求学路。这种传统的高等教育，虽未能给我的教学业务有直接的助益，但那些学有专攻的名师的丰富学养和他们研究学问的态度和方法给我很大的启迪，使我终身受益。

就这样，我在从教的那所学校一呆就是二十余年。那是一所和共和国差不多同龄的学校。校园内人才济济，教学管理规范而宽松。就是这所学校铸就了自己的教学个性，也影响了以后的工作和人生。在学校里，教师很少感到竞争的压力，因为没有太多的教学评比，也不实行什么高考"指标"；有的是自由发挥，各显其能。在那样的环境里，自己宛如一匹野马，自由地驰骋在教学的原野。尽管毫无章法，但是挥洒、随意、尽兴，心情舒畅而不计里程。特别是在"杂记"教学上，师生用心交流，用笔畅谈，如漆如胶；讲评课上，学生研读品味，评说辩议，如火如荼。教学方法犹如旁门左道，自编自造；不管是否得体，但看学生兴趣如何。那时不曾多想，真可谓休管他人意下如何，唯求自己真情无欺。教学的灵感随现，学习的热情喷涌。现在回想起来，那时的语文教学算得上是真正回归语文本真的真的教学，也是学生真正学到语文本领的真的途径，尽管当时的教学并不自觉。

我对文学的热情也是来自那时。说来凑巧，那个小小的县城，在同一时期内，忽然冒出一群同样热爱缪斯的文学青年，而且，大部分是写诗的。那个青春浪漫的文学团体，就是后来在省内外颇具影响的"群岛诗群"。我总是认为，诗人的素质是与生俱来的。在我还不知李白和杜甫为何许人之时，我已在煤油灯下，写着分行的文字，那完全是为了排遣一种忧郁的心情。后来，遇到了众多的诗友，创作才变为一种自觉。那是在朦胧诗以后的中国现代派诗歌的一个蓬勃发展的时期。我的诗在获得浙江省首届青年诗歌大赛优秀作品奖以后，便在中国现代汉诗的园地里生根开花。诗歌给我的生活带来了无尽的快乐，也为我的教学平添了一份生动的技能。我的学生总是在看到老师的作品不断发表的时候而津津乐道。后来诗歌以外，我还涉足散文和评论。我始终认为，一个出色的教练员总是来自优秀的运动员。一个终生和语言文字打交道的人，如果不常去练习写作，总是少了一份亲身体验的趣味和实践磨练的经验。

后来，我调到舟山市最著名的中学，一晃就是十六年。这所有着深厚文化底蕴的名校已有近百年的办学历史。我在学校中感受到了别具一格的管理风格。学校名师荟萃，校风严谨。在这里，我感受到了教师们埋头苦干的敬业精神和从严求实的教风。我开始审视自己的教学，寻求新的高度。我深感，我的身上存在诸多不足因素，文革求学带给自己的知识积累上无可挽回的缺陷，随着年龄增大，与学生之间产生的代沟，因长期缺少与外界的交流而存在的孤陋寡闻……但我也有我的自信：颇有心得的教学构想，长期实践的教学专长，对教学研究的专注和热情，对教学改革的渴望和信心。无论后人如何评价，我将无愧于自己所从事的事业。我从未像现在这样专注于教学的实践和研究。我觉得，教学是一门永远也钻研不透的学问，我们只有全身心投入，才能摸到一点点门道，才能积累起一点点的经验，尽管这成绩是如此的卑微。但正如莎翁所言："卑微的工作是用艰辛卓绝的精神忍受着的，最低陋的事情往往指向最崇高的目标。"

三十多年来，由于自己的散漫和随性，在教学战线上未能取得令人瞩目的成就；几篇散见于各种教学杂志的文章，也一直无心收集出版。值此名师工作室建立三周年和本人退伍在即之际，承蒙学校领导重视和语文界同仁的怂恿，终于使我偷暇整理了三十几篇文章，不成系统和体例，辑成一书，付梓印行。在此，对一直来怀着美好和善良的心愿，关心、爱护和支持我的领导、老师、同行和朋友们，表示最衷心的感谢。对于存在于本书中的诸多缺点和不足，我诚心接受大家的批评指正。

厉　敏

2017 年 6 月 8 日于舟中